YEARBOOK OF

ANNUAIRE D'ETUDES EUROPEENNES

9

YEARBOOK OF EUROPEAN STUDIES — ANNUAIRE D'ETUDES EUROPEENNES

edited for the Department
of European Studies
at the University of Amsterdam

rédigé pour l'Institut
d'Etudes Européennes
à l'Université d'Amsterdam

by

par

J.Th. Leerssen
M. Spiering

with other members
of the department

avec d'autres membres
de l'institut

YEARBOOK OF EUROPEAN STUDIES
ANNUAIRE D'ETUDES EUROPEENNES

9

ROBESPIERRE — FIGURE-RÉPUTATION

edited by
Annie Jourdan

Amsterdam - Atlanta, GA 1996

Published with the financial support of the Netherlands National Committee of the European Cultural Foundation

∞ Le papier sur lequel le présent ouvrage est imprimé remplit les prescriptions de "ISO 9706:1994, Information et documentation - Papier pour documents - Prescriptions pour la permanence".

∞ The paper on which this book is printed meets the requirements of "ISO 9706:1994, Information and documentation - Paper for documents - Requirements for permanence".

ISBN: 90-420-0136-4 (bound)
ISBN: 90-420-0133-X (paper)

Printed in The Netherlands

TABLE

AUTEURS DANS CE VOLUME

Jacques André, psychanalyste, Université de Paris VII

Bronislaw Baczko, Université de Genève

Antoine de Baecque, Université de Saint-Quentin - Les Yvelines

Jacques de Cock, éditeur des oeuvres complètes de Marat

Philippe Bordes, Musée de la Révolution française, Université de Nanterre, Paris X

Patrice Gueniffey, Institut Raymond Aron, Ecole des Hautes Etudes en sciences sociales, Paris

Norman Hampson, York University

Lucien Jaume, Institut d'Etudes politiques de Paris, C.N.R.S.

David Jordan, Université de Chicago

Annie Jourdan, Université d'Amsterdam

Ann Rigney, Université d'Utrecht

YEARBOOK OF EUROPEAN STUDIES 9 (1996): ix-xiii

ROBESPIERRE AU PLURIEL
L'HOMME, SA POLITIQUE, SA MORALE, SES DISCOURS, SES IMAGES

Annie Jourdan

L'histoire s'écrit-elle toujours sur les corps des vaincus d'autrefois, comme le pressentait celui-là même dont il sera question ici? Le bicentenaire de la Révolution française semble corroborer ce pressentiment, puisque, contrairement aux Girondins, réactualisés par l'initiative de François Furet et Mona Ozouf,[1] fort peu d'attention a été accordée en France - et à Paris, en particulier - à leurs ennemis: les Jacobins et à celui qui fut perçu comme leur chef, voire comme l'incarnation de la république de l'an II: Robespierre.

Deux siècles après la mort de l'Incorruptible, on eût pu supposer que les passions s'étaient assez estompées, pour qu'il en aille autrement. Certes, en avril 1993, l'Université d'Arras[2] a entrepris de briser le silence autour d'un personnage gênant et controversé. Cette initiative d'une grande envergure a abordé trois thèmes: l'itinéraire de Robespierre, les choix économiques et sociaux et le problème des relations entre nations. Cette démarche n'a pas été la

[1] *La Gironde et les Girondins*, ed. F. Furet & M. Ozouf (Paris, 1991).

[2] *De la nation artésienne à la République et aux nations*, ed. J.P. Jessenne, G. Deregnaucourt, J.P. Hirsch & H. Leuwers (Univ. Lille III, 1994). Un autre colloque consacré à Robespierre s'est tenu en juillet 1994 à Winchester, dont les actes seront publiés par Cambridge University Press en 1997.

nôtre. Au lieu de donner la parole à un grand nombre d'intervenants, au lieu de suivre de bout en bout, comme on l'a fait à Arras, le parcours d'une vie, nous avons voulu cerner l'homme, sa politique, sa morale, ses discours et ses images, par le biais de contributions limitées mais élaborées. C'est dire qu'ont été privilégiées des approches et des disciplines diverses au détriment de l'exhaustivité et de la chronologie pure et simple. C'est dire aussi que les deux recueils se complètent, d'autant que divergent les sensibilités des historiens qui ont participé à l'un et à l'autre.

Les tendances nouvelles à la pluridisciplinarité, le retour du politique, la précellence acquise par la dimension culturelle, l'apport inédit de la psychanalyse dans le domaine des sciences humaines, la résurgence de la rhétorique en tant qu'instrument d'analyse des discours, le vif intérêt conféré à l'histoire symbolique et à celle des représentations mentales ou figurées, tout cela permet de renouveler les questionnements sur un sujet qui aurait pu paraître épuisé ou rebattu. Car le problème est que, depuis les premières études,[3] aucun matériau inédit n'a resurgi. Robespierre demeure ce personnage énigmatique, dont on ne connaîtra jamais ni la personnalité précise, ni les intentions réelles. Restreint à la seule lecture des discours de l'homme politique, des décrets de la Convention, des événements et des témoignages souvent partisans, l'historien, quel qu'il soit, en est réduit à avancer des interprétations plus ou moins précises, plus ou moins datées. Malgré la volonté d'objectivité qui a été la nôtre, ce recueil ne fera sans doute pas exception à la règle.

Il y a pourtant un énorme avantage à parler aujourd'hui de Robespierre. C'est que se sont affaiblies les polémiques politiques qui, au début du siècle, enflammaient encore les débats, dès qu'on abordait ce point délicat de la Révolution française. Il importe moins désormais de découvrir si Robespierre fut vraiment le précurseur du socialisme, l'ami des faibles et des opprimés ou le dictateur sanguinaire, que de redessiner le contexte politico-culturel

[3] E. Hamel, *Histoire de Robespierre* (3 vols.; Paris, 1865-1867); J.M. Thompson, *Robespierre* (2 vols.; Oxford 1935); G. Walter, *Robespierre* (2 vols.; Paris 1936-1939). Ou les ouvrages sur la Révolution d'A. Mathiez, d'A. Aulard, J. Jaurès et L. Blanc.

où s'inscrit la Révolution, et, par conséquent, la carrière de l'Incorruptible, la politique qu'il a poursuivie et les enjeux qu'elle recouvre; de resituer l'éthique robespierriste et ses implications à la lumière d'interrogations nouvelles; de redonner sa place au symbolique par le biais des représentations visuelles ou discursives créées par et sur Robespierre. Et, il est temps aussi d'accorder une plus grande attention aux contraintes conscientes et inconscientes subies par les acteurs.

Les participants au recueil en sont convaincus et comptent parmi ceux qui contribuent actuellement au renouvellement de l'histoire. Leurs travaux se situent dans une perspective analogue et complémentaire, qui confère à ce recueil sa logique et sa cohérence internes. La plupart, sont de véritables spécialistes de la Révolution française, voire de Robespierre;[4] et chacun a un domaine de recherches bien délimité, voire une démarche personnelle: P. Gueniffey suit les traces de Furet et accorde une prééminence à l'histoire politique. Ici, il nous retrace la vie et la carrière de l'homme Robespierre; N. Hampson examine les influences qu'ont pu avoir sur l'Incorruptible Montesquieu et Rousseau et les liens multiples qui rapprochent plus spécifiquement les deux solitaires que furent Rousseau et Robespierre. D. Jordan s'intéresse au processus dynamique qui transforme le député d'Arras en un terroriste fanatique et qui le pousse à adopter une 'politique de la Vertu'. A. Jourdan[5] analyse les discours de l'Incorruptible et leur réception pour s'interroger ensuite sur les stratégies, mises en oeuvre par les adversaires que deviennent Girondins et Jacobins. Celles qu'emprunte Robespierre fonctionnent, semble-t-il, comme une suite de réactions à des interventions - amicales ou ennemies. Ce qui suggère qu'il serait particulièrement intéressant et urgent de regarder de plus près qui –

[4] Cf. Norman Hampson, *Maximilien Robespierre* (trad. fr. Paris, 1982); D.P. Jordan, *The Revolutionary Career of Maximilien Robespierre* (New York, 1985); Patrice Gueniffey, 'Robespierre', in *Dictionnaire critique de la Révolution française*, ed. F. Furet & M. Ozouf (Paris, 1987); Lucien Jaume, *Le discours jacobin et la démocratie* (Paris, 1989).

[5] Auteur d'une thèse de doctorat, *Le Discours des images. Les monuments de la Révolution française 1770-1804* (Université d'Amsterdam, 1993; à paraître aux éditions Honoré Champion).

et ce qui – influe sur les opinions des acteurs principaux. J. de Cock s'y emploie, en posant Marat face à Robespierre. Sans doute conviendrait-il de faire de même pour Billaud-Varenne ou Danton, pour ne citer qu'eux. Ph. Bordes opère dans ce sens, en quelque sorte, quand il décrit en quoi consiste précisément le 'robespierrisme' de David et qu'il recherche les raisons d'une alliance qui pourrait paraître surprenante.[6] L'histoire de l'art se marie ici à l'histoire politique.

J. André, auteur d'un beau livre sur *La Révolution fratricide*,[7] tente de concilier histoire et psychanalyse dans une étude sur le lien social, le fonctionnement et les structures psychiques qui les sous-tendent. La personnalité de Robespierre émerge de cette approche sous une tout autre dimension: celle de la vie libidinale du personnage qui serait totalement absorbée par sa vie publique, tandis que l'obsession de l'Un paralyserait toute progression réelle de la Révolution. B. Baczko, à qui l'on doit *Comment en finir avec la Terreur?*[8], reprend ce thème incontournable, dès que l'on parle de Robespierre, pour émettre des réflexions sur les rapports entre Robespierre en tant qu'acteur politique et la culture (politique) de la Terreur. L. Jaume aborde le volontarisme religieux, que trahit le culte de l'Etre suprême, instauré par Robespierre et les ambiguïtés qui en découlent quant à 'la politique des principes'.

De la philosophie politique, la contribution d' A. de Baecque nous fait passer à l'histoire symbolique et culturelle.[9] L'auteur décrit avec maints détails succulents ou lugubres les 'tableaux du cadavre' de l'Incorruptible. De l'agonie interminable aux récits qui déforment ou reforment le cadavre, avant qu'il ne se tranforme en un corps politique; horreur ou poésie, la mort de Robespierre demeure dans l'imaginaire révolutionnaire et n'accèdera à un statut

[6] Philippe Bordes, *Le Serment du Jeu de Paume de J.L. David. Le peintre, le milieu et son temps* (Paris, 1983), et (ed.) *Aux Armes et aux Arts* (Paris, 1989).

[7] Jacques André, *La Révolution fratricide. Essai de psychanalyse du lien social* (Paris, 1993).

[8] Bronislaw Baczko, *Comment en finir avec la Terreur? Thermidor et la Révolution* (Paris, 1989).

[9] Antoine de Baecque, *La caricature révolutionnaire* (Paris, 1989) et *Le corps de l'histoire. Métaphores et politique* (Paris, 1993).

épique qu'au XXe siècle. Ce sont là des images corporelles qui traduisent haine ou amour, mais celles que nous proposent A. Rigney,[10] ne le sont pas moins. Bien qu'il s'agisse de récits d'historiens du XIXe siècle, Rigney démontre clairement à quel point ils sont fictifs et pour quelles raisons. Chez ces historiens, Robespierre devient 'l'homme représentatif', personnage inévitable pour quiconque entreprend d'écrire l'histoire de la Révolution. Chacun l'affuble ainsi d'un physique et d'un moral, représentations qui trahissent non point un souci de réel mais la vision de l'histoire défendue par l'auteur.

Vie et carrière, politique et principes, idées religieuses et éthiques, discours et stratégies rhétoriques, influences et interactions, images peintes et représentations narratives, personnalité et psychisme, cet éventail de thèmes assure la cohérence du recueil, éclairant sous une pluralité de perspectives la destinée de celui qui passe pour être l'incarnation de la Révolution française.

Les contributions présentes sont le résultat de discussions entreprises lors d'un colloque à Amsterdam de mai 1994, sous les auspices de la Maison Descartes et de l'Université d'Amsterdam. Jacques de Cock et David Jordan s'y sont joints ultérieurement, afin de compléter un portrait, qui se veut riche et nuancé. Les textes ont tous été récrits en vue de cette publication, qui, espérons-le, contribuera non seulement à mettre en lumière des facettes inédites de l'histoire de la Révolution, mais aussi à suggérer des approches nouvelles pour traiter de sujets traditionnels. La personnalité de Robespierre en ressort dans toute sa complexité. C'est là avant tout que réside la nouveauté de l'ouvrage qui vous est proposé.

Dans tous les articles de ce recueil, les *Oeuvres complètes* de Robespierre (ed. A. Soboul, M. Bouloiseau, G. Lefebvre; 10 vols., Paris, 1939-1967) seront mentionnés sous l'abréviation OCR.

[10] Ann Rigney, *The Rhetoric of historical representation. Three narrative histories of the French Revolution* (Cambridge University Press, 1993).

YEARBOOK OF EUROPEAN STUDIES 9 (1999): 1-18

ROBESPIERE

Patrice Gueniffey

Lorsque l'Assemblée constituante se sépara le 30 septembre 1791, la foule massée à la sortie n'eut d'yeux que pour deux députés. Elle acclama et porta en triomphe l''incorruptible' Robespierre et le 'vertueux' Pétion. Eux seuls, disait-elle, avaient su terminer leur carrière comme ils l'avaient commencé: en 'députés vierges' de toute compromission. La Constituante avait décidé, à l'instigation de Robespierre, que ses membres ne pourraient siéger dans l'Assemblée législative appelée à lui succéder. Il abandonna donc ce jour-là toute fonction officielle, sans pour autant rentrer dans l'obscurité de la vie privée: il régnait déjà sur l'opinion.[1]

On a souvent cherché le secret de ce magistère dans le caractère de l'homme. De la disparition précoce de la mère (il venait d'avoir six ans), de celle du père parti courir l'aventure sur les routes d'Europe, d'une enfance passée dans l'ombre d'une famille très pieuse, des longues années de réclusion au collège Louis-le-Grand, on a déduit la solitude, la misanthropie, la mélancolie, le sérieux, la sévérité... Ce sont là, bien sûr, de pures conjectures, bien incapables de marquer de l'empreinte du destin le cours d'une vie bouleversée par ces circonstances exceptionnelles dont tous les révolutionnaires ont été les fils. Aucun d'entre eux n'était prédestiné au rôle qu'il allait jouer. Il est aussi vain de chercher le secret du

[1] OCR 6: 753-761.

Robespierre de 1793 dans l'avocat des années artésiennes que de vouloir découvrir le Saint-Just de 1794 dans *Orgon*, médiocre poème écrit par un médiocre chenapan.[2]

Revenu après la fin de ses études à Arras pour exercer le métier d'avocat, Robespierre mène la vie paisible, rangée et laborieuse d'un bourgeois provincial, ni riche ni pauvre, et d'ailleurs sans passions onéreuses. Il partage ses jours entre les audiences, la compagnie de sa sœur Charlotte, les visites aux parents, peut-être quelques idylles plus ou moins platoniques, et pour toute vie sociale les deux ou trois salons qu'une petite ville comme Arras était susceptible d'offrir. Ici l'on appréciait ses manières policées et la qualité de ses plaidoiries à l'éloquence travaillée, l'on goûtait les sentiments philanthropiques et les idées réformatrices qu'il exprimait lors des audiences ou dans les mémoires composés pour l'Académie de la ville – sentiments et idées qui étaient alors ceux de toute personne convenable. Admis dans le cercle plus restreint des Rosati, il versifiait des bluettes sentimentales et champêtres qui commençaient par *J'ai vu tantôt l'aimable Flore* ou *Je l'aimais tant quand elle était fidèle*... La bonne société le recevait comme l'un des siens.

Chez ce parfait spécimen de la bourgeoisie de son temps on décèle bien, rétrospectivement, un fond d'intransigeance et de vertu austère. Plusieurs causes qu'il défendit aigrirent ses relations avec ses collègues du barreau et ses protecteurs de l'évêché. Ces inimitiés faillirent même lui jouer un mauvais tour en 1789 lorsque le démon de la politique, comme ce fut le cas pour beaucoup d'autres, s'empara de lui. Il fallut tout le zèle du cercle familial et des amis curés, qui se livrèrent à une intense propagande, pour qu'il obtienne aux États généraux un siège de député que ses ennemis ne souhaitaient nullement le voir occuper. Sans doute aperçoit-on là l'opiniâtreté et la persévérance indifférente aux critiques qui le caractérise-

[2] Voir entre autres, F. Furet, *Penser la Révolution française* (Paris, 1978); F. Furet & M. Ozouf, *Dictionnaire critique de la Révolution française* (Paris, 1988). Pour une interprétation du caractère de l'homme, Max Gallo, *Robespierre, histoire d'une solitude* (Paris, 1984) ou N. Hampson, *The Life and Opinions of Maximilien Robespierre* (London, 1974) et D.P. Jordan, *The Revolutionary Career of Maximilien Robespierre* (New York, 1985).

ront, mais un mauvais caractère ne suffit pas à faire un révolutionnaire, de surcroît de l'espèce de Robespierre.

Le plus frappant est en effet l'intuition très sûre qu'il eut, dès le début, de la puissance irrésistible du torrent révolutionnaire. La conviction que rien ne serait assez fort pour l'endiguer avant qu'il n'ait de lui-même épuisé sa course lui dicta une ligne de conduite dont il ne se départit plus: il s'abandonna au courant. Parce que les partis finissent toujours par ralentir leur marche, il ne s'attacha à aucun; les utilisant tour à tour, il les abandonna le jour où ils commençaient de rétrograder. Il observait ses rivaux qui gravissaient péniblement le chemin menant au pouvoir, d'où ils s'imaginaient commander aux choses et aux hommes, alors qu'en s'élevant ils s'éloignaient du courant et se trouvaient déjà près de leur chute. Robespierre n'a jamais été *en avant* de la Révolution, mais longtemps à sa suite, attentif à ne jamais s'en séparer. Il devinait qu'en marchant droit, sans jamais dévier, il serait là, ses adversaires exténués ou disparus, pour recueillir le bénéfice de sa propre constance. Un trait le distingue des hommes de 89, et dit tout: il voyait loin.

D'emblée il endossa l'habit du défenseur autoproclamé des 'principes sacrés', de la sentinelle vigilante postée sur le chemin des Constituants pour les rappeler, au moindre écart, au respect de l'égalité des droits et de la souveraineté nationale qu'ils avaient juré de faire triompher. La notoriété ne vint pas tout de suite. Bien des obstacles se dressaient devant lui: un cadre plutôt fait pour les voix de stentor, un parterre turbulent, de redoutables compétiteurs. Robespierre ne manquait certes pas une occasion de flétrir les ennemis du peuple et de s'opposer à toute mesure tendant au rétablissement de l'ordre, mais le talentueux Barnave lui souffla la vedette en scandalisant ses collègues par un éloge intempestif de l'assassinat du peu sympathique Foullon. Barnave choquait, Mirabeau enthousiasmait, Lally-Tollendal tirait des larmes aux cœurs les plus secs, Robespierre agaçait ou ennuyait. Sans doute ne fut-il jamais le 'bouffon' imaginé par Aulard: l'incident du 8 octobre, où ses propos 'burlesques' provoquèrent l'hilarité de l'assemblée, demeura l'exception. D'ailleurs, pour se détendre, la

Constituante n'avait nul besoin de Robespierre: la droite remplissait cet office avec beaucoup d'entrain, de verve et d'esprit, qualités dont il était notoirement dépourvu. Robespierre lassait parce qu'il était lassant. Ses propos méritaient souvent l'attention, mais il les noyait dans d'interminables digressions qui fatiguaient les mieux disposés. Plus d'une fois on l'interrompit, lui demandant d'en venir au fait. Alors Robespierre devenait Robespierre. D'autres se seraient corrigés, lui persistait. Le lendemain il remontait à la tribune, ses papiers à la main, chaussait ses lunettes et recommençait, indifférent aux 'mouvements' de lassitude comme aux 'murmures' réprobateurs. Une telle opiniâtreté devait finir par payer: on le remarqua, non seulement sur les bancs des députés, mais dans les tribunes, là où se pressaient les amateurs de cette chose alors si neuve et si brillante: une arène parlementaire.

Sur le spectre des opinions politiques, Robespierre se situait alors à l'extrême-gauche, dans le camp de tous ceux qui s'opposaient à la façon dont la Constituante interprétait et traduisait en lois les principes proclamés en 1789. Les discours prononcés par l'Incorruptible étaient souvent de qualité, ils n'étaient pas pour cela originaux. Qu'il dénonce les décrets censitaires ou l'exclusion des citoyens passifs des rangs de la Garde nationale, qu'il attaque toute tentative pour restreindre la liberté de la presse ou entraver l'exercice du droit de pétition, qu'il critique le 'bizarre système de représentation absolue sans aucun contrepoids dans la souveraineté du peuple' progressivement institué, ou qu'il réclame l'adoption de moyens permettant aux citoyens de surveiller leurs élus, rien de tout cela ne portait une marque qui fût à lui seul. Ni le radicalisme de ses motions, ni même cette façon qu'il avait de rejeter toute objection tenant aux circonstances en affirmant que les principes pouvaient et devaient tenir lieu de politique, ne le distinguaient fondamentalement de ceux qui, dans et hors de l'assemblée, libéraux ou entichés de démocratie directe, instruisaient le procès du système représentatif tel qu'institué en 1789. Il était à l'unisson du militantisme parisien comme de nombreux députés et journalistes, de Pétion à Desmoulins. Ses interventions mêmes contre la politique coloniale impulsée par Barnave, en faveur de l'émancipation des

Juifs ou de l'abolition de la peine de mort ne le singularisaient en rien des nombreux philanthropes que comptait la Constituante.[3] Aussi le credo politique alors défendu par Robespierre n'explique pas pourquoi lui seul parvint à conquérir durablement une opinion révolutionnaire que les autres réussissaient, pour quelque temps seulement, à usurper.

Les Jacobins, dira Daunou, furent les fondateurs de la tyrannie de Robespierre. Dès la création du club en novembre 1789, il en fut l'un des membres les plus assidus et les plus influents, le président dès avril 1790. La tribune n'était cependant pas encore *sa* tribune, comme ce fut le cas après la scission avec les Feuillants en juillet 1791. Mais c'est là qu'il acquit la réputation et le redoutable pouvoir d'opinion qui finalement forcèrent les Constituants, sinon à le suivre, du moins à l'écouter sans l'interrompre.

Il n'est guère aisé de comprendre l'ascendant sans pareil exercé par Robespierre sur les Jacobins. L'homme, on l'a dit, était coriace, surtout dans l'adversité. Aux Jacobins comme plus tard dans la Convention, il soutint de furieuses batailles, sans jamais s'avouer vaincu. Une seule fois il fléchit, le 8 thermidor... Il possédait au dernier degré une âpreté qui faisait justement défaut à un Pétion. Ce dernier, presque son égal dans le coeur des Parisiens en 1791, était trop brave homme et trop sensible à la louange pour ne pas s'effaroucher quand des vents contraires soufflaient. Il est par ailleurs impossible de croire que Robespierre était le piètre orateur si souvent décrit. Dans l'assemblée jacobine, on pouvait être brillant, violent, jamais médiocre. On ne pouvait se reposer sur des lauriers d'un jour. Il fallait sans cesse captiver l'auditoire pour le retenir. Robespierre y excella. De mauvaises langues assurèrent qu'il devait ses succès à des moyens peu métaphysiques – le secours d'une claque et des affidés répartis aux quatre coins de la salle –, mais ils exagéraient l'importance de son 'parti'. Ses armes étaient immatérielles: lui-même et son verbe.

Par la correction du langage et l'affabilité des manières, par le soin de la tenue et la modestie de l'existence, il avait une simplicité

[3] Voir dans ce recueil, l'article de A. Jourdan.

qui convient aux temps démocratiques. Il flattait le sentiment d'égalité de ses semblables, qu'il ne heurtait ni par une apparence crapuleuse ni par un trop grand caractère. Un Marat attirait le public, mais à la façon d'un monstre de foire qui fait rire et que l'on méprise au fond; un Mirabeau fascinait par son génie et ses frasques, mais il était trop différent et trop au-dessus du tout-venant pour que celui-ci, en l'applaudissant, n'espère pas secrètement que vienne le jour où il s'effondrerait. Robespierre avait les vertus bourgeoises des Jacobins.

Il possédait également la force morale propre aux convaincus. Lorsque Brissot dénonçait un complot, personne ne le croyait, parce qu'il était évident que lui-même nourrissait des ambitions qu'il dissimulait. Lorsque Robespierre affirmait que des assassins méditaient sa propre perte, et du même coup celle de la Révolution, mille voix s'écriaient en choeur: 'Nous mourrons tous avec toi!' Robespierre, à la différence de tant d'autres, ne jouait pas à la révolution. Il avait éliminé en lui toute distinction entre les ambitions personnelles et la cause qu'il défendait, si bien que la cause de la Révolution et la sienne ne faisaient réellement qu'une. Robespierre s'était investi totalement et sans retour dans la politique. 'Dans le commencement de la Révolution, confia-t-il en 1791, lorsque j'étais à peine aperçu dans l'Assemblée nationale, lorsque je n'étais vu que de ma conscience, j'ai fait le sacrifice de ma vie à la vérité.' Le pire sans doute est qu'il disait vrai.

Il y a du fanatique en Robespierre ; il y a également du chef de secte, dont le pouvoir sur les consciences reste incompréhensible à ceux qui n'en sont pas. Car ce qui semblait à de nombreux Constituants 'bavardage' et 'rabâchage' provoquait aux Jacobins, selon de nombreux témoins, 'trépignements convulsifs' et 'enthousiasme religieux'. Il est vrai que Robespierre ne pouvait librement déployer son éloquence qu'aux Jacobins, où rien ne l'obligeait à se renfermer dans les limites de l'ordre du jour. Aux deux tribunes correspondaient deux langages.

Censeur à la tribune parlementaire, il devint aux Jacobins l'inquisiteur de la Révolution. Il n'était pas le seul à dénoncer sans relâche des complots: beaucoup en avaient fait leur spécialité depuis

1789. Toute l'époque ou presque partageait une même conception de la chose publique comme si *essentiellement une*, si exempte de toute expression contradictoire, que toute dissonance ne pouvait être le fait d'opposants mais seulement d'ennemis. Robespierre avait ceci de remarquable qu'il confortait ses dénonciations de tout le poids de sa propre incorruptibilité, et qu'il les révélait au public dans un style inimitable. Il se bornait plus souvent à instiller un soupçon universel qu'à désigner clairement des coupables; on croyait qu'il allait lancer la foudre, mais il s'interrompait soudainement, trop accablé pour dévoiler toute sa pensée et, au moment où ses auditeurs, déçus, croyaient que les révélations annoncées étaient ajournées, il retrouvait la voix pour parler de lui, de ses souffrances, de ses innombrables ennemis, de l'humanité et de la Providence secourable aux humbles et aux vertueux – bref, il faisait un grand numéro.

Brissot, railleur, dit un jour que Robespierre était un 'dictateur à l'eau de rose'. Il proscrivait en effet avec sensibilité et par compassion. 'Deux dévotes', rapporte le *Journal français* à propos de la séance du 30 décembre 1792,

> prient Robespierre de bien vouloir donner aux tribunes la récréation de son superbe discours sur le procès du roi. Robespierre se fait faire une douce violence et, cédant avec des grâces qui ne sont qu'à lui, il met ses lunettes et lit son discours. L'effet en a été si attendrissant que toutes les tribunes ont fondu en larmes et ne sont sorties de cette extase de sensibilité que pour demander à grands cris la tête de Louis XVI.[4]

D'une pureté absolue, détestant sous le nom de 'bourgeois' les vices et les intérêts privés, adorant sous le nom de 'malheureux' et de 'pauvres' un peuple à l'image de la bonté native de l'homme, que son indigence avait préservé des pièges que l'état social sème sous les pas des plus fortunés, il incarnait cette sensibilité, ce mélange de vertu à l'ancienne et de vertu moderne, domestique, que son public, masculin et surtout féminin, avait appris dans Rousseau. L'éloquence de Robespierre, mixte des maximes du *Contrat social* et de la

[4] Cité OCR 9: 206.

mièvre sensibilité de *La Nouvelle Héloïse*, s'accordait à l'air du temps.

Fort de la puissance acquise aux Jacobins, Robespierre contraignit ses collègues députés à l'écouter. Le mois de mai 1791, où il parut dix-sept fois à la tribune, et pour y prononcer quelques-uns de ses meilleurs discours, constitue le sommet de sa carrière parlementaire. Il remporta alors, le 16, avec le décret prononçant la non-rééligibilité des Constituants, la seule grande victoire que ceux-ci lui aient concédée.[5] Les historiens se sont beaucoup interrogés sur les intentions de Robespierre. S'agissait-il pour lui d'une question de principe, les auteurs d'une Constitution ne pouvant se succéder à eux-mêmes pour l'appliquer? Voulait-il avant tout priver de tribune ses ennemis, alors Barnave et les Lameth, dont l'influence grandissait à l'Assemblée nationale tandis qu'elle déclinait aux Jacobins ? Comme toujours chez Robespierre, les deux préoccupations s'entremêlaient. La droite ne lui marchanda pas son soutien, parce qu'elle saisit la portée tactique de sa proposition et y vit l'occasion de compromettre la Constitution en écartant ceux qui l'avaient conçue. Privés de tribune parlementaire, les 'triumvirs' n'existaient plus ; Robespierre certes renonçait à toute fonction officielle, mais il conservait la chaire de la rue Saint-Honoré, d'où il pourrait continuer à 'défendre la cause de l'humanité, de la liberté, comme citoyen et comme homme, au tribunal de l'univers et la postérité.' Le paradoxe de l'histoire de la Constituante est que lorsqu'elle se sépara, un seul de ses membres put s'estimer vainqueur, puisque lui seul restait en lice: celui que l'Assemblée n'avait suivi qu'une fois, mais une fois de trop.

La session terminée, Robespierre partit à Arras revoir les siens. Lorsqu'il revint à Paris, à la fin de novembre 1791, il trouva la situation changée. Les Girondins, installés aux Jacobins, s'en servaient comme d'un levier pour entraîner l'Assemblée législative dans une politique de surenchère tous azimuts. La guerre, sous prétexte de lutter contre les États protégeant les émigrés, était à l'ordre du jour. Un moment hésitant, Robespierre déclencha la

[5] Voir OCR 7: 296-446.

contre-offensive en décembre. Il dénonça dès lors inlassablement les vues ambitieuses de Brissot qu'il soupçonnait de ne prôner une relance de la Révolution que pour s'emparer du ministère, tout comme Barnave l'avait tenté avant lui en préconisant la modération. Si Robespierre voyait juste, il n'en allait pas moins, et pour la première fois, à contre-courant de l'opinion, et cela même s'il réussit un temps à contenir les ardeurs bellicistes des Jacobins.

La défaite des armées françaises, au printemps de 1792, vint à son secours. Elle conforta sa réputation de lucidité et jeta le soupçon sur tous ceux, des Girondins à la cour, qui avaient embrassé le parti de la guerre. Mais ce que les circonstances venaient de faire, Robespierre le défit aussitôt. À la surprise générale, il se proclama défenseur d'une Constitution qu'il avait plus que tout autre combattue, et qui surtout paraissait devoir être la première victime de l'affrontement désormais inéluctable entre le roi et le parti dominant dans l'Assemblée.

Manque de lucidité politique ? Robespierre n'avait jamais été coutumier du fait. Ici encore, il soupçonnait dans les revendications pour une révision de la Constitution un coup de force contre le trône, des projets occultes, des ambitions inavouables, et c'était assez pour qu'il adoptât un parti contraire. Mais vouloir la paix et la Constitution 'telle qu'elle est', c'était également vouloir l'ordre, s'opposer à tout supplément de Révolution: c'était chausser les bottes des Feuillants qu'il avait abattus en 1791 et faire sienne l'ambition de terminer la Révolution. Robespierre n'appartient pas à la génération de 1791; il est de celle de 1789. Tout en estimant que la Constitution contrevenait aux principes dans plusieurs domaines, tel le régime censitaire, il pensait que les bases en étaient pures et que la Constituante avait de ce point de vue accompli l'essentiel: la Révolution était faite, et seules les machinations des factions toujours renaissantes compromettaient le rétablissement 'de la paix et de l'union'. Robespierre avait d'autant plus de raisons de suspecter la républicomanie de ses adversaires qu'il n'était nullement républicain. Sur ce point au moins, il ne varia jamais, du moins jusqu'à ce que les faits en décident. Comme une majorité de Constituants, il se montrait indifférent à cette question, convaincu que la liberté pouvait fort bien s'accommoder d'un *gouvernement* monarchique, et que la Constituante, en soumettant le roi à la volonté de la nation, avait instauré 'une république avec un monarque'.

Le plus remarquable est que ces opinions alors peu orthodoxes n'aient pas entamé le crédit politique de Robespierre. Alors que tout autre aurait succombé, il fut l'un des principaux bénéficiaires de l'insurrection du 10 août 1792. Celle-ci rétablit son empire aux Jacobins, fit de lui l'un des maîtres de la Commune et finalement lui livra le choix des députés de Paris à la Convention nationale. Si Robespierre, au tournant de 1791 et 1792, avait embrassé le projet de Barnave, c'était avec plus d'intelligence. Sa longue expérience de la tribune jacobine lui avait appris que le vrai pouvoir ne consistait plus, depuis longtemps, à mettre la main sur le ministère, mais à conserver, contre vents et marées, la faveur de l'opinion. Aussi, hostile à toute idée d'insurrection, il se tut lorsqu'elle parut certaine, pour reparaître aux Jacobins dès l'après-midi du 10 août, tout approuver et recueillir le bénéfice d'un combat qu'il n'avait pas livré.

La chute des Girondins le 2 juin 1793, après une lutte de dix-huit mois, porta Robespierre au pouvoir. On ignore tout ou presque des manoeuvres qui conduisirent à son élection, le 27 juillet, au Comité de salut public. En acceptant ce poste, Robespierre rompait avec une ancienne habitude qui consistait à n'accepter aucune fonction susceptible de l'éloigner du peuple. Jugeait-il que les 'brissotins' éliminés, la Convention représentait désormais réellement le peuple, que l'opposition entre celui-ci et ses représentants, à l'oeuvre depuis 1789, était enfin résorbée ? C'est probable. Le discours en tout cas changea. Le temps était passé où, pour mobiliser la rue contre les Girondins, il instruisait le procès de la représentation et flattait les aspirations à une égalité qui ne se limiterait plus à celle des droits. Sitôt l'objectif atteint, et son autorité consolidée, il se retourna contre les Enragés et s'opposa à tout ce qui pourrait empêcher la Convention d'achever paisiblement son ouvrage: le peuple, débarrassé des traîtres, était désormais *dans* la représentation nationale.

À vrai dire, la situation resta longtemps incertaine. Les militants des sections et les hébertistes, qui avaient fait le 2 juin, n'entendaient nullement déposer les armes sans avoir recueilli tout le bénéfice de leur victoire. Au lendemain de deux nouvelles Journées, les 4 et 5 septembre, où la Convention dut, sous la contrainte, mettre 'la terreur à l'ordre du jour', le Comité de salut public, incapable d'endiguer la vague, se fit hébertiste. Il livra les têtes exigées, organisa une armée révolutionnaire à la solde de la Commune, rédigea une loi des suspects qui mettait chaque citoyen en demeure de se disculper et édicta la réglementation économique exigée par la rue. La marge de manœuvre du Comité était étroite. Il ne devait pas moins se défier de la Convention, avant tout inquiète de sa propre sécurité et prête à suivre ceux qui la lui garantiraient. Le 25 septembre, Robespierre dut mettre toute son autorité dans la balance pour empêcher l'assemblée, poussée par les dantonistes, de renouveler le Comité. Victoire importante, que Saint-Just exploita en obtenant de la Convention un décret (10 octobre) qui consacrait le Comité comme le 'gouvernement provisoire' de la France, et que Robespierre tempéra en faisant un 'geste' à l'endroit des députés: la vie sauve pour ceux qui avaient protesté contre le 2 juin.[6] Cette concession en appelait une autre. Pour calmer les hébertistes furieux, le Comité leur livra Brissot, la reine, Orléans, des généraux suspects...

Une partie complexe et dangereuse commença alors, qui avait pour enjeu le pouvoir et pour sanction, la mort des perdants. Les hébertistes faisaient pression sur le Comité de salut public pour obtenir la proscription des dantonistes qui assurerait leur triomphe ; les dantonistes cherchaient à entraîner la Convention contre les hébertistes et le Comité, ce dernier se trouvant certes en position d'arbitre, mais sans moyens et contraint de louvoyer par des concessions aux deux partis. Le Comité lui-même ne formait pas un bloc: les 'techniciens' (Carnot, Lindet, Prieur) s'opposaient aux 'politiques' (Robespierre, Barère, Billaud-Varenne...), et Robespierre devait surveiller Billaud et Collot d'Herbois, entrés au

[6] Saint-Just, *Discours et rapports* (Paris, 1957), 116-131.

Comité après l'insurrection du 5 septembre et liés aux hébertistes... Il faut ajouter à cela le surmenage, la peur ressentie par des hommes qui ne savaient jamais si le lendemain les verrait la tête toujours accrochée sur les épaules, les inimitiés personnelles dont l'influence grandissait avec l'isolement. C'est un trait caractéristique de cette époque: les individus s'y montrent à nu car la Révolution est devenue un théâtre d'ombres. On parle bien du peuple, au nom duquel on excommunie et on guillotine, mais on le chercherait vainement dans ces minorités de militants professionnels qui animent seuls sections et clubs; le peuple agissant n'a pas plus de rapports avec le peuple réel que les traîtres démasqués n'en ont avec d'authentiques complots. Le temps est à la fiction, mais fiction meurtrière, où les conflits de pouvoir, traduits dans la rhétorique du complot, ont la mort pour seule sanction. Chaque parti savait que s'il ne faisait pas guillotiner l'adversaire, il le serait lui-même.

On ne retracera pas ici les péripéties qui conduisirent à l'exécution des hébertistes le 24 mars 1794, puis à celle des dantonistes le 5 avril, même si Robespierre déploya dans cette occasion tous ses dons pour le calcul et les manoeuvres politiques. On a vu dans l'élimination de Danton un crime irréparable. De fait, la Convention ne pardonna à Robespierre ni l'humiliation qu'il lui fit subir en l'obligeant à sacrifier une nouvelle fois plusieurs de ses membres, ni la peur qu'elle ressentit, le supplice d'un personnage si puissant laissant présager celui de députés auxquels la renommée n'avait jamais offert la moindre apparence de protection. Beaucoup de romans ont été bâtis, pour savoir si la main de Robespierre avait tremblé au moment de signer l'arrêté qui vouait l'homme du 10 août à la mort. Danton était trop corrompu, trop jouisseur pour que Robespierre éprouvât la moindre sympathie à son égard. Peut-être lui fut-il plus douloureux d'envoyer à l'échafaud Camille Desmoulins, dont il avait signé l'acte de mariage, mais en cela encore il put trouver la consolation d'avoir sacrifié à la patrie ce qu'il avait de plus cher, tel Brutus exécutant ses propres enfants qui avaient conspiré contre la république.

Les exécutions du 5 avril 1794 donnèrent le signal d'une reprise en main générale. La Commune et les sections furent épurées, l'armée révolutionnaire licenciée, les sociétés populaires subordonnées au gouvernement, la Terreur centralisée à Paris. Tout rentra dans l'orbite du Comité de salut public. Sans concurrents et sans opposants à craindre, ce dernier réunit dans ses mains une somme de pouvoir sans exemple dans l'histoire française. Il préparait les lois que la Convention votait sans discussion, les faisait appliquer par des agents nommés par lui, et punissait ceux qui les enfreignaient au moyen d'un Tribunal révolutionnaire à sa dévotion. La Convention, dont le Comité tenait théoriquement sa légitimité, était si docile qu'elle lui transféra sans discussion une partie des compétences policières qui appartenaient au Comité de sûreté générale.

Un État, chose disparue depuis 1789, avait assurément reparu. État fragile cependant, dont le terme était fixé le jour où la situation militaire, déjà largement rétablie, rendrait inopérant l'argument du salut public qui servait depuis mars 1793 à justifier l'établissement d'un gouvernement d'exception. État fragile encore, parce qu'il s'incarnait tout entier dans un individu. Robespierre avait certes atteint le sommet de la puissance, mais celle-ci avait pour seule base la crainte qu'il inspirait. Avec la mise au pas du Paris militant avait disparu le 'peuple' qu'il avait plus d'une fois appelé à la rescousse. Le fondement même de sa puissance était détruit. Certes les Jacobins continuaient de se réunir, mais ils n'étaient plus le 'thermomètre de l'opinion publique', seulement un aréopage de courtisans. Chez lui, ou plutôt chez le menuisier Duplay qui l'hébergeait depuis 1791, une petite troupe fidèle jusqu'au sacrifice l'entourait et l'adulait, ses hôtes lui vouaient un culte farouche dont ils disputaient le privilège à sa sœur Charlotte ; tout était arrangé pour son bien-être et il en usait avec l'indifférence d'un homme occupé d'une passion abstraite et exclusive. Partout, Robespierre ne voyait que lui-même, n'entendait que lui-même. Il perdit ce don de connivence qui, jusqu'en 1793, l'avait maintenu, avec des hauts et des bas, à l'unisson de l'opinion.

Désormais privé de tout appui hors de la Convention, il était à la merci d'un renversement de majorité parlementaire. En ces mois d'avril et mai, il n'avait sans doute rien à craindre. La Convention avait peur. Barras raconte qu'un jour un député ayant négligemment porté la main à son front la retira vivement en murmurant: 'Il va croire que je pense à quelque chose'. Robespierre pouvait pérorer à son aise.

Le 7 mai 1794, la Convention décréta sur son ordre l'existence de l'Être suprême et celle de l'immortalité de l'âme. Robespierre entendait ainsi faire acte de fondateur en donnant une base morale à la république qui devait naître sur les ruines des factions. Le déisme vague du nouveau culte ne témoignait en aucun cas de l'attachement de Robespierre au pouvoir d'une Église catholique qu'il avait combattue en s'associant à la politique religieuse de la Constituante. En revanche, il s'était toujours opposé avec fermeté aux déclamations hostiles, non pas à l'Église, mais à la religion en tant que telle. La sincérité de ses invocations du Ciel et de la Providence n'était pas feinte. Plus d'une fois elles le mirent en difficulté, jusque devant son auditoire le plus fidèle, assez bourgeois et cultivé pour ne pas rester insensible au scepticisme religieux. Il existe un fond de religiosité chez Robespierre, qui explique la haine qu'il vouait aux philosophes, coupables à ses yeux, non seulement d'avoir persécuté le vertueux Jean-Jacques, mais d'avoir répandu dans la société le poison de l'incrédulité. C'est par le même motif qu'en novembre 1793 il déclencha l'offensive contre les hébertistes, convaincu que la déchristianisation, en dépit d'une apparence de popularité, était le fait d'une minorité dont les actes répugnaient à un peuple – le sien, pauvre et vertueux – profondément attaché à la consolation offerte par l'idée d'un Dieu juste. Il y avait aussi, sans doute, la conviction que la nouvelle société issue de la Révolution ne pouvait faire l'économie d'une règle morale que la raison, essentiellement subversive, ne pouvait offrir. Ses lectures, de Cicéron à Montesquieu, avaient également pu le convaincre, comme l'écrira encore Lamennais au début du siècle suivant, qu''on trouve la religion près du berceau de tous les peuples, comme on trouve la philosophie près de leur tombeau'.

Quant à l'immédiat, Robespierre n'annonçait rien. Il légiférait pour les temps futurs. On peut même proposer une autre lecture du décret sur l'Être suprême, y voir une tentative pour donner à la dictature le fondement moral dont elle était absolument dépourvue dans son fonctionnement quotidien, fait de délation, d'arbitraire et de sang. En contraignant la Convention à renier ses anciennes ardeurs déchristianisatrices, il faisait même planer une menace diffuse. Les Parisiens qui assistèrent nombreux à la fête célébrée le 8 juin virent sans doute dans le nouveau culte la promesse d'une embellie: tant il est vrai qu'ils étaient prêts à se raccrocher au moindre espoir, si ténu fût-il. Quant à Robespierre, s'il nourrit quelques illusions, elles furent vite dissipées. Marchant en tête de la procession, il put entendre les sarcasmes proférés à son encontre par les députés auxquels il tournait le dos et que l'anonymat du cortège protégeait. Même les obséquieux Jacobins digérèrent mal ce retour à la 'superstition', et quatre jours avant la fête, ils osèrent nommer pour président Fouché, l'homme pour qui la mort n'était qu'un 'sommeil éternel'.

Il est d'ailleurs assez vain de s'interroger sur les intentions de Robespierre, sept semaines avant sa chute. L'obligation de maintenir le silence universel par lequel il régnait le condamnait à une dictature toujours plus personnelle comme à une terreur toujours accrue. Il n'existait aucune autre issue: la détente, promise après la chute de la dernière faction, ne pouvait venir, dans la mesure où il n'y a pas de fin aux factions parce qu'il n'y a pas de fin aux intérêts, aux passions et aux opinions.

La preuve en fut bientôt administrée. Deux jours après la fête de l'Être suprême, le 10 juin, Robespierre forçait, au sens propre du mot, la Convention à voter la loi du 22 prairial qui supprimait toute apparence de justice dans la procédure du Tribunal révolutionnaire. 'Si cette loi passe, s'écria courageusement Ruamps, il ne nous reste qu'à nous brûler la cervelle.' Tous ceux qui, à un titre ou un autre, se sentaient menacés, et ils étaient légion, eurent cette fois si peur qu'ils puisèrent là les ressources d'un courage tout neuf. Ils jurèrent la perte de Robespierre.[7]

Il est difficile de reconnaître le génial tacticien dans la conduite qui fut dès lors la sienne. Il déserta la Convention qui avait manifesté sa grogne le 10 juin, puis le Comité de salut public qui refu-

[7] OCR 10: 484-486; 488-490.

sait de livrer les têtes exigées (29 juin). On ne le vit plus qu'aux Jacobins, dénonçant une 'multitude de fripons' dont il augmentait le nombre en refusant d'en donner les noms.[8] Retardant le moment de frapper, s'isolant pour peaufiner le réquisitoire qui devait d'un coup abattre toutes les têtes coupables, il commit une erreur irréparable. Ses ennemis eurent le temps de se reconnaître et de se réunir. Le 8 thermidor (26 juillet), il monta à la tribune de la Convention pour prononcer ce qui devait être son dernier discours. Croyait-il qu'il pourrait vaincre, contraindre une fois de plus l'assemblée à lui renouveler sa confiance en acquiesçant à une épuration qui devait être, comme les précédentes, la dernière ? Ou pressentait-il qu'il jouait le dernier acte, certain de sa chute, fatigué, âgé seulement de trente-six ans mais ayant déjà les traits d'un vieillard ? On l'ignore, bien sûr. Le réquisitoire attendu se révéla maladroit. Il donnait prise à l'accusation de dictature, multipliait les allusions, donnait des gages aux députés de la Plaine mais désignait comme l'un des principaux coupables Cambon, l'un de ceux qui avaient le plus leur confiance. Le signal de la chute ne résida cependant pas dans la faiblesse du discours. Simplement, la Convention retrouva la voix. Le dantoniste Bourdon de l'Oise donna le branle, et tous se levèrent, les uns après les autres, une accusation en appelant une autre.[9] Et l'on vit cette chose inimaginable quelques mois auparavant: Robespierre sans voix, incapable de répondre sinon par des protestations de bonne foi, manifestement désarçonné par la renaissance d'une opposition qu'il croyait avoir brisée le jour de l'arrestation de Danton, à moins qu'il n'ait fini par prendre le silence apeuré de ses collègues pour un soutien réel de la majorité. Le lendemain, lorsque la Convention sonna l'heure de la curée, Saint-Just s'effondra pareillement. Robespierre et ses amis connaissaient la suite: le décret d'arrestation, le Tribunal révolutionnaire, l'échafaud. Un dernier sursaut de la Commune bouleversa quelque peu un scénario bien rôdé, mais Robespierre, que le dernier carré de ses fidèles poussait à la résistance, n'en fut plus que le spectateur résigné: comme il l'avait si souvent prédit, les 'méchants' avaient triomphé.

[8] Voir entre autres OCR 10: 511-518.

[9] OCR 10: 542-576 (discours du 8 thermidor); 588-595 (séance du 9 thermidor).

Le 9 thermidor est l'une de ces ruptures majeures où se désagrègent plus ou moins soudainement, mais d'une manière irréversible, des idées et des représentations que l'on croyait profondément enracinées dans la conscience collective.

Au départ, il n'y eut qu'un nouvel épisode de la Terreur. En rétablissant l'autorité de la Convention sur les comités, les conjurés n'entendaient nullement soustraire les ennemis du peuple, ou supposés tels, au châtiment mais protéger les 'patriotes', c'est-à-dire eux-mêmes, des persécutions que le 'tyran' avait exercées contre eux. Cette fois pourtant, le couperet était tombé au cœur du pouvoir: les clients promis au bourreau n'étaient plus de quelconques opposants, mais Robespierre, Couthon et Saint-Just, trio qui symbolisait à lui seul ou presque le régime de la Terreur. La mort de Robespierre frappait la Terreur dans son principe même.

La conséquence la plus immédiate de la chute du 'tyran' fut, à la faveur du desserrement de la contrainte, la renaissance d'une opinion réduite depuis longtemps au silence. Le torrent d'invectives, d'accusations, d'appels à la vengeance par lequel elle se manifesta, témoignait lui-même d'un mouvement de fond: la résurrection de la société réelle, que la rhétorique terroriste avait fictivement abolie dans la célébration de l'unité du peuple et de ses dirigeants, et dans la mystique de la vertu.[10]

De ce point de vue, la disparition de Robespierre n'entraîna pas seulement la liquidation de la Terreur, mais également celle d'une certaine façon d'envisager le pouvoir qui avait gouverné les esprits depuis 1789, et dont la Terreur avait constitué la forme extrême. La surenchère révolutionnaire s'était alimentée dès 1789 à la dénonciation de la séparation du pouvoir et du peuple. Le despotisme d'Ancien Régime trouvant sa source dans cet écart, sécurité et liberté devaient résulter de leur transparence, de l'établissement d'un pouvoir qui fut immédiatement celui du peuple, sans intermédiaire, afin que ses intérêts ne pussent être trahis et ses droits bafoués. Le caractère purement démocratique de cette figure de la légitimité et la nature nécessairement représentative des institutions

[10] Voir dans ce recueil, l'article d'Antoine de Baecque.

– celle-ci impliquant la séparation du peuple et des dirigeants récusée par celle-là –, avaient interdit l'instauration d'un ordre politique régulier. L'exercice du soupçon était en effet l'envers logique de cette représentation du pouvoir. Si tous les dépositaires d'une portion quelconque de la puissance publique étaient choisis par le peuple, chaque élu se voyait, aussitôt investi de ses fonctions, exposé à l'accusation de poursuivre des fins particulières contraires à l'intérêt du peuple. Objet du soupçon, il lui fallait apporter la preuve qu'il restait uni de volonté et d'intérêt avec le peuple.

Les partis qui exercèrent successivement le pouvoir s'étaient élevés en dénonçant les trahisons des gouvernants en place, avant de tomber eux-mêmes sous les coups de la surenchère démocratique. Seul Robespierre parvint, au moins pour quelques mois, à réunir les deux légitimités, et à réaliser ainsi, à travers sa propre personne, l'unité du peuple et du pouvoir. Sa mort acquiert ici toute son importance historique. 'Un mystère de connivence' liait Robespierre à la Révolution.[11] C'est non seulement un système de pouvoir, la Terreur, qui disparut avec lui, mais également le discours même de la Révolution sur le pouvoir, qu'il avait su, mieux que tout autre, exprimer par ses discours et son action.

[11] F.Furet, *op.cit.*, 82.

YEARBOOK OF EUROPEAN STUDIES 9 (1996): 19-36

'JE VEUX SUIVRE TA TRACE VÉNÉRÉE' ROBESPIERRE AS A REINCARNATION OF ROUSSEAU

Norman Hampson

Some time between 1789 and 1791 Robespierre composed a rather curious *Dédicace de Maximilien Robespierre aux Mânes de Jean-Jacques Rousseau*, in which he placed himself 'sous l'égide du plus éloquent et du plus vertueux des hommes'.[1] For the rest of his life he was to attach equal importance to both of these attributes. Rousseau, in other words, was not merely a source of ideas but also the living embodiment of a moral sentiment. Robespierre continued, 'Homme divin! tu m'as appris à me connaître; bien jeune, tu m'as fait apprécier la dignité de ma nature et réfléchir aux grands principes de l'ordre social'. It was thanks to Rousseau that he had made a personal contribution to the creation of a new France. He claimed to have seen Jean-Jacques towards the end of his life – he himself was only twenty when Rousseau died – and to have been profoundly impressed by 'l'empreinte des noirs chagrins auxquels t'avaient condamné les injustices des hommes'. He aspired to follow in Rousseau's path 'au prix d'une vie laborieuse, au prix même d'un trépas prématuré'. The only work of the master's to which he referred in this self-dedication was the 'admirables *Confessions*, cette émanation franche et hardie de l'âme la

[1] Text in Hector Fleischmann, *Charlotte Robespierre et ses Mémoires* (Paris, n.d.), 290-292.

plus pure'. This confirms the impression that what inspired Robespierre was the character, at least as much as the philosophy of his mentor. Mme Roland had experienced Rousseau in much the same way – 'Je le regarde comme l'ami de l'humanité, comme son bienfaiteur et le mien' – but she had fallen under the spell of *Emile* as well as the *Nouvelle Héloïse* and it was *Emile* that converted Brissot to emotional deism.[2] It was perhaps significant that Robespierre should have chosen to emphasize his particular debt to the work in which Rousseau described with indulgent self-pity and growing paranoia, his life rather than his ideas.

Robespierre's implied claim to have been a devotee of Rousseau from his early years scarcely corresponds to the evidence of his literary compositions and legal pleadings. The essay that he wrote for the Metz academy's prize competition in 1785 followed Montesquieu in both style and content, to the point of quoting him without acknowledgment. His conclusion: 'Ce n'est pas que je veuille porter une main profane sur l'édifice sacré de nos lois', was not much of a foretaste of what was to come. Another essay in the following year, on the treatment of the illegitimate, reflected the influence of both Montesquieu and Rousseau. Robespierre described politics as public morality but went on to assert that statesmen were powerless to influence *moeurs*. He maintained this balance in his essay on Gresset, in the same year, in which he suggested that men of letters were too inclined to sacrifice morality to the pursuit of glory, but praised Frederic II and refused to opt between 'ces philosophes qui ont combattu les spectacles et ceux qui les ont loués'. Even if this was no more than the caution of a man who was trying not to offend any of the jury, it scarcely amounted to the pursuit of *vertu* regardless of the cost.[3]

It would be rash to draw any conclusions from Robespierre's appearance in the lightning-conductor case in 1783, where his role

[2] *Mémoires de Madame Roland*, ed. P. Faugère (2 vols.; Paris, 1864) 2: 171 (note 1); J.P. Brissot, *Mémoires* (4 vols.; Paris, 1830), 1: 50.

[3] *Discours couronné par la Société royale des Arts et des Sciences de Metz* (Amsterdam, 1785); *Les Droits et l'Etat des Bâtards*, ed. L.N. Berthe (Arras, 1791). *Eloge de Gresset* (London, 1786).

consisted mainly in presenting the arguments compiled by his friend, Buissart. The Deteuf case, in the following year, saw him once more on the Montesquieu tack, describing the clergy as an intermediate body that helped to prevent monarchy from degenerating into despotism. If, in 1787, he appealed to the theory of a social contract, it was to adopt the Lockean argument that those who came together to form a civil society alienated only a portion of their original liberty, which would have been anathema to Rousseau.[4]

A complete transformation occurred during the winter of 1788-89, when Robespierre appeared in the Dupond case. Putting his legal brief to one side, he delivered a long and impassioned commentary on the political situation in which he developed ideas that he was to repeat for the rest of his life. The objective of political action was fundamentally moral or religious: the moral regeneration of society. 'Voilà la base de ce contrat social, dont on parle tant, qui n'est point l'ouvrage d'une convention libre et volontaire de la part des hommes, mais dont les conditions fondamentales, écrites dans le ciel, furent de tout temps déterminées par ce législateur suprême, qui est la source unique de tout ordre, de tout bonheur et de toute justice'. The perspective of Providence might be universal, but there was 'un génie tutélaire qui veille sur la France'. This had given the country 'un prince digne de chérir et de protéger la liberté'. He was to change his mind about that. If France could remain united, 'le sceptre de l'univers t'appartient', not the 'funeste gloire d'agrandir ton domaine, déjà assez étendu' but 'l'empire irrésistible de ta sagesse et de tes vertus'. He appealed to Louis XVI to rise to the challenge of 'les circonstances extraordinaires que la Providence a préparées dès longtemps pour vous faciliter l'accomplissement de ce grand et difficile ouvrage que les plus illustres souverains de l'univers n'avaient pu exécuter avant vous'. This was a unique opportunity offered to France by 'l'être tout-puissant qui fait la destinée des empires; et si nous le laissons échapper, peut-être est-il arrêté qu'il ne fera plus luire pour nous

[4] *Oeuvres complètes de Robespierre*, ed. V. Barbier & C. Vellay (Paris, 1910), 125, 463.

que des jours de troubles, de désolation et de calamités'.[5]

Robespierre published two pamphlets in support of his campaign to get himself elected to the Estates General. These revealed the negative side of the smiling prospect that he had set out in the Dupond case. He was not alone amongst politicians in warning the electorate against the duplicity of his opponents, but he expressed himself in a style that was all his own. He began by announcing that France was living through 'un moment qui doit décider à jamais de notre liberté ou de notre servitude [...], l'unique moment que la Providence nous ait réservé dans l'espace des siècles'.[6] It was all a matter of black and white: the correct policies could lead to the creation of a moral order such as the world had never seen, but his opponents were wholly intent on the pursuit of their selfish material interests. His second pamphlet described the present crisis as 'le combat des préjugés contre la raison, de l'humanité, de l'honneur, du patriotisme contre l'orgueil, la vanité, l'intérêt personnel'. After drawing attention to 'l'exemple salutaire de courage, de générosité, de désintéressement' that he was providing, he called on all *patriotes* to unite against

> la plus redoutable conspiration que tous les mauvais citoyens ont formée [...] O citoyens, la patrie est en danger, des ennemis domestiques, plus redoutables que les armées étrangères, trament en secret sa ruine [...] Que m'importe qu'[...] ils méditent déjà de changer en martyrs tous les défenseurs du peuple.

He concluded with an extraordinary evocation of the tears that would be shed over his tomb, whether he shared in the sufferings of his country or was spared the misfortune of surviving its ruin.[7] In that spring of all the promises there can have been few candidates for office who were contemplating their possible failure and demise with such a mixture of pessimism and self-congratulation that was very reminiscent of Rousseau.

From 1789 onwards many if not most of the revolutionaries were to invoke Rousseau in support of their proposals. The argument that

[5] *Ibid.* 662, 664, 680, 673.

[6] Robespierre, *A la Nation artésienne* (n.p., n.d.) 3, 10.

[7] Robespierre, *Les Ennemis de la Patrie démasqués* (n.p., n.d.), 54-55, 57-58.

Robespierre believed himself to have experienced some special kind of conversion, prompted perhaps by the appearance of the second part of the *Confessions* in 1788, therefore requires careful examination. Rousseau's 'message' was one thing and his example was another, and each calls for separate examination.

Rousseau's political theory began by assuming that the ideal society was one in which the (repressive) state would have withered away. Granted a population bred up in *vertu* as a result of their conditioning by institutions devised by the genius of a providential Legislator, everyone (with the possible exception of an incorrigible minority) would be unanimous in preferring the collective good to the satisfaction of personal interest. This identity of views about ends would not, in itself, guarantee consensus about the means to attain them, since the people might be too ignorant or stupid to understand what was good for them. It was then up to the Legislator, who had already transformed their moral nature by the institutions, to present choices in terms that the mass of the population could understand, not as things actually were, but as they ought to appear. If people were to achieve this total self-identification with the community as a whole, no sectional organization of any kind, religious, professional, local or political, must be allowed to interpose its claim to partial allegiance. There could be only one national interest and since morality was equated with the good of the community, to claim a right of conscientious objection to the general will was, quite literally, to talk nonsense.

Such was the general message of *Du Contrat social*, which took on specific colouring when refracted through Rousseau's personality. He suspected the wealthy and his ideal citizen was the kind of self-sufficient yeoman farmer whom he claimed to have encountered in the Swiss Alps. Throughout his work he was inclined to disparage the capacity of the 'populace' for both clear thinking and moral behaviour. He rejected democracy as suitable only for a community of angels and, whilst insisting that sovereignty itself belonged to the people as a whole, favoured entrusting the actual business of government to an elective aristocracy. A minimalist religious belief in the existence of a God who would reward the just and punish the unrighteous in the next world, was necessary if the mass of the population were to be sufficiently motivated to act as their consciences told them they ought. Atheism was attractive only to the great and the wealthy since it relieved them of apprehension about being required to pay in the next life for the misuse of their privileges in this one. Although Rousseau did not suggest that God, or Providence, had any national favourites, he advocated coming as close to the tribal religion of former ages as eighteenth-century attitudes permitted, by nationalizing religious observance, limiting it to the profession of a few basic tenets and holding great festivals that were likely to provoke nationalist rather than religious enthusiasm. His cult of the *patrie* had a distinctly military edge to it: the proof of Spartan excellence was his belief that a Spartan army would have defeated a modern one without any difficulty. The peculiar virtue of Sparta also owed something to its being a landed, if not a landowning society. The Athenian addiction to commerce was a sign of both weakness and corruption. Rousseau did not believe that his analysis of the functioning of a healthy society was of any practical relevance to France. Poland, Corsica and Geneva might still be redeemable – indeed, he seems to have seen himself as a kind of providential Legislator in the case of the first two – but France was so far gone in luxury and corruption that to attempt her regeneration might only make things worse.

The pressure of circumstances alone meant that there were some issues on which Robespierre could not afford to agree with Rousseau. Most importantly, the size of France meant that he had to disregard Rousseau's insistence that the sovereignty of the people could only be assured by their direct participation in legislation and his rejection of the concept of representation. There could be no question of that, even if Robespierre was never consistent about just how much of their nominal sovereignty the electorate transferred on polling day. After his experience in the spring of 1789, he was understandably distrustful of any kind of aristocracy. Before the revolution, he was rather fond of trying to discredit hostile witnesses by describing them as 'gens de la lie du peuple', but he was careful to avoid such language after 1789, even when he was suggesting that the majority of the population was both ignorant and credulous.

Whenever the situation permitted, Robespierre liked to paraphrase Rousseau without mentioning him by name. The newspaper article that he devoted to education opened with what was almost the first sentence of *Emile*: 'l'homme et bon, sortant des mains de la nature'.[8] His speech on the Constitution of 1793 began with a limp paraphrase of the most famous sentence in *Du Contrat Social*, 'l'homme est né pour le bonheur et pour la liberté et partout il est esclave et malheureux' (10 May 1793). It was in the matter of religion that the influence of Rousseau was most important. When Robespierre attacked the dechristianizers, even though his target was atheism rather than dogmatic theology, his language reflected that of the *vicaire savoyard* . The state religion that he tried to introduce in the spring of 1794 was modelled very closely on the penultimate chapter of *Du Contrat Social.* Its dogma was minimal and its essential characteristic was its celebration by means of great national and patriotic festivals.

On one or two occasions Robespierre had to face the invocation of Rousseau by opponents or inconvenient allies. It was clever but tactless of Desmoulins, on 7 January 1794, when Robespierre was trying to help him by deflecting hostility from the man to his newspaper, to shout 'Brûler n'est pas répondre!' It was rather more awkward, on May 15, when his over-zealous disciple, Jullien, tried to support his religious policy by suggesting that all atheists should be deported. The best that Robespierre could manage on that occasion was, 'je crois qu'il faut laisser cette vérité dans les écrits de Rousseau'. This made up in expediency for what it lacked in logic or fidelity to Jean-Jacques.

If one turns from specific policies and points of detail to the basic question of what should be done about the way that France was governed, the main difference between Rousseau and Robespierre arose from their contrasting situations. The one was a moralist, writing in the age of Mme de Pompadour, the other a

[8] OCR 5: 207.

statesman aspiring to lead France through a major social revolution. Rousseau had been able to opt out, both in his life and his writings, refusing to join in the campaigns of the philosophes and writing a treatise on private education, on the ground that the corruption of contemporary society ruled out the possibility of any acceptable system of public education. Thinking of Geneva rather than of France, he could reject the idea of representative government. He did not have to wrestle with the ambiguities and contradictions involved in his concept of the general will. Robespierre had to take the situation as he found it and make the theory fit. Popular sovereignty, whatever it meant, involved some kind of representation. If Robespierre had accepted that the French nation was irredeemably corrupt, there would have been nothing for him to do. His concept of the unique providential moment allowed him to combine contempt of the past, hatred toward those who had been corrupted by it, and enthusiasm for a transcendental revolution with which he identified himself. It was Rousseau who provided him with the magic key. At one point in *Du Contrat Social* he had written of the unique exception to his rule that political corruption was irreversible, when writing of 'des époques violentes où les révolutions font sur les peuples ce que certaines crises font sur les individus, où l'horreur du passé tient lieu d'oubli, et où l'Etat, embrasé par des guerres civiles, renaît pour ainsi dire de sa cendre et reprend la vigueur de la jeunesse en sortant des bras de la mort'.[9] In the most ideological of all his speeches, on 5 February 1794, Robespierre invoked this authority, in language which made it rather more flattering to his audience.

> Lorsque, par des efforts prodigieux de courage et de raison, un peuple brise les chaînes du despotisme, pour se faire des trophées à la liberté, lorsque par la force de son tempérament moral, il sort, en quelque sorte, des bras de la mort pour reprendre toute la vigueur de la jeunesse [...]

Robespierre was therefore not entirely contradicting Rousseau when he took Rousseau's description of the operation of an ideal society

[9] Rousseau, *Du Contrat social* (Paris, 1964) 3: part 2, 8.

and made it his prototype for revolutionary France. By doing so, he immersed himself in a political process which obliged him to make more or less conscious adjustments, if not to the theory itself, then at least to the way in which it applied to the constantly changing tactical situation. Put very crudely, he began as an isolated deputy, opposed to both the royal government and to the majority in the Assembly; after the deposition and especially the execution of Louis XVI, he came rather tentatively to regard the Convention as representative of the popular will or national interest; from 27 july 1794, he was a member of the revolutionary goverment, which modified his attitude to both the Assembly and the 'people', whose sovereignty now began to assume a more abstract character.

Throughout the duration of the Constituent Assembly, and especially during its conservative phase in the first half of 1791, Robespierre disputed the argument of the constitutional monarchists that the people had delegated the exercise of their sovereignty to their deputies, who were therefore empowered to define the general will.[10] In an undelivered speech that he published in March 1791, he argued that the people, as 'le seul appui de la liberté', were entitled to challenge any act of the Assembly, which could not restrict their right to petition (OCR 7: 158-174). On May 9 he said that complete freedom of the press was necessary, in order to temper the 'despotism' of the deputies. If the laws conformed to the general will, they would not be challenged and each citizen was entitled to try to influence the formulation of that will in the light of his personal perception of the national interest. For tactical reasons Robespierre wanted to debar the sitting deputies from re-election and his attempt to reconcile this with the sovereignty of the electorate shed an interesting light on his conception of democracy: the Constituent was entitled to exclude its members from the Legislative Assembly, but only if this was in accordance with the true interests of the nation. This was, by implication, to claim the right to be the judge of what constituted the general will. When it was a question

[10] This question is comprehensively discussed in Patrice Gueniffey, *Le Nombre et la Raison* (EHESS Paris, 1993). See also N. Hampson, *Will and Circumstance: Montesquieu, Rousseau and the French Revolution* (London, 1983).

of deciding the future of the king, after his capture of Varennes, Robespierre had more confidence in the electorate than in the Assembly and he therefore advocated a referendum.

He changed his ground again early in 1792, when it looked as though Brissot's war campaign, which he opposed, might enjoy popular support. On January 2 he invoked Rousseau's dictum that 'le peuple veut toujours le bien mais il ne le voit pas toujours', to argue that 'le vrai moyen de témoigner son respect pour le peuple [...] c'est de le prémunir contre ses propres défauts. Son bon sens [...] est souvent supérieur à l'esprit des habiles gens mais [...] sa bonté naturelle le dispose à être la dupe des charlatans politiques'. He was to become more and more inclined to dismiss his opponents as *charlatans* and *intrigants*. The summer of 1792 was reminiscent of the political situation after Varennes and Robespierre once more denounced 'l'idée d'un pouvoir illimité remis à une assemblée nombreuse qui est au-dessus des lois'. He demanded the replacement of the Legislative Assembly by a Convention whose members would be kept in line with public opinion by frequent opportunities for the assemblées primaires to exercise their right of recall (OCR 8: 408-420).

Once the Convention had been elected, his views fluctuated with the rise and fall of the Montagnards. He now opposed the consultation of the assemblées primaires on the fate of the king and the recall of unpopular deputies, on the ground that the people could be easily led astray and that it would be unwise to weary them with frequent demands for their opinion (OCR 9: 183-200). At the same time he reverted to his former attitude as leader of the democratic opposition to the majority in the Assembly. He opposed any scheme for public education in view of the corruption of the present generation and the danger of political indoctrination by the government. In this context he declined to indulge in 'des descriptions brillantes de fêtes nationales'.[11] In the same mood, he insisted on December 28 that 'la minorité a toujours un droit éternel, c'est celui de faire entendre la voix de la vérité, ou de ce qu'elle regarde comme telle

[11] *Lettres à ses Commettans* (Gap, 1961), 5: 211.

[…] la vertu est toujours minoritaire sur la terre'. At his most pessimistic he was inclined to despair of both the Assembly and the public opinion, misled by the Girondin press. 'L'esprit public est resté en arrière de la révolution. Le peuple n'a pas encore le sens de la politique' (OCR 9: 295-303). This was to endow the revolution with a kind of metaphysical legitimacy of which he was the custodian. Logically enough, from his own point of view, he claimed on April 19 that the freedom of the press did not apply to 'les moyens nécessaires pour le succès des révolutions'.

He now called for an assertion of the popular will, not by means of the assemblées primaires, whose convocation he continued to oppose, but by a Parisian insurrection: 'J'invite le peuple à se mettre dans la Convention en insurrection contre tous les députés corrompus' (OCR 9: 524-527). In an unguarded moment, in the previous December, he had conceded that any such policy would make the definition of the general will depend on force: 'la victoire décidera si vous êtes des rebelles ou les bienfaiteurs de l'humanité' (OCR 9: 183-200).

Once the Convention had been purged by the 'people', or at least by a fraction of those who lived in Paris, on June 2, Robespierre recovered his confidence that it now represented the national will. He repeatedly opposed proposals for the convocation of the assemblées primaires and on August 11 attacked the suggestion that, since the new constitution had been ratified by a popular vote, the time had come to bring it into force, which meant the election of a new Assembly. By December 25 he was denouncing those who called for 'l'exécution littérale des adages constitutionnels' as 'de lâches assassins'. The only enemies of the people were those who attacked the Montagnards. They included 'journalistes infidèles' who were 'les plus dangereux ennemis du peuple'. He had already supported Danton's proposal to limit the meetings of the Paris sections to two per week.

On July 27 Robespierre became a member of what was, in effect, the revolutionary government, when he was elected to the Committee of Public Safety. Just as he had come to identify the sovereign people with the Montagnards, he now began to assume that the latter were synonymous with their executive committee. To criticize the Committe was to attack the Convention (OCR 10: 116-122). When the Assembly had imposed on the revolutionary gouvernment the duty of saving the country, it had itself assumed the duty of supporting the Committee. During the summer of 1794 his tone became more and more shrill. On June 10 he told the deputies, 'il n'est pas naturel qu'il s'élève une sorte de cabale contre le gouvernement qui se dévoue pour le salut de la patrie'. On the 27th he said that he did not recognize those who organized opposition to the Committee of Public Safety as representatives. By July 9, 'quiconque veut cabaler contre le gouvernement est un traître'.

From this new perspective he now advocated the kind of government initiatives that he had formerly opposed. Lepeletier's scheme for a system of public education, which he endorsed as his own, was precisely the kind of proposal that he had attacked during the previous year, as unsuited to a generation corrupted by its upbringing under the ancien régime. When he inaugurated his state religion, the workship of the Supreme Being, he enthused over precisely the kind of *fêtes nationales* that he had rejected in 1793. This implied that the regeneration of the nation had been effected – with rather suspicious celerity – as a result of the reformation of its *moeurs* by those who were entitled to rule in its name since they alone understood and embodied its true interests.

It would be easy to present the evolution of Robespierre's conception of sovereignty and of the general will as the cynical adaptation of principle to political convenience. His changes of attitude certainly reflected his own political interest but there was more to it than that. In his own way he was making an honest attempt to work out the political implications of the creed that he had discovered in Rousseau. To understand the appeal of both men to contemporaries and to posterity one has to keep simultaneously in mind both their self-deception and their genuine and disinterested enthusiasm for a new moral order. In Robespierre's case this had emerged as early as 1789 but it took on a more insistent note in 1794. It coincided, in other words, with his growing sense of persecution and isolation and it helps to explain the zeal with which he struck down anyone whom he believed to be standing in the way of so glorious a future. It was only the vision of this new Jerusalem that could justify all the killing.

Robespierre's vision may be briefly suggested by looking at two of his speeches. On February 5 he told the Convention,

> nous voulons un ordre de choses où toutes les passions basses et cruelles sont enchaînées, toutes les passions bienfaisantes et généreuses éveillées par les lois [...] où chaque individu jouisse avec orgueil de la prospérité et de la gloire de la patrie, où toutes les âmes s'agrandissent par la communication continuelle des sentiments républicains et par le besoin de mériter l'estime d'un grand peuple.

On May 7 he invited the deputies to share his emotion at presiding over the dawn of a new world.

> Tout a changé dans l'ordre physique; tout doit changer dans l'ordre moral et politique [...] cette terre délicieuse que nous habitons et que la nature caresse avec prédilection est faite pour être le domaine de la liberté et du bonheur [...] O ma patrie! Si le destin m'avait fait naître dans une contrée étrangère et lointaine j'aurais adressé au ciel des voeux continuels pour ta prospérité [...] Je suis Français, je suis l'un de tes représentants [...] O peuple sublime! Reçois le sacrifice de tout mon être; heureux celui qui est né au milieu de toi! Plus heureux celui qui peut mourir pour ton bonheur!

It was Robespierre's tragedy that the way in which Rousseau had taught him to conceive of this terrestrial paradise transformed it into a kind of hell. He was convinced that if anyone put his own selfish interests to one side, freed himself from distracting passions and consulted his conscience, God or Providence would always reveal to him what was conducive to the good of society as a whole. What he was actually doing was delivering himself a certificate of infallibility. He knew himself to be sincere and he therefore assumed that he was right. Since God of Providence spoke with only one voice, anyone else who chose to make a similar effort would be rewarded with an identical revelation. Anyone who put forward a different view could only be a hypocrite, advocating policies that he himself knew to be wrong (OCR 10: 273-282).

All political choices rested ultimately on a basis of morality, which meant the subordination of self-interest to the collective good. However complicated and confused the political spectrum might appear, this was the essential division. 'Il n'existe que deux partis dans la république, celui des bons et des mauvais citoyens, c'est-à-dire celui du peuple français et celui des hommes ambitieux et cupides' (OCR 9: 481-494). This situation was complicated by the ability of *charlatans politiques*, who knew perfectly well what they were doing, to enlist the support of innocent dupes. When the situation had been explained to those who were misled – and Robespierre claimed: 'je suis plus en état que qui que ce soit de juger et de prononcer sur des personnes; je connais toutes les intrigues' (OCR 10: 288-290) – their persistence in error could only mean that they had opted to join the party of the *mauvais citoyens*.

What this meant in practice was illustrated on 26 March 1792 when Robespierre disagreed with Guadet about the role of the Providence in the revolution. He began by seeking confirmation from his own experience. 'Seul avec mon âme, comment aurais-je pu soutenir des travaux qui sont au-dessus de la force humaine, si je n'avais point élevé mon âme'; what was true for himself must be true for everyone else.

> Je soutiens que tous les patriotes ont mes principes et qu'il est impossible que l'on puisse combattre les principes éternels que j'ai énoncés [...] Je suis sûr que M. Guadet se rendra lui-même à mon opinion. J'en atteste et son patriotisme et sa gloire qui ne peuvent être fondés que sur les principes que je viens de proposer.

Guadet's failure to respond proved that he was both hypocritical – since he must know that Robespierre was right – and determined to put his private interests above those of the nation. When Robespierre referred to the incident on 21 November 1793, he had drawn the logical conclusions. 'L'impudent Guadet osa me faire un crime d'avoir prononcé le mot de Providence'.

There were, fundamentally, only two parties: the good and the wicked. The latter, 'les hommes corrompus qui préfèrent leur intérêt à l'intérêt général', were deliberately advocating policies that they knew to be contrary to the national interest. By doing so, they forfeited any right to toleration. Indeed, the common cause could only be impeded by a 'barbare indulgence pour les ennemis de la patrie', and on 8 may 1794 Robespierre demanded the extermination of all 'rebelles contre l'humanité et contre le peuple'. When such people were brought to trial the point of issue was not, as in ordinary criminal cases, whether or not the accused could be proved to have been guilty of a specific offence, but whether he was a *patriote* or an enemy of the people. This could be determined by moral conviction without need of forensic evidence. Robespierre said as much on 24 June 1793 when he demanded the imprisonment of those Girondin deputies who were currently under house arrest. 'Des preuves, nous n'en avons pas besoin, mais du moins elles réduiront les complices au silence'. He opposed a motion that arrested suspects should be entitled to know of the charges against them, on 24 October 1793. 'Sans doute, il faut protéger la liberté individuelle; mais s'ensuit-il qu'il faille, par des formes subtiles, laisser périr la liberté publique? [...] Lorsque la notoriété publique accuse un citoyen de crimes dont il n'existe pas de preuves écrites, mais dont la preuve est dans le coeur de tous les citoyens indignés', the normal judicial procedures no longer applied. This was to anticipate the thinking behind the law of 22 prairial which transformed the revolutionary tribunal into a people's court.

Robespierre drew his ideas together in the speech of 5 February 1794 in which he distinguished between constitutional government, in which the rights of individuals were paramount, and revolutionary gouvernment, where the practice of *salus populi suprema lex* was necessary for constitutional government to be brought into being. Revolutionary government was 'le despotisme de la liberté contre la tyrannie' and its guiding principles were both *vertu* and terror. Robespierre, in other words, had promoted the government to the rôle of Legislator. This would have been anathema to Rousseau. It was, however, the inevitable consequence of trying to apply Rousseau's principles to the regeneration by a virtuous minority of a people who were the innocent victims of the corrupt society in which they had been reared. Despite Robespierre's assurance that terror was only necessary during what Lenin would have called the 'transitional phase' of a revolution, what Rousseau had written about the need to present issues to the people, not as they were but as they ought to appear, and Robespierre's recurrent suspicions about popular wisdom, suggested that terror might be necessary for rather a long time.

If, objectively speaking, politics was a contest between the virtuous and the wicked, it was a short step to conclude that the apparent rivalries and conflicts within the camp of the unrighteous were so many feints to throw their opponents off their guard. Robespierre had always been ready to lend a credulous ear to talk of plots and conspiracies and to suspect his opponents of being in foreign pay. By 1794 he had convinced himself that, from the beginning of the revolution, there had been one concerted campaign to subvert the new order, directed in turn by Orléans, Lafayette, Mirabeau, Brissot, Jacques Roux, Hébert and Danton, all of them acting as the agents of foreign powers and all disguising their intentions behind a pretence of patriotism and devotion to the revolution. Everything that he had disliked had been a part of this single conspiracy, endlessly reborn form the wreckage of its successive defeats. There was no reason to conclude that the process had come to an end with the execution of Danton.

The proof of Robespierre's own rectitude was the story of his revolutionary career, which he was prone to invoke at a length that sometimes tried the patience of his audience. Rousseau had believed himself to have been the victim of continual persecution, usually by men who claimed to be his friends. Robespierre shared a similar conviction that he was the particular target of the *charlatans* and *intrigants*. His permanent conviction that he was a candidate for martyrdom appeared most disconcertingly – it even provoked his Jacobin audience – when he addressed the club on Marat's recent murder, on 14 July 1793. Opposing proposals to give Marat a state funeral and to place his remains in the Pantheon, Robespierre assured his audience that 'les honneurs du poignard me sont aussi réservés [...] et la priorité n'a été déterminée que par le hasard'. As in *Les Ennemis de la Patrie démasqués*, he was, in a sense, presiding over his own funeral celebration and he visibly resented the fact that Marat had usurped the place that should have been his. In the spring of 1794 his references to his impending martyrdom became increasingly frequent: March 31, May 7, June 10 and 27, July 26.

This is a reminder that our account of his self-idenfication with the revolutionary gouvernment was interrupted some time before his fall. During the course of the revolution his location of popular sovereignty had narrowed from the people as a whole to their elected representatives, to the Montagnards and to the Committee of Public Safety. Since any opposition to his own ideas was a sign of support for the endlessly renascent counter-revolutionary plot, it was merely a matter of time before he came to suspect some of his colleagues on the Committee, whose meetings he began to boycott. An attempt in late July to patch up the quarrel by means of a compromise appears to have satisfied most of those present, perhaps including Saint-Just, who was chosen to deliver a report to the Convention. To Robespierre this must have looked like more charlatanism and dissimulation. He broke the truce on 26 July in a final speech that was the logical sequence to what had gone before. What he described as 'les cris de l'innocence outragée' opened with a long testimonial to his revolutionary career. His unique reputation as the clear-eyed and uncompromising champion of republican morality had led the Enemy to concentrate their hostility on him alone and he had become 'un esclave de la patrie, un martyr vivant de la République'. 'S'il existe dans le monde une espèce de tyrannie, n'est-ce pas celle dont je suis la victime?' His audience probably remembered that whenever Robespierre had been engaged in the destruction of Girondin, Hébertist or Dantonist opponents, he had always drawn attention to his courage and self-sacrifice in exposing himself to their persecution. Without wholly unmasking his batteries, he now denounced the Committee of General Security and some of his colleagues on the Committee of Public Safety as traitors. The Convention had finally come to realize that, for Robespierre, the general will was located within his own head, and the deputies took advantage of the division within the government to shake off an ideology whose logical culmination was personal dictatorship.

All this may seem a very long way from the *promeneur solitaire* who ended his life peacefully enough at Ermenonville. Rousseau would almost certainly have been appalled by the career of Robespierre and treated any suggestion that he had been responsible for the Incorruptible as yet another of the slanders heaped upon him. Robespierre took a different view. Throughout his political career he claimed Rousseau as his master and inspiration. He was right, in the sense that, if the message of *Du Contrat Social* was to be interpreted as a guide to political action and not merely as speculation about an ideal society, its identification of the general will with the conscience of the disinterested citizen pointed in the direction that Robespierre was to follow. There was more to their relationship than this convergence of political philosophies. Robespierre shared Rousseau's conviction of his own unique moral value – 'tu m'as fait apprécier la dignité de ma nature'. Like Rousseau, he was prone to self-pity and to the self-indulgent contemplation of his sufferings at the hands of false friends and anti-social enemies, to whom his guiltless life was an intolerable reproach. Each vindicated himself by the means available to him and if there seems an almost infinite distance between Rousseau's lamentations and Robespierre's blood-letting, one has to ask one's self how far the latter was a logical consequence of the former. 'Je veux suivre ta trace vénérée'. He thought that he had.

YEARBOOK OF EUROPEAN STUDIES 9 (1996): 37-52

ROBESPIERRE
DES PRINCIPES RÉVOLUTIONNAIRES À L'ÊTRE SUPRÊME

Lucien Jaume

> Elle existe cette passion tendre, impérieuse et irrésistible [...] cette horreur profonde de la tyrannie, ce zèle compatissant pour les opprimés, cet amour sacré de la patrie, cet amour plus sublime et plus saint de l'humanité, sans lequel une grande révolution n'est qu'un crime éclatant qui détruit un autre crime
>
> (Robespierre, discours du 8 thermidor)

Dans son ultime discours du 8 thermidor, Robespierre se livre à une plainte qui est en même temps un aveu:

> Tout s'est ligué contre moi et contre ceux qui avaient les mêmes principes. Après avoir vaincu les dédains et les contradictions de plusieurs, je vous ai proposé les grands principes gravés dans vos coeurs et qui ont foudroyé les complots des athées contre-révolutionnaires [...] Ma raison, non mon coeur, est sur le point de douter de cette République vertueuse dont je m'étais tracé le plan.

Parmi nombre de contradictions que l'on peut relever dans le discours robespierriste considéré sur cinq ans de révolution, ce passage en montre une, caractéristique du moment de thermidor. D'une part, une *politique des principes* était possible durant la Révolution et elle était en quelque sorte une politique naturelle, du fait de la source à laquelle elle devait s'alimenter: 'je vous ai proposé les grands principes gravés dans vos coeurs'. Il suffit de reconnaître et de mettre en application les principes. D'autre part, dans la phase de la Terreur, la tâche révolutionnaire est entièrement volontariste et suspendue à un Robespierre visionnaire: 'cette République vertueuse dont je m'étais tracé le plan'.

Nous nous proposons de montrer que le décret qui a tellement intrigué les historiens, concernant l'immortalité de l'âme et l'existence de l'Etre suprême, s'explique par cette contradiction, qu'il tente de gérer à défaut de la résoudre. Vouloir ce que veut l'Etre suprême, c'est réconcilier le naturel et l'artificiel, unir le peuple qu'il faut instituer avec le gouvernement qui l'institue, c'est aussi donner aux principes la garantie la plus haute, leur permettant de s'appliquer avec la force de l'évidence. Mais cette visée politique, qui prend une apparence philosophique et métaphysique, ne résoudra rien: en pratique, elle aggrave les contradictions, puisqu'elle désigne Robespierre comme le pontife de l'Etre suprême, elle le 'personnalise' dans son appel à l'impersonnalité des principes, elle l'isole dans le combat entre les factions. Cependant, l'idée même est cohérente avec toute la vision robespierriste dont elle constitue le dernier ressort à l'heure où la Terreur connaît une surenchère.

Il convient donc de suivre le parcours de cette contradiction: en quel sens, tout d'abord, la politique robespierriste voulait-elle être une politique au nom des principes, y compris dans la Terreur? Quels obstacles et quelles remises en question est-elle amenée à reconnaître? On verra, enfin, en quoi le culte de l'Etre suprême, revenant à un certain climat déiste présent avant 1789, visait à parer à l'accusation d'*arbitraire* qui pèse de plus en plus sur le processus révolutionnaire. C'est finalement la figure même de Robespierre que l'on espère mieux éclairer par là, dans son rapport à une situation où elle développe le *pathos* ambivalent de la maîtrise et de l'échec prophétisé.[1]

[1] Nous reprenons ici certains développements d'une communication donnée au 4ème congrès de l'Association Française de Science Politique (Paris, 23-26 septembre 1992): 'Robespierre: une politique au nom de l'Etre suprême'.

La politique robespierriste au nom des principes

Depuis l'Assemblée constituante, Robespierre a toujours tenté de fonder sur des principes ses interventions et sa conduite politique; nombre de discours commencent, en substance ou de façon explicite, par la formule 'Revenons aux principes'. C'est l'esprit même du journal de Robespierre, *Le défenseur de la Constitution*, ouvrant son numéro 1 en ces termes: 'Exposition de mes principes'.[2] Outre le bénéfice de prestige théorique qu'une telle démarche d'exposition pouvait donner à l'orateur - le sous-titre du *Contrat social* n'est-il pas 'Principes du droit politique?' - le recours aux principes tentait d'apaiser l'une des grandes angoisses du personnel révolutionnaire: la personnalisation du leadership, l'incarnation d'un pouvoir qui eût dû rester anonyme puisque exercé au nom du peuple, ou, comme l'on disait aussi, le risque de la 'popularité'.[3]

Plus il se rapproche de la conquête du pouvoir, notamment après l'élimination de la Gironde au 2 juin 1793, puis l'entrée au Comité de salut public (27 juillet 1793), plus Robespierre cherche à se disculper de l'accusation de tyrannie en mettant en avant la rigueur coactive des principes; c'est encore vrai au soir du 8 thermidor: 'Quel est le tyran qui me protège? Quelle est la faction à qui j'appartiens? C'est vous-même. Quelle est cette faction qui depuis le commencement de la Révolution a terrassé les factions, a fait disparaître tant de traîtres accrédités? C'est vous, c'est le peuple, ce sont les principes' (OCR 10: 555).

Outre l'effet de dépersonnalisation, le second avantage de la référence aux principes résidait dans l'apparence d'*universalité* que ce discours déployait: s'il est vrai qu'il y a des principes communs et fixes pour tous les patriotes sincèrements amis de la Révolution

[2] *Oeuvres de Robespierre*, éd. G. Laurent (Nancy, 1939), 4: 5. Quand cela sera possible, nous citerons les textes de Robespierre dans l'édition courante par J. Poperen: *Robespierre. Textes choisis* (3 vols.; Paris, 1974). Les textes non reproduits par J. Poperen seront cités d'après OCR.

[3] Sur ces questions, voir L. Jaume, *Le discours jacobin et la démocratie* (Paris, 1989): 'La référence jacobine aux principes', 176-191; et notre communication 'Sous la Révolution: une popularité redoutable?' (coll. Association française de Science politique, 17-19 octobre 1990), texte multigraphié, bibliothèque de l'I.E.P. de Paris.

française, alors chacun peut vérifier par soi-même ce que dit Robespierre, chaque citoyen est rendu juge de ce dont il s'agit. Les principes sont une libération du jugement civique. D'ailleurs, dans un très beau discours aux Jacobins de mai 1791 sur la liberté de la presse, Robespierre développe les rapports entre usage de la raison, presse, et citoyenneté: 'Dans tout Etat libre, chaque citoyen est une sentinelle de la liberté qui doit crier, au moindre bruit, à la moindre apparence du danger qui la menace'.[4] Sur un plan plus général, l'orateur concluait: 'il faut ou renoncer à la liberté, ou consentir à la liberté indéfinie de la presse'.

On sait que Robespierre est revenu sur ces thèses; dès avril 1793, à l'encontre de Buzot, il ne voulait pas que la nouvelle Déclaration des droits de l'homme consacrât la liberté illimitée de presse, niant ainsi le caractère atemporel que devait posséder ce texte.[5] Cependant, selon lui la Terreur n'est pas un abandon (même provisoire) des principes. Elle constitue, au contraire, leur consécration, le retour même au principe de la démocratie: elle est 'moins un principe particulier qu'une conséquence du principe général de la démocratie appliqué aux plus pressants besoins de la patrie' (éd. Poperen, 3: 118).

Considérée globalement, la Terreur se caractérise comme la *célérité* appliquée en tout domaine et l'adoption de la *vertu* en tant que principe dominant dans le credo du pouvoir; en témoignent les trois rapports présentés au nom du Comité de salut public par Robespierre: 'Sur les principes du gouvernment révolutionnaire' (5 nivôse an II), 'Sur les principes de morale politique qui doivent guider la Convention' (17 pluviôse), 'Sur les rapports des idées

[4] 'Discours sur la liberté de la presse', in A. Aulard, *La Société des Jacobins* (Paris, 1889-1897), 2: 406.

[5] Cf. *Archives parlementaires* (1ère série; Paris, 1867-1914), 62: 707 (et non 64: 702 comme indiqué par erreur dans notre livre cité, *Le discours jacobin et la démocratie*). Dans le *Défenseur de la Constitution*, en 1792, la presse était dite le seul rempart contre 'le gouvernement représentatif absolu' (OCR 4: 146-147). Rappelons que le 24 août 1789, Robespierre s'était illustré par une revendication de liberté absolue de la presse en tant que droit de l'homme: 'Le despotisme seul a imaginé des restrictions' (*Archives parlementaires*, 1ère série, 8: 483).

religieuses et morales avec les principes républicains et les fêtes nationales '(18 floréal).[6]

La célérité révolutionnaire

Le thème de la célérité nécessaire est au fondement même du Gouvernement révolutionnaire: il est souligné avec emphase dans les circulaires du Comité de salut public pour l'application du décret qui fonde ce mode de gouvernement (14 frimaire an II), à l'aide des métaphores de la foudre, de la conduction électrique, etc.[7] C'est d'ailleurs selon la même idée d'une circulation 'instantanée' de l'information jusqu'aux points les plus éloignés du territoire qu'est créé, à ce moment, le *Bulletin officiel des lois*. Dans la même perspective, le discours du 17 pluviôse explique que la Terreur est, par rapport à la vertu républicaine et démocratique,[8] son 'application', son 'émanation' réalisée avec une rapidité exceptionnelle, la 'justice prompte, sévère, inflexible'. Parce qu'elle est réalisation directe des principes révolutionnaires, la Terreur peut et doit faire *l'économie des formes*: elle constitue la 'foudre' que le Peuple français lance sur l''hydre fédéraliste' depuis la fuite des Girondins dans les provinces et leur ralliement, parfois, aux diverses insurrections départementales. Méditant sur cette période, Benjamin Constant placera ensuite la garantie principale des libertés individuelles dans le respect des formes et dans leur lenteur: le propre de la Terreur est de ne pas s'attarder aux formes.[9] Comme le dit encore le discours du 17 pluviôse: 'On veut gouverner la Révolution par les arguties du palais; on traite les conspirations contre la République comme les procès des particuliers. La ty-

[6] Soit, respectivement: 25 décembre 1793, 5 février 1794, 7 mai 1794. Ces textes seront cités d'après l'édition Poperen, tome 3.

[7] Pour l'analyse de ces 15 circulaires, voir notre ouvrage *Le discours jacobin et la démocratie*, 341 sqq.

[8] 'Ces deux mots sont synonymes' (17 pluviôse; éd. Poperen, 3: 113).

[9] Cf. B. Constant, *De la force du gouvernement actuel* (1796): 'Dans le corps politique, il n'y a que les formes qui restent stables et qui résistent aux hommes. Le fond même, c'est-à-dire la justice, la vertu, peuvent être défigurées. Leurs noms sont à la merci de qui veut les employer. Robespierre peut invoquer la patrie, la liberté, la morale, comme Lanjuinais' (éd. P. Raynaud; Paris, 1988), 84.

rannie tue, et la liberté plaide [...] La lenteur des jugements équivaut à l'impunité' (éd. Poperen, 3: 120-121).

La vertu

Telle que Robespierre la définit, la vertu semble un principe singulièrement extensif. D'un côté, paraissant se rattacher au principe des républiques selon Montesquieu, elle 'n'est autre chose que l'amour de la patrie et de ses lois' (17 pluviôse, 3: 114); mais de l'autre, elle s'étend à toute la vie morale, publique ou privée: 'Le fondement unique de la société civile, c'est la morale' (18 floréal, 3: 159). Il convient d'entrer plus avant dans la conception robespierriste de la vertu, à l'aide des deux discours de pluviôse et de floréal.

La morale consiste à réaliser dans la société cette 'probité' (terme chéri de Robespierre et de Saint-Just) que l'homme juste respecte dans sa conduite personnelle. L'Ancien régime est accusé d'avoir empêché l'expansion de la conduite bonne au sein de la vie sociale, ou, selon les termes de R. Koselleck, l'essor du for intérieur:

> Sous la monarchie, les vertus domestiques ne sont que des ridicules, mais les vertus publiques sont des crimes [...] Sous la monarchie, il est permis d'aider sa famille, mais non la patrie; il est honorable de défendre ses amis, mais non les opprimés. La probité de la monarchie respecte toutes les propriétés, excepté celles du pauvre; elle protège tous les droits, exceptés ceux du peuple.[10]

Par opposition, l'Etat révolutionnaire est ce qui permet l'émancipation de la sphère privée, en tant que lieu du jugement moral, et sa dilatation à l'intérieur de l'espace public – mais aussi, corrélativement, ce qui établit la surveillance du public sur le privé. En effet, la 'vertu', subordination du privé au public,[11] répond à la 'probité', diffusion du privé dans le public. La vertu jouit d'une extension

[10] Discours du 18 floréal, éd. Poperen 3: 160. Saint-Just expose les mêmes idées sur l'immoralité de l'Ancien régime dans sa critique du projet constitutionnel, dit 'girondin', présenté par Condorcet. Voir notre analyse dans *Echec au libéralisme. Les Jacobins et l'Etat* (Paris, 1990), chap.4. Sur la question du 'for intérieur' et de la 'voix de la conscience', voir R. Koselleck, *Le règne de la critique* (Paris, 1979).

[11] Subordination telle que: 'un homme qui manque des vertus publiques, ne peut avoir les vertus privées' (21 messidor an II). OCR 10: 520.

sans limites, puisque, d'après le discours du 17 pluviôse, elle est à la fois: 1) 'l'amour de la patrie et de ses lois', 2) la préférence de l'intérêt public à tout intérêt particulier, 3) l'ensemble *des* vertus engendrées par l'amour de la patrie, 4) une 'attitude naturelle au peuple'.[12] En ce printemps 1794, la Révolution a donc conduit à l'abolition des séparations existant entre l'homme et le citoyen, rejetant par là dans l'Ancien régime l'époque de la Constituante ou de la Législative.

Si l'Etat révolutionnaire permet une telle dilatation de l'idée de vertu et de son corrélat, la transformation de l'homme, il reste néanmoins à assurer l'application, à remonter la machine, à prévenir les déraillements: on voit Robespierre s'interroger sur un maniement de la Terreur qui se ferait avec discernement. Le discours du 17 pluviôse, qui définit proprement les liens entre vertu et Terreur, traite de la question 'Comment juger?' L'intervention du 18 floréal, portant sur l'âme et sur la divinité, s'inscrit encore dans cette interrogation.

En principe, la réponse serait aisée; dès lors que les représentants du peuple possèdent la connaissance de ce qu'est la vertu (qui est 'naturelle au peuple'), ils ont tous les moyens, d'une part, pour délibérer, d'autre part pour faire exécuter:

> Vous avez la pierre de touche par laquelle vous pouvez essayer toutes vos lois, toutes les propositions qui sont faites. En les comparant sans cesse avec ce principe [la vertu], vous pouvez désormais éviter l'écueil ordinaire des grandes assemblées, le danger des surprises et des mesures précipitées, incohérentes et contradictoires.

En somme, la vertu républicaine tient lieu de la *prudence* dont ont parlé les philosophes depuis Aristote.[13] Pour juger des cas particuliers, pour apprécier quels décrets sont nécessaires, quelles cibles ils doivent frapper, le discernement est, encore une fois, aisé: il suffit d'observer si la conduite des individus manifeste cet amour de la République qui fait le citoyen. De façon péremptoire, Robespierre affirme une ligne de démarcation: 'La protection sociale n'est due

[12] 'Sur les principes de morale politique', éd. Poperen, 3: 114.

[13] Pour une histoire du concept appliqué en politique, voir G.Delannoi, *Eloge de la prudence* (Paris, 1993).

qu'aux citoyens paisibles; il n'y a de citoyens dans la République que les républicains. Les royalistes, les conspirateurs ne sont pour elle que des étrangers ou plutôt des ennemis' (éd. Poperen, 3: 119).

La remise en doute: face à l'incontrôlable

La première incertitude

On peut constater que ce même discours qui déclare le discernement aisé, l'accompagne d'interrogations et d'avertissements pénétrés d'inquiétude. La première restriction réside dans l'existence même de la Convention: 'S'il existe un corps représentatif, une autorité première constituée par le peuple, c'est à elle de surveiller et de réprimer sans cesse tous les fonctionnaires publics. Mais qui la réprimera elle-même sinon sa propre vertu?'

Ainsi, cette 'autorité première', qui est la première des nécessités pour diriger le bras de la Terreur, cette 'centralité législative', comme on dit en l'an II, constitue, selon l'Incorruptible, le premier des dangers. Qui éduquera les éducateurs (pour reprendre la formule de Marx)?

Qui jugera?

Robespierre énonce ensuite une autre limite à ce qu'il appelle l'exercice de la 'raison publique': cette dernière, prompte à discerner les ennemis du peuple, peut cependant être égarée. 'Malheur à celui qui oserait diriger vers le peuple la Terreur qui ne doit approcher que de ses ennemis'. Il existe également les 'erreurs inévitables du civisme', la possibilité insupportable que même 'un seul homme vertueux' soit persécuté dans la République – ce dont, alors, cette dernière porterait la responsabilité. Qui jugera? Voilà que ce qui pouvait paraître un exercice presque automatique du jugement (révolutionnaire) éclairé par la vertu, s'avère la source d'aberrations dramatiques. Les deux grands discours de pluviôse et de floréal expriment cette inquiétude; contre le respect des formes, on a vu que Robespierre s'exclamait: 'la tyrannie tue et la liberté plaide!', mais il doit aussi reconnaître que là où les formes disparaissent, tout devient possible.[14] Par exemple, l'amalgame, phénomène caractéristique des périodes révolutionnaires ou de guerre civile, s'est donné libre cours sous la Terreur: pour un individu poursuivi, c'est souvent toute la famille et les amis que l'on précipite dans les charrettes.[15]

La politique robespierriste au nom des principes s'avère donc traversée par de fortes incertitudes au moment même où le leader jacobin doit la réaffirmer avec force pour justifier la Terreur: la Terreur s'exerçant au nom du peuple, au nom de ce que nous avons appelé ailleurs la souveraineté morale du peuple,[16] il faudrait donner aux citoyens les moyens de juger de ce qui se fait en leur nom, par l'Etat révolutionnaire nouvellement apparu.

La troisième incertitude

Robespierre énonce une nouvelle restriction, plus grave encore, qui concerne le *travestissement des apparences* pratiqué par ses adversaires: modérés et exagérés, qui feignent de s'opposer entre eux, s'entendent pour mener la Révolution à son effondrement.

[14] Néanmoins, on ne saurait oublier que, un mois après, Robespierre fait passer en force la fameuse loi du 22 prairial, qui supprime toutes les garanties: 'Qu'on l'examine cette loi, et au premier aspect on verra qu'elle ne renferme aucune disposition qui ne soit adoptée d'avance par tous les amis de la liberté; qu'il n'y en a pas un article qui ne soit fondé sur la justice et la raison' (OCR 10: 485).

[15] Sur la pratique de l'amalgame, cf. Général Herlaut, *Le général rouge Ronsin (1751-1794)* (Paris, 1956), 228; tandis que Foulquier-Tinville demande à Saint-Just sur quelles pièces on peut fonder une mise en accusation touchant à la fois Ronsin, Vincent, Hébert et Momoro, Saint-Just répond: 'Amalgamez!' Est-il par là le créateur du terme dans son sens ultérieur, ilustré sous le stalinisme? F. Brunot relève que, très employé en matière militaire dès le printemps 1793, l''amalgame' a été reconnu par Fouquier-Tinville lors de son procès: 'Je conviens d'avoir traduit par amalgame plusieurs accusés pour des faits qui leur étaient étrangers' (*Histoire de la langue française*, Paris, 1937), 9b: 939 et note 5.

[16] La 'souveraineté morale du peuple' fait suite aux premiers temps du *discours d'opposition*, où le robespierrisme opposait la souveraineté politique du peuple à son aliénation ou sa perversion chez les représentants (cf. notre ouvrage *Le discours jacobin et la démocratie*, 3ème partie). Il faut maintenant postuler, puisque la Convention représente le peuple par-delà toute procédure électorale, que cette Assemblée exerce une souveraineté du peuple toute morale, par la vertu. Mais ce postulat, d'emblée contestable, est combattu. Sur l'ajustement entre la Convention comme représentation et l'adoption de la Terreur, considérée dans sa genèse (juin à octobre 1793), voir le même ouvrage, 108-156.

D'ailleurs, ils ne sont que des émanations de l'étranger. Le manuscrit de Robespierre sur la faction Fabre d'Eglantine, de nivôse an II, avait longuement développé cette thématique:

> Il est assez difficile de démêler les individus qui appartiennent à l'une et à l'autre [des deux factions]; ils ne valent même pas la peine d'être distingués; ce qui importe, c'est de les apprécier par leur but et par leur résultat; or, sous ce rapport, vous trouverez que les deux factions se rapprochent et se confondent.[17]

Les ennemis de la Révolution - c'est-à-dire de Robespierre - avancent masqués, et ils ont l'art, proprement sophistique, d'imiter la vertu - laquelle, pourtant, devait servir de critère de discrimination et de jugement vis-à-vis de ces ennemis. C'est pourquoi le discours du 17 pluviôse lance un appel désespéré, conduisant à une suspicion sans fin: 'Dans des mains perfides, tous les remèdes à nos maux deviennent des poisons; tout ce que vous pouvez faire, tout ce que vous pouvez dire, ils le tourneront contre vous, même les vérités que nous venons de développer' (éd. Poperen, 3: 127).

L'exercice du jugement révolutionnaire se trouve donc gravement parasité du fait du *rôle* que l'acteur politique, qu'il soit authentique ou artificieux, doit tenir sur la scène de la Révolution: le rôle est aussi un masque, ou, dans les termes de Hobbes, *persona*. Robespierre développe cette matrice théâtrale, soit pour accuser les factions d'une entente secrète,[18] soit pour mettre en garde contre l'art sophistique de ses adversaires: 'Il est bien plus commode de prendre le masque du patriotisme pour défigurer, par d'insolentes parodies, *le drame sublime de la Révolution*, pour compromettre la

[17] OCR 10: 341. Ce texte manuscrit servit ensuite à Saint-Just pour ses rapports d'accusation contre les factions (23 ventôse et 11 germinal).

[18] Devant les Jacobins, il décrit le mécanisme suivant: 'Quelques meneurs adroits font mouvoir la machine, et se taisent, cachés dans les coulisses. Au fond, c'est la même faction que celle de la Gironde, seulement les acteurs sont changés, mais ce sont toujours les mêmes acteurs avec un masque différent. La même scène, la même action théâtrale subsiste toujours [...] Deux espèces de faction sont dirigées par le parti de l'étranger.' Sur l'intérêt de la problématique de Hobbes pour ces questions, voir nos divers travaux, dont 'Représentation et factions: de la théorie de Hobbes à l'expérience de la Révolution française', *Revue d'histoire des facultés de droit*, 8 (1989): 269-293; également, 'Autour de Hobbes: représentation et fiction', *Droits. Revue de théorie juridique*, 21 (1995).

cause de la liberté par une modération hypocrite ou par des extravagances étudiées' (17 pluviôse; 3: 124; nous soulignons).

Exprimant son désespoir, l'orateur du 18 floréal dénonce la 'subversion des idées révolutionnaires', c'est-à-dire le renversement de ce qui renversait l'ordre ancien.[19] Au bout du compte, il sait ce qui attend la République vertueuse, cette Terre promise toujours dérobée: soit, selon ses propres termes l''anéantissement', soit, et surtout, le 'pouvoir d'un seul' (discours du 17 pluviôse; 3: 128).

L'appel au Ciel: le culte de l'Etre suprême

On peut, dès lors, mieux comprendre le sens de la référence à l'Etre suprême et à l'immortalité de l'âme, que Robespierre veut officialiser. Si, d'un côté, il existe une bonté du 'coeur' et une 'probité' (deux termes récurrents dans le discours du 18 floréal) particulièrement fortes chez l'homme du peuple et si, de l'autre, les sophistes de la Révolution risquent d'emporter la partie, il faut en appeler à une *garantie*, à la plus haute qui soit. Les garanties ne pouvant être prises dans les formes juridiques (puisque la célérité révolutionnaire s'en ressentirait), c'est dans le ciel qu'il faut les chercher. Robespierre, littéralement, se confie au Ciel: geste à la fois sincère (il a déjà évoqué la Providence qui veille sur la Révolution française),[20] et de réel opportunisme politique (légitimation de la Terreur et de son propre pouvoir). Dans le discours du 18 floréal, un passage exprime clairement le souci, ou le rêve, d'unir célérité, vertu et garantie divine:

> Le chef d'oeuvre de la société serait de créer en lui [l'homme], pour les choses morales, un *instinct rapide* qui, sans le secours tardif du raisonnement, le portât à faire le bien et à éviter le mal; car la raison particulière de chaque homme égaré par ses passions n'est souvent qu'un sophiste qui plaide leur cause [...] Or, ce qui produit ou ce qui remplace cet instinct précieux, ce qui supplée à l'insuffisance de l'autorité humaine, c'est le sentiment religieux qui imprime dans les

[19] Voir notre analyse de ce discours, dans le *Dictionnaire des oeuvres politiques*, ed. F. Châtelet, O. Duhamel & E. Pisier (2e ed.; Paris, 1989) *s.v.* 'Robespierre', 685-691.

[20] Cf. la controverse avec Guadet aux Jacobins, le 26 mars 1792 (OCR 8: 234) et Aulard, *op. cit.*, erratum au 4: 699.

âmes l'idée de la sanction donnée aux préceptes de la morale par une puissance supérieure à l'homme' (éd.Poperen, 3: 168; nous soulignons).

On a souvent rapproché ce discours du chapitre du *Contrat social* sur la religion civile, et parfois du chapitre IV de l'*Emile*. S'il y a incontestablement des points communs, et même des formules reprises telles quelles,[21] il semble que la comparaison vaille surtout avec le livre de Necker, paru en 1788, *De l'importance des opinions religieuses*. Le passage que nous venons de citer sur ce que serait 'le chef d'oeuvre de la société' a son parallèle exact chez Necker.[22]

S'opposant à tout un courant du XVIIIe siècle (en gros d'Helvétius aux Idéologues), le ministre de Louis XVI estimait que la recherche de l'intérêt commun à travers une éducation appropriée et un *calcul rationnel* d'égoïsme éclairé était une conception illusoire: 'L'intérêt de la société est sans doute un composé des intérêts de tous ses membres, mais il ne résulte point de cette explication qu'il y ait une correspondance immédiate et constante entre l'intérêt général et l'intérêt particulier'.[23] En effet, la distance est trop grande entre classes riches et classes pauvres pour que ces dernières, qui forment la majorité, puissent saisir une telle communauté d'intérêts; d'autre part, ce calcul rationnel serait trop long à mener, trop complexe dans ses articulations, appelle une culture intellectuelle trop riche (celle de l'économiste philosophe!), pour acquérir une évidence et une efficacité sociales. De plus, chez Necker comme chez Robespierre, la faiblesse de l'âme humaine cherche à prendre le *masque* de la vertu, et la raison (notamment dans les classes aisées) sert habilement cette tromperie:

[21] Par exemple entre ce que le Vicaire savoyard appelle 'l'abjection du moi humain' (*Oeuvres de Rousseau*; Paris, 1969, 4: 632) et ce que Robespierre nomme 'l'abjection du moi personnel' (éd. Poperen, 3: 115).

[22] Voir l'excellent ouvrage d'Henri Grange, *Les idées de Necker* (Paris, 1974), 546, à qui nous devons la détermination du lien entre Necker et Robespierre. Il est utile de lire l'ensemble du chapitre sur les idées religieuses de Necker.

[23] Necker, *De l'importance des opinions religieuses* (Londres et Paris, 1788), 30. Pour le débat révolutionnaire intérêts-vertu, voir notre étude 'Constitution, intérêts et vertu civique', in *1789 et l'invention de la Constitution*, ed. M. Turper & L. Jaume (Paris, 1994), 174-188.

> Le bien public, comme toutes les idées abstraites, n'a point de configuration précise; c'est, pour la plupart des hommes, une mer sans bords [...] Chacun est habile à faire le point des liaisons qui unit les passions à une vertu: serait-on donc moins expert à trouver quelque rapport entre son intérêt et l'intérêt public? (Necker, 44).

Il faut donc, selon Necker, renoncer à la formation du calcul rationnel et encourager plutôt ce que certains hommes éprouvent déjà en eux: la force de la conscience, ou du coeur, appuyée par les opinions religieuses, cette grande école de respect. Par exemple, l'*estime*, aptitude qui fait reconnaître à autrui ses qualités vraies, est inséparable de la 'morale religieuse', elle a une source autre que sociale et conventionnelle. Qui analysera avec soin l'estime 'trouvera que c'est une idée distincte des devoirs de l'homme,[24] une notion du beau moral aussi générale que bien arrêtée' (ibid., 79). Précisément, Robespierre en appelle au sentiment du 'beau moral': à travers de grands exemples civiques, que proposera la République, le sens du beau moral facilitera dans le peuple un exercice aisé et constant du jugement. Critiquant la conduite des adversaires qu'il a éliminés (les Girondins, Hébert, les dantonistes), l'orateur du 18 floréal s'exprime ainsi:

> Ils sentaient que pour détruire la liberté, il fallait favoriser par tous les moyens tout ce qui tend à justifier l'égoïsme, à dessécher le coeur et à effacer l'idée de ce *beau moral*, qui est la seule règle sur laquelle la raison publique juge les défenseurs et les ennemis de l'humanité.

Ainsi le beau moral peut-il suppléer aux insuffisances de la raison humaine, fortifier la vertu, créer une 'raison publique' qui soumettra chacun à son jugement souverain. Comme chez Necker, la raison, qui pouvait se prêter à la duperie sociale et servir les passions, saura écouter le 'coeur' et contempler le spectacle du beau moral; et, dans le cas de la Révolution française, il faut ajouter aux opinions religieuses le culte des grands hommes,[25] ainsi que les fêtes célébrant les vertus privées et publiques. De là le sens, chez Robespierre, de l'Etre suprême comme *garantie* du jugement venu

[24] C'est-à-dire portant sur les devoirs de l'homme.

[25] 'Nous célébrerons aussi tous les grands hommes, de quelque temps et de quelque pays que ce soit' (éd. Poperen, 3: 177).

du coeur, et l'institution de fêtes énumérées par le projet de décret qui suit le discours du 18 floréal: fêtes de la foi conjugale, de la piété filiale, du désintéressement, de la bonne foi, de la liberté, etc.[26]

Mais de là aussi l'énoncé des *devoirs de l'homme*, alors que, depuis la Constituante, Robespierre s'était toujours opposé à une Déclaration des devoirs.[27]

On pourrait trouver surprenant que, en ce printemps 1794, Robespierre s'inspire d'un traité de Necker; mais, outre le grand écho qu'avait rencontré l'ouvrage, il s'agit d'un climat général de l'époque.[28] De plus, comme le montre Henri Grange, en cette même année 1788, l'avocat d'Arras avait rendu un hommage public à Necker, précisément pour ses idées religieuses: Robespierre remerciait Dieu

> pour avoir rappelé auprès du petit-fils de Henri IV un autre Sully [Necker] qui n'aura point défendu sans doute la cause de la divinité avec cette éloquence de la vertu qui touche et qui enflamme tous les honnêtes gens, pour méconnaître le devoir sublime qu'elle lui impose aujourd'hui.[29]

Tout aussi opposés qu'ils fussent, l'économiste monarchiste et le Jacobin se rencontraient dans le souci de stabilisation d'un ordre public perçu comme fragile. La postérité a souvent oublié que la fameuse formule 'Si Dieu n'existait pas, il faudrait l'inventer', a aussi été prononcée par Robespierre,[30] et non par le seul Voltaire.

[26] La liste complète est donnée dans OCR 10: 463.

[27] Rappelons qu'en juin 1793, Robespierre empêche (proposition Raffron) que la Convention énonce des devoirs de l'homme. Dans son article 3, le décret voté le 18 floréal énumère les devoirs 'nouveaux'; cf. notre livre *Les Déclarations des droits de l'homme* (Paris, 1989), 303.

[28] Ainsi que le montre le livre d'Aulard sur la question: *Le culte de la Raison et le culte de l'Etre suprême* (Paris, 1892; réimpr. Aalen, 1975).

[29] Cité par Grange, *op. cit.*, 546., n. 54.

[30] Société des Jacobins, séance du 1er frimaire an II (21 novembre 1793): 'L'athéisme est aristocratique; l'idée d'un grand être qui veille sur l'innocence opprimée, et qui punit le crime triomphant, est toute populaire. Le peuple, les malheureux, m'applaudissent. [...] Si Dieu n'existait pas, il faudrait l'inventer' (OCR 10: 196-197).

Conclusion

La compréhension du discours robespierriste ne peut donc faire l'économie du 'moment' de l'Etre suprême; au total, ce culte voté par la Convention n'apparaît pas comme une lubie propre à Robespierre, ni uniquement comme l'artifice d'un homme cherchant à affermir son pouvoir personnel, ainsi, d'ailleurs, que l'historiographie réexamine aujourd'hui la question.[31] Il reflète plutôt les contradictions de la Révolution entrée dans la phase de la Terreur: depuis 1789, celle-ci a tenu un discours au nom des principes (la Constitution, la loi, la volonté générale, les droits de l'homme, etc.), mais peut-elle continuer à s'en recommander, dès lors que le règne de l'universalité de la loi et de l'égalité de tous devant elle a été rendu obsolète? Le propre du discours robespierriste est de prétendre diriger l'élimination de l'adversaire au nom d'une nécessité inscrite dans les principes eux-mêmes: égalité, vertu, moralité régénératrice de l'homme et du citoyen. Mais, dans le conflit des factions qui se partagent l'Etat révolutionnaire, les principes s'avèrent élastiques et vacillants: comme l'écrira ensuite Hegel, 'le gouvernement, c'est la faction au pouvoir'. Pour Robespierre, la Révolution offre le spectacle angoissant d'un mobilisme universel, où toute vérité d'un jour est grosse de son contraire, car tout est relatif au groupe qui influence le pouvoir. Dans ce kaléidoscope créé par la situation d'exception (déclarée le 10 octobre 1793), il faudrait instituer une citoyenneté qui, par ailleurs, se dérobe,[32] il faut institutionnaliser

[31] Nous renvoyons notamment à Michel Vovelle, *La Révolution contre l'Eglise. De la Raison à l'Etre suprême* (Bruxelles, 1989). L'auteur, à la suite d'un dépouillement de 5000 envois adressés à la Convention, dont 1235 concernent l'Etre suprême (*Archives parlementaires*) estime qu'il n'y a pas de rupture véritable du premier culte (de la Raison) au second: 'dans la majorité des discours explicites, [l'Etre suprême] était bien déjà là, attendant son heure. Ce qui explique peut-être que le nouveau culte ait reçu un accueil massif, à en juger par les traces qui nous restent' (186). Voir également la table ronde in *Robespierre. De la nation artésienne à la République et aux Nations* (actes du coll. d'Arras, Université Charles de Gaulle - Lille III, 1994).

[32] Selon le constat de Saint-Just: 'Tout le monde veut gouverner, personne ne veut être citoyen': 'Sur les factions de l'étranger', 23 ventôse an II, in *Saint-Just. Discours et rapports*, éd. A. Soboul (Paris, 1957), 168.

l'opinion[33] ou, du moins, une croyance. Le dernier geste de Robespierre exprime ce que nous pourrions appeler sa vérité - elle aussi très relative, mais conforme à ce qu'il est - gouverner en représentant de l'Etre suprême, donc moralement infaillible devant les 'méchants' qui, politiquement, vont l'emporter.

[33] Sur cette question, voir notre étude: 'Les Jacobins et l'opinion publique', in *Le modèle républicain*, ed. S. Berstein & O. Rudelle (Paris, 1992), 229-241.

YEARBOOK OF EUROPEAN STUDIES 9 (1996): 53-72

ROBESPIERRE AND THE POLITICS OF VIRTUE

David P. Jordan

Robespierre's life, revolutionary career, and reputation are paradoxical, enveloped in ambiguity, and characterized by the kind of chiaroscuro we might expect in a clandestine and conspiratorial life lived in the shadows. But he was, from 1788, in the glare of public scrutiny, near or at the centre of a revolution that detested the secrecy of the *ancien régime*. His life before the Revolution was similarly public, for there was no place for an ambitious lawyer to hide in the provincial capital of Arras. But publicity did not prove revealing and in addition Robespierre's life was singularly undramatic until he mounted the scaffold. We cannot point to a moment, a transcendent deed, an epiphany – Mirabeau challenging the king to disperse the Third Estate deputies by bayonet, Danton calling the nation to arms – that defines the man, fixes his reputation or reveals his character. He was not a great talker, a wit, a personality. The ten volumes of his *Oeuvres complètes*, predominately speeches and journalism, are not pored over as a repository of revolutionary strategy or theoretical innovation, as are Mirabeau's remarkable letters to the court, or the pamphlets of the abbé Sieyès. Even Robespierre's virtues – rectitude, industriousness, sobriety, solemnity, chastity, all reflected in his sobriquet, The Incorruptible – are dull: admirable, rather than stimulating.

He seems a most unlikely figure for greatness, let alone the man who embodies the French Revolution, especially when we consider the difficulties inherent in the surviving evidence, which, as Norman Hampson has convincingly reminded us, is slight, tainted, and ambivalent.[1] At the heart of Robespierre's revolutionary career, the descent of the Revolution from democracy to autocracy parallels the decline of the democratic radical into the fanatical terrorist. These two aspects of his life and career – as embodiment of the Revolution's ideals or their abandonment, and the ambiguities of the historical figure – constitute the pivotal points of the Robespierre problem.

Robespierre's pre-revolutionary life, in Arras or at Louis-le-Grand, if we can strike some balance between the hagiography of Charlotte Robespierre and the horrific tales of the abbé Proyart, reveals a deeply serious, lonely, clever, hard-working boy, early orphaned and feeling the burden of responsibility for his siblings. The handful of apparently authentic biographical details, probably because they are so scarce – his attachment to his mother, his affection for birds, his solitude at school, his early epithet of The Roman – are tantalizing and partially reinforced by the equally rare glimpses of his private life during the Revolution. Out of these few fragments Max Gallo has made the best of the psycho-biographies of Robespierre. But from the same scant materials others have created a much more sinister figure.

Starkly different meanings have similarly been extruded from his legal career in Arras, documented by his *plaidoyers*. Some see his practice devoted to the poor and the eradication of social injustice thus foreshadowing the revolutionary. They explain the decline in his cases as wealthy clients who sought legal assistance going elsewhere, further undermining his livelihood, increasing his alienation from the *ancien régime*, and making revolution attractive. Professional frustration, evidenced by a diminishing clientele, issued in a vengeful ambition given scope by the calling of the Estates General. In truth the evidence presents a young provincial lawyer

[1] Norman Hampson, *The Life and Opinions of Maximilien Robespierre* (London, 1974), 1-25.

not markedly different from his contemporaries, far less politically sophisticated, not to say precocious, judging from his earliest political writings, than the abbé Sieyès, and certainly not a Jacobin in embryo.

In the Revolution itself Robespierre's life, and the evidence for it, continue this pattern. His public utterances became abundant after 1789, yet despite a fluent pen he himself saw but six of his speeches through the press. Only in these instances do we know precisely what he said. The overwhelming majority of his speeches exist in approximate or variant versions. Glimpses of his private life are few, and testimony about both his public and private doings is tainted. Louis Jacob has usefully collected the contemporary evidence, and separated it into pre- and post-Thermidor testimony:[2] the former mixed, the latter venomous.

The sparse and ambiguous biographical information has, ironically, helped make Robespierre an attractive figure, a revolutionary incarnation. The bareness of his personal narrative, punctuated by pregnant details, lends itself to invention or elaboration. His character is shaped to fit the changing contours, and views, of the Revolution.

Conceptualizing or organizing events and meaning around an individual is a familiar technique of the historian's craft. The reigns of emperors and kings, the terms of presidents, have long provided a biographical frame for the past. The French Revolution presents special problems. Those who led the Revolution, or who for a time ran alongside the juggernaugt before being caught under its wheels and crushed, were all personally flawed and only momentarily dominated events. We might speak of the 'Age of Napoleon,' as some have, but the 'Age of Robespierre,' or any other revolutionary leader, is clearly inappropriate and inaccurate. We look in vain for heroes, and even representative figures are rare. Mirabeau's great intelligence and political penetration were compromised by his cynicism and corruption. Barnave became fatally entangled with the court. Lafayette was pedestrian and self-important. Brissot was

[2] Louis Jacob, *Robespierre vu par ses contemporains* (Paris, 1938).

scatterbrained, Vergniaud lethargic. Sieyès was devious, Marat bloodthirsty. Danton was impatient, intemperate, and vulgar (although this last quality has endeared him to some). Roland was incompetent, Saint-Just cold-blooded. The relative paucity of biographies, let alone good biographies, of many of these men is further evidence of the problem. None of them – with the exception of Sieyès – lasted very long. Yet each sought to speak for the Revolution, express through his self the aspirations of the nation. The violent emergence of democratic politics in France encouraged such representation, and political leaders competed to speak for the nation. Marat expressed and analysed the phenomenon:

> Learn [he told Robespierre] that my reputation with the people rests, not on my ideas, but upon my boldness, upon the impetuous outbursts of my soul, upon my cries of rage, of despair, and of fury against the rascals who impede the actions of the Revolution. I am the anger, the just anger, of the people, and that is why they listen to me and believe in me.[3]

In the murderous competition for leadership Robespierre proved not only the most able and durable figure in a breathlessly changing revolution, but the embodiment of its evolving ideas. His unique gifts synchronized best with events. He himself said, over and over, that he embodied the Revolution, it spoke through him, he was the people. What is remarkable is not that he insisted that the capacity to embody was the essence of his hold over his contemporaries, but that they believed him. And so, to a large extent, has posterity. Robespierre insisted he was, and he has remained, the most representative figure of the Revolution. His ideas and his personality were wonderfully integrated for the historical task he accomplished. His ultimate failure gave a sense of tragedy to his life and the Revolution itself. As Patrice Gueniffey put it: 'Robespierre perfected ideological discourse in the highest degree, because he was himself ideology incarnate'.[4]

[3] Quoted by Louis Gottschalk, *Jean Paul Marat: A Study in Radicalism* (Chicago, 1927; republished 1967), 178.

[4] 'Robespierre', in François Furet & Mona Ozouf, *A Critical Dictionary of the French Revolution*, trl. A. Goldhammer (Cambridge, 1989), 299. Cf. the contribution by Patrice Gueniffey in this collection.

The Robespierre problem, which has inspired so many books (including the present volume), many of them marking the bicentennial of his death, has only incidentally to do with the ambiguities of the surviving evidence, the peculiar labyrinths of a closed and complex personality, or even his mastery and partial creation of the techniques of ideological discourse. Robespierre continues to intrigue because the Terror itself is so compelling and problematical and because he was and remains the symbol and spokesman for the 40,000 deaths that stain the Revolution with blood.

The tendency recently has been to explain Robespierre, solve the problem, by discovering the man's quintessence and treating his revolutionary career as an ongoing revelation: peeling an onion until, on 8 Thermidor, the real Robespierre stands exposed, his peculiar ego and personality lurching nakedly between intolerable and contradictory extremes. Gueniffey is the most brilliant exponent of this view: 'In him', he writes, 'immobility became action, and he stood as a fixed point in the tumult of the Revolution, which turned everything upside down and swept men away'.[5]

I want to make a different argument. The politics of virtue, so central to and characteristic of Robespierre's ideology in 1794, rising in a long cresendo to 8 Thermidor, is a process of evolution and growth rather than revelation and exposure. The politics of virtue was not always at the centre of Robespierre's ideological discourse. He had a puritanical streak, was deeply partial to Rousseau's moral fervour – in politics as in his personal life – and from his first revolutionary utterances set himself apart from the self-serving, egotistical politicians he saw everywhere. He identified himself with an abstract and virtuous 'people' whose will he insisted he embodied. But these tendencies received full ideological elaboration and become obsessive only in response to the Revolution. He indeed had innate tendencies that turned him in disgust from Danton's voluptuousness, Mirabeau's cynicism, Brissot's enthusiasm, Custine's arrogance, Lafayette's ambition. He was austere and self-righteous and his rectitude and reserve, used as political

[5] *ibid.*, 301.

weapons, made him The Incorruptible. His tenacity and discipline, often mistaken for mediocrity, kept him doggedly at the mundane tasks involved in politics and misled his enemies to underrate his abilities, while he diligently honed his tactical and strategic skills. Even his manichean cast of mind proved useful. The Revolution was a dangerous time: suspicion was prudent, patriotic, and made him appear prophetic. Marat, even more suspicious, was also a beneficiary of universal distrust and a readiness to believe in plots. But these characteristics do not, necessarily, make him a terrorist nor do they provide all the ingredients for the politics of virtue. Rather Robespierre's personality proved a fertile soil for the growth of the politics of virtue, but it was the course of the revolution itself, working on his special nature, which slowly, and perhaps even insensibly, moved virtue from the foreground of his concerns, a kind of ready metaphor for all that he valued, to the absolute centre of his politics, where it became a murderous principle.

Robespierre in Year II has riveted the attention of all students of the Revolution, fixing his preeminence among revolutionary leaders, and determining how his early life would be seen and judged. Imagine – and it is not so far-fetched, for Charlotte Corday was determined to kill either Robespierre or Marat – that Robespierre had been assassinated in July, 1793. He would have been an admirable yet minor political figure, less significant than Mirabeau and Danton, more important than Brissot or Vergniaud, but not a *buveur de sang*, a heartless fanatic. A brief sketch of his revolutionary career is needed.

During the five years of his revolutionary career Robespierre insisted his very being vibrated with the Revolution. His slow rise from obscurity and political isolation to prominence and power compellingly confirm his assertions. He had a gift for making his failures the evidence of personal, and eventually political, virtue, and in retrospect his emergence parallels the leftward, radical direction of events and ideology, giving him the patina of political prescience: the Revolution finally caught up with his radical democratic ideas. In the Constituent Assembly Robespierre lost every political struggle save his motion to exclude all the sitting deputies from the next assembly. This string of failures he presented as proof of integrity. There could be no charge of opportunism or corruption against a man so singularly unsuccessful. He presented himself as a man of principle, excluded from the influential cliques, devoted to democracy and the people, uninterested in personal power. And he persuaded a good number of his contemporaries. His very isolation in the Constituent became a badge of honor, the certification of his principles. His apotheosis came when he and Pétion marched out of the defunct Constituent between ranks of cheering Parisians. His historical vindication, of which he did not fail constantly to remind his auditors, came when much that he had opposed returned to haunt the Revolution. His suspicions of aristocrats and bishops, of Lafayette and the court, of the slave-owning planters, were confirmed when Louis fled to Varennes, Lafayette fired on the petitioners in the Champ de Mars, the slave owners fought emancipation and defended the *marc d'argent,* and the non-juring clergy led the Vendée rebellion. The accusations he suffered were paradoxical: a tendency toward demagogery or – in Mirabeau's famous remark that he believed all he said – absolute sincerity, a utopian commitment to democratic principles, coupled to an authoritarianism intolerant of differences, all expressed through an oratory both feeble and effective. He was not thought a fanatic, let alone a monster, before Thermidor, and virtue, although punctuating his utterances, was not the subject of them.

Robespierre's opposition to the war was not vindicated in his lifetime, although his adamant distrust for aristocratic generals was: first Lafayette and then Dumouriez turned coat. But his prophetic oratorical duel with Brissot and Guadet enhanced his reputation for political penetration and bore later fruit, softening his historical reputation. The generation that suffered the defeats and national humiliation of the Napoleonic Empire harkened back to Robespierre's anti-war speeches, as would historians between the two world wars, as well as all who have experienced armed prophets.

When out of power he turned to journalism and the Jacobin Club to cultivate public opinion. He had little to do with the revolution of August 10, but immediately afterwards, untainted by the infighting in the Legislative, he emerged to lead the Paris deputation in the Convention. Once again his curious combination of intense political focus and visionary perspective, the struggles of the moment and a sense of where they fit in a larger scheme, made him formidable, while his personal aloofness kept him uncontaminated by the bickering and back-room maneuvering that compromised so many contemporaries. He was brilliant in opposition. Men and causes were falling by the wayside. Robespierre found himself in the vanguard because he had not made the fatal mistake of trying to halt the Revolution. He took up the cause of insurrectionary Paris, led the regicides to victory, and had made the Jacobin Club in his own image by November, 1792, when the *Moniteur* began regularly reporting its deliberations. His cultivation of the Jacobins, whose ideals he regularly articulated, subsequently attracted the Bolsheviks, who erected a statue of The Incorruptible in the Kremlin: their latter-day admirers, the great leftwing historians of the Revolution, made Robespierre a Bolshevik *avant la lettre*.

His role in the purge of the Convention is not perfectly clear, although it was obvious to contemporaries he was among the beneficiaries of the attack on the Assembly on May 31-June 2. In the early weeks of the Convention he had brilliantly beaten back the inept denunciations and accusations of Louvet and the Girondins, and had masterfully steered the Jacobins through the king's trial, yet he had not been given national power. Indeed, he would not achieve it until his election to the Committee of Public Safety at the end of July; and his specific role in that collective government will never be fully understood because it cannot be documented. Until July 1793 he seemed to exemplify much that was admirable about the Revolution: principled conviction, personal integrity, passion and persuasiveness. The fifth spring and summer of the Revolution changed everything; and the Year II made Robespierre a tragic figure, paradoxically assuring his fame whether as monster or prophet.

I don't want here to enter the controversial lists on the origins of the Terror, but Robespierre's central involvement demands a few remarks. Terror as a state enterprise, the law of the land administered by specially created bureaux and following new legal procedures, in the midst of a revolution fighting for its life, is unique to the French Revolution. Also unique is Robespierre's creation of a philosophical pedigree for the Terror. He was not a terrorist in the sense of those who did and enjoyed the work: Fouquier-Tinville, Collot d'Herbois, or Carrier, for example. Nor in the sense of Marat and Hébert, whose hands were not imbued with blood, but whose invective and denunciations, calling for hundreds if not thousands of heads to roll, were incendiary. But he did seek to incorporate the Terror into the ideology of the French Revolution, indeed give it prominence, and in doing so completely and indelibly identified himself with the 40,000 deaths in Year II.

My hypothesis is that Robespierre's conversion to the politics of virtue – a growing conviction rather than a sudden illumination, Cardinal John Henry Newman rather than Paul on the road to Damascus – grew in September-October 1793 out of the revolutionary crisis: the Hébertist uprising, the Law of Suspects, the revelations of Fabre d'Eglantine, the decree sanctioning revolutionary government for the duration of the war, the impeachment of Brissot and forty-three other deputies, and the trial of Marie-Antoinette, to mention only the domestic components. The emotional and political turmoil of that month sharpened his sense of the internal dangers to the Revolution – especially the contamination of comrades, the virus of the 'pourri' – and set him on the road to the politics of virtue. Henceforth virtue was more and more in his speeches until it became preponderant, overwhelming. And with the growing importance of virtue came its corollary: the destruction of vice. The Revolution had long been concerned with purification and regeneration, but, I think, Robespierre's radicalization of these themes, creating an ideology of virtue, with Terror as the necessary instrument, has a history and was not inevitable.

Robespierre first became the president of the National Assembly on 22 August – 5 September 1793.[6] He was in the chair during the 'Hébertist' uprising, which forced terror to the top of the agenda.

[6] He would again be president at an equally momentous time: June 4-18, 1794, when the Festival of the Supreme Being was celebrated.

Yet he played a relatively small role in the extraordinary revolutionary tumult of September-October. There is no major speech between 29 July (when he presented Lepelletier's education plan) and 17 November (when he delivered, in the name of the Committee of Public Safety, the 'Rapport sur la situation politique de la République'). The ideologue of the Revolution was oddly silent, or rather he confined himself to specific interventions without formulating a general theory. His interventions in the deliberations of the Convention and the debates at the Jacobins are regular but mostly not of the first significance.[7] Their pattern, however, is of some interest. Virtually all Robespierre's interventions are concerned with repression, purification, and reorganizing the government, which were the issues of the day.[8]

His attendance at the meetings of the Committee of Public Safety, as at the Convention and the Jacobins, was assiduous.[9] Doubtless he had much to say about the extension of the Committee's powers, but he said it privately to his colleagues around the long green-clothed table in the Tuileries rather than in public. On 28 July the Committee was empowered to issue arrest warrants; on

[7] There are eleven in September (half at the Jacobins) and ten in October (three at the Jacobins).

[8] He spoke against general Kellermann and the journalist, Prudhomme, (September 8) and for Hanriot and Bourdon de l'Oise (September 11). He spoke against Briez, an old political ally (September 25) and opposed 'l'organisation constitutionelle du pouvoir exécutif' that night at the Jacobins. He did not support a motion by Collot d'Herbois (September 18). He made three longish interventions on October 3 concerning the trial of the Girondins, and on October 7 two rather long interventions at the Jacobins against generals and aristocrats. The next day he spoke on the Compagnie des Indes and supported the continued suspension of the constitution. Only at the end of the month (October 24 and 29) do we unmistakeably hear the voice of terror, which will become increasingly familiar: on the former day he opposed communicating the reasons for an arrest to suspects, and he proposes to have the first *jour sans-culottide* devoted to virtue; on the latter he proposed the closure of arguments before the Revolutionary Tribunal after three days.

[9] J.M. Thompson, *Robespierre* (2 vols.; New York, 1936), 2: 74 writes: 'between July 26 and September 26 [...] Robespierre only missed fourteen [of sixty-two meetings of the Committee]. But this is nothing to the regularity of attendance, if the records can be trusted, during the later months of the Committee's existence. In October Robespierre missed only two meetings out of the twenty-eight for which lists of attendance are available: in November, December, and January he was present at every meeting'.

2 August it was given unconditional grants of secret service money; on 13 September it nominated members of other committees and on 10 October it was entrusted with supervising ministers, generals, and public authorities.[10] We may presume he supported such accumulation of power in the hands of the Committee. Arguably his efforts went into the work of the Committee while the public business of the Revolution was left to others. But this is precisely when the Terror, at least administratively, was being set in place. Robepierre took no significant part in the debates on the Law of Suspects (17 September), or the second maximum (29 September), and it was Saint-Just who delivered, for the Committee, the notorious 'Rapport sur la nécessité de déclarer le gouvernment révolutionnaire jusqu'à la paix' (10 October). Robespierre's fingerprints are not directly visible on the legislation of the Terror, nor on some of its most indefensible acts.

By early October the Revolutionary Tribunal had been reorganized so that it was brought under the direct control of the Committee. The trials of the queen and the Girondins now became possible. Despite these precautions, however, there was unexpected sympathy for Marie-Antoinette, and further tampering with procedures was necessary to send the Girondins to the guillotine. Robespierre took no particular interest in the trial of Marie-Antoinette, quietly yielding to *hébertiste* hysteria. He is reported to have snapped angrily at the stupidity of Hébert's charges: 'That idiot Hébert! [...] It's not enough that she should be a Messalina; he must make her Agrippina'.[11]

When it came, however, to an act of Jacobin vengeance, the destruction of the Girondin deputies, he took an active, if behind-the-scenes, role. His public interventions were few but pointed. On October 3, the day forty-four deputies were accused, he spoke against having a roll call vote (*appel nominal*), hoping to make it easier for the Convention to send their colleagues before the Revolutionary Tribunal, and against including the seventy-three signatories of the protest against 2 June, thus limiting the proscrip-

[10] Thompson, *op. cit.*, 2: 73-4.

[11] Quoted *ibid.*, 2: 99.

tion. And he proposed, on 29 October, his infamous formula: the trial could be stopped after three days if the jury thought it had enough evidence to render a verdict.[12]

There is one additional spur to Robespierre's new politics of virtue. Around 12 October Fabre d'Eglantine began denouncing the 'foreign plot' in an escalating series of accusations and fabrications that would only end with his own arrest on 12 January. Fabre's startling revelations fed the ongoing obsession with *scrutins épuratoires* of candidates for command of the *Armée révolutionnaire* decreed by the Committee of Public Safety on 9 September and extended to the Jacobins.[13] Purification presupposes pollution, and as Fabre's fictive powers unfolded plots within plots, the revolutionary elite betraying and battening on the Revolution, it became more and more apparent that the domestic enemies of the Revolution, the counterrevolution, was an enemy within the very nerve center of patriotism. 'Citizens', Saint-Just announced on 10 October, 'all the enemies of the Republic are in the government'. It is 'not only the traitors who have to be punished, but the indifferent as well [...] whoever is passive in the Republic and does nothing to support it'.[14]

Saint-Just's speech is rhetorically brilliant but intellectually flawed. There is no single thread of analysis relentlessly followed and elaborated. Rather he reiterates the view, first declared in his maiden speech during the king's trial (13 November 1792), that what is alien must be cut from the body politic. He shines his dazzling light, in breathless spurts, on government corruption, bureaucratic ineptitude, inflation, the *assignats*, and the army. Saint-Just identified the symptoms, diagnosed the disease, warned of an epidemic, and called for radical surgery. He did not provide an ideology of terror. It is to this task Robespierre turned his attention after the traumas of September-October, and it is his success which tied him inextricably to the Terror, fixed his historical reputation,

[12] 'si leur conscience est assez éclairée' is how he put it.

[13] See OCR 10: 129-30 for part of the debate at the Jacobins (September 28, 1793), involving Robespierre.

[14] Saint-Just, *Oeuvres choisies* (Paris, 1968), 171, 169.

and provided the central problematic of his personality and revolutionary career.

It is not violent fulminations that characterize Robespierre's speeches on the Terror. Rather it is the language of unmasking, unveiling, revealing, discovering, exposing, the enemy within, the enemy hidden behind patriotic posturings. The people 'must keep the enemy under surveillance, discover him beneath a false façade [...] and mark with the seal of condemnation those who, to avoid the punishment due their crime, seek to overthrow the Republic and annihilate liberty'.[15] Robespierre's incessant depiction of a dangerous and deadly universe, filled with enemies who cannot be seen because they appear to be friends, is The Incorruptible's authentic rhetorical violence. The revolutionary world itself is violent: one must kill or be killed. He was obsessed with discovering counter-revolutionaries. The laws would do the rest. The enemies of the Revolution, he told the Convention in a striking image on 27 Brumaire (17 November 1793), have travestied 'august liberty' as 'a vile prostitute'.[16] The punishment of those who travesty the Revolution, camouflage themselves and their designs, need not be spelled out.

Robespierre's world, during the final year of his life, was a fearful and fatal place, inhabited by the enemy without and within. It was not a fantasy world of the speaker's making, but a vision widely shared, if we judge from the debates in the Convention and the reception of his speeches. Fabre was rejected and guillotined for his denunciations, but his feverish world of plots and corruption was accepted as authentic. Robespierre gave voice to the very real revolutionary crisis at the end of 1793 and the first months of 1794, and perpetuated the fear engendered by crisis, long after the acute

[15] OCR 10: 377 (25 Ventôse / 15 March): 'Je finis en disant au peuple qu'il doit surveiller ses ennemis, les découvrir sous les dehors imposteurs sous lequels ils se cachent, et marquer du sceau de la réprobation ceux qui pour éviter le supplice dû à leur crime, veulent bouleverser la République et anéantir la liberté'.

[16] OCR 10: 172. 'Le despotisme et la trahison présentoient le peuple français à tous les peuples comme une faction éphémère et méprisable, le berceau de la République comme le repaire du crime; l'auguste liberté étoit travestie en un vile prostituée'.

threat of military defeat was gone. He was enveloped in a culture of fear to which he regularly, and eloquently, contributed. His was a sombre, dangerous world of good and evil, light and darkness, patriots and counterrevolutionaries: 'there can only be two groups in the Convention', he declared, 'the good and the wicked, the patriots and the counterrevolutionary hypocrites'.[17] 'In the shadows crime conspires the destruction of liberty',[18] he warned the Jacobins. The historic mission of the Revolution, as he now saw it, was no longer the creation of political freedom through laws, representative government, and a constitution, but the destruction of evil and the enshrinement of virtue.

In the spring and early summer of 1794 he vacillated between attacking the counterrevolution and resignation. The Revolution must have a united front: 'Every representative of the people who sincerely loves liberty, every representative of the people who is determined to die for la Patrie, is a Montagnard'.[19] There can be no partial measures against 'the fury of the most dangerous factions'. Only 'in attacking them head-on [...] in plunging the dagger of liberty into their hearts, can we rescue liberty from all the scoundrels who want to destroy it',[20] he triumphantly told the Jacobins on the day of Danton's fall. His pompous line, 'plunging the dagger of liberty into their hearts', reminds us that he loved to read Corneille and Racine aloud to his friends.

The enemy is a vast host and the weapons available to the patriots are few and even feeble. 'Truth is the only weapon that

[17] OCR 10: 493 (24 Prairial / 12 June): 'Mais du moment que les intrigues furent dévoilées; du moment que le scélérats qui les tramaient sont tombés sous le glaive de la loi; du moment que la probité, la justice, les moeurs sont mises à l'ordre du jour; du moment que chaque membre de cette Assemblée veut se dévouer pour la Patrie, il ne peut y avoir que deux partis dans la Convention, les bons et les méchans, les patriotes et les contre-révolutionnaires hypocrites'.

[18] OCR 10: 512 (13 Messidor / 1 July).

[19] OCR 10: 492 (24 Prairial / 12 June): 'Le préopinant a cherché, dans la discussion, à séparer le Comité de la Montagne. La Convention, la Montagne, le Comité, c'est la même chose. Tout représentant du peuple qui aime sincèrement la liberté, tout représentant du peuple qui est déterminé à mourir pour la Patrie, est de la Montagne'.

[20] OCR 10: 424 (16 Germinal / 5 April).

remains in the hands of the intrepid defenders of liberty', he said at the beginning of the Terror, and reiterated throughout: 'Against the minions of the tyrants and their friends we have no other resource than truth at the tribunal of public opinion, and no other support than that of good men'.[21] The work is risky, perhaps fatal:

> By combating such fury, armed with the blade of patriotism, we have consented to die for our country if necessary, provided that we have been able to raise a corner of the veil that hid the abyss where they were leading us.[22]

Had Robespierre been content to remain on this rhetorical level he would only have continued to repeat the formulae of Year II. But with his passion for ideological comprehension and clarity, he developed a theory of terror as an instrument not only of national self-defence, but of purification through virtue. The goal of the Revolution is simple enough, he told the Convention on 17 Pluviôse:

> [...] the peaceful enjoyment of liberty and equality. The reign of eternal justice whose laws have been engraved not in marble or stone, but in the hearts of all men, even in those of the slave who forgets them and the tyrant who denies them.[23]

The fundamental principle of the new government is virtue, which 'is nothing else but the love of one's country and its laws'. In the French Revolution 'what is immoral is impolitic, what corrupts is counterrevolutionary'.[24] With a stunning juxtaposition he identified terror with virtue:

> If the appeal of the popular government in peace is virtue, its appeal in revolution is simultaneously to *virtue and terror* [...] Terror is

[21] OCR 10: 512 (13 Messidor / 1 July): 'Contre les scélératesses des tyrans et le leurs amis, il ne nous reste d'autre ressource que la vérité et le tribunal de l'opinion publique, et d'autre appui que les gens de bien'.

[22] OCR 10: 394 (30 Ventôse / 20 March): 'En combattant la folie, armée du glaive du patriotisme, nous avons consenti à mourir s'il fallait pour la patrie, pourvu que nous eussions soulevé un coin du voile qui couvrait l'abîme où l'on voulait l'entraîner'.

[23] OCR 10: 352 (17 Pluviôse / 5 February).

[24] OCR 10: 353 (17 Pluviôse / 5 February).

> nothing else but prompt, severe, inflexible justice. It is, consequently an emanation of virtue.[25]

Amending one of Montesquieu's political axioms - virtue as the spring of popular governments - and yoking it to terror - for Montesquieu the spring of despotism - Robespierre created a new (and dangerous) synthesis. He was aware of the novelty and moral ambiguity of his juxtaposition, and immediately explained that terror was used by tyrants to maintain their despotism whereas 'the government of the Revolution is the despotism of liberty against tyranny'. Terror will be used only against royalists and aliens who are not a part of the republic: 'Protection is owed only to peaceful citizens: there are only republican citizens in a Republic'.[26] Sieyès's seminal idea that the Third Estate alone constituted the nation and the privileged orders had to be cast out is here invoked, given a moral dimension, and made to fit the circumstances of Year II: those without virtue, by definition the enemies of the Revolution, deserve terror: 'To punish the oppressors of humanity is clemency, to pardon them is barbarity. The rigor of tyrants has only rigor for its principle. That of the republican government derives from the social good'.[27]

Robespierre gave terror a philosophical pedigree on 17 Pluviôse, linking it to familiar eighteenth-century notions. The linkages are

[25] OCR 10: 357 (17 Pluviôse / 5 February). The entire passage is: 'Si le ressort du gouvernement populaire dans la paix est la vertu, le ressort du gouvernement populaire en révolution est à la fois *la vertu et la terreur*: la vertu, sans laquelle la terreur est funeste; la terreur, sans laquelle la vertu est impuissante. La terreur n'est autre chose que la justice prompte, sévère, inflexible; elle est donc une émanation de la vertu; elle est moins un principe particulier, qu'une conséquence du principe général de la démocratie, appliqué aux plus pressans besoins de la patrie'.

[26] OCR 10: 357 (17 Pluviôse / February 5).

[27] OCR 10: 359 (17 Pluviôse / 5 February): 'Punir les oppresseurs de l'humanité, c'est clémence; leur pardonner, c'est barbarie. La rigueur des tyrans n'a pour principe que la rigueur: celle du gouvernement républicain part de la bienfaisance'. I translate 'bienfaisance' freely to get the sense of its social implications. It is worth recalling that in Saint-Just's maiden speech, 13 November 1792, during the king's trial, he made this same argument: Louis does not deserve the protection of the laws for he is not and has never been a citizen. See the speech in Saint-Just, *Oeuvres choisies* (Paris, 1968), 74-83, and the discussion in David P. Jordan, *The King's Trial* (Berkeley, 1979), 67-8.

original and ingenious, and they proved deadly. He might have made a practical argument for terror: circumstances imposed harshness upon us, we are fighting for the very survival of the Revolution, we have no choice but to save the Republic, whatever the cost, whatever the weapons. This is essentially the *apologia* made by the recollections left by members of the Committee of Public Safety who survived Robespierre's fall (especially Barère and Billaud-Varenne) or other Jacobins (René Levasseur or Dr. Baudot). It was the view taken up by later historians sympathetic to the Jacobins. Such a defense, by throwing himself on the mercy of the court of posterity, might well have spared his reputation. But an argument from circumstance, from expediency, from necessity, was impossible for Robespierre. Actions, political and personal, had to spring from a pure heart and be clothed in the robes of truth. Robespierre's entire revolutionary career turned on his ability to project sincerity, attachment to principles, while his rivals were excoriated as opportunists. His was the politics of authenticity. True to form to the very end he neither retracted nor modified his philosophical justification of terror. To echo Machiavelli: men will more easily forget the death of their father than the public justification of the deed.

Robespierre's tragedy, which he himself chronicled, was in the Greek mode. Having enunciated the politics of virtue he pursued its course tenaciously, logically, relentlessly, dimly aware of the doom that awaited. In his ambition to control the Revolution by articulating it he lost all self-awareness. He had inklings of his end, but as Oedipus two thousand years earlier, he stumbled in darkness. On 13 Messidor (1 July) he lamented that he could not 'entirely discover this huge system of conspiracy' but could only 'paint a faint picture' of it.[28] Three weeks later, in his final speech, he presented virtue not as terror but as the 'egoism of men not degraded, who find a

[28] OCR 10: 508 (9 Messidor / 27 June). 'L'orateur regrette ensuite de ne pouvoir découvrir entièrement ce système de conspiration trop vaste, et qui tient à des fils trop nombreux pour pouvoir être dévoilé par la voix d'un homme; cependant il essaie d'en tracer un foible tableau, et prouve que les armes de ces monstres sont le poison, la calomnie et l'assassinat'.

heavenly voluptuousness in the repose of a pure conscience and in the ravishing spectacle of public happiness'. It was a 'tender passion, imperious and irresistible, the torment and delight of magnanimous hearts'.[29] Indeed virtue had two forms, terror and love, the former expressed in the cult of the Supreme Being. 'Your decree of 18 Floréal [7 May] is in itself a revolution', he told the Convention. 'You have struck atheism and priestly despotism with a single blow. You have advanced by a half-century the final hour of tyrants. You have reattached all pure and generous hearts to the Revolution'.[30]

On 8 Thermidor a bewildered Robespierre struggled to make sense of his career and the Revolution. Terror has apparently failed – although he insisted the policy must continue – as has his cult of the Supreme Being. There are clear signs of change or confusion in this last and oddest of Robespierre's speeches, but they are not easily read. The speech of 8 Thermidor is long, rambling, repetitive, and filled with self-pity.[31] Intellectually he cannot extricate himself from the policies of the Terror, for he has made it an instrument not for punishing the Revolution's enemies, but of purification, an instrument to create virtue. Precisely because the Terror is not, for him, an expedient forced upon the Revolution by circumstances, it cannot stop when circumstances change. Terror must run its course until France is peopled only with the virtuous. He cannot follow the path proposed by Danton. The failure of the cult of the Supreme Being means he has nothing else to offer.

It is a melancholy observation that it is better for one's reputation to do the deed than to justify it. Politics as the art of force and fraud existed long before Machiavelli wrote *The Prince*. But it is the Florentine republican whose name became synonymous with double-dealing, perfidy, and political violence, rather than king

[29] OCR 10: 554 (8 Thermidor / 26 July). The sexual imagery of the passage is noteworthy.

[30] OCR 10: 560-61 (8 Thermidor / 26 July).

[31] There is an especially striking repetition OCR 10: 567 and 574. The two passages in question, beginning 'En voyant la multitude des vices que le torrent de la révolution [...]' are virtually identical. In addition in the numberous phrases crossed out in the manuscript there are a number of other repetitions.

Ferdinand of Spain or Cesare Borgia, who actually did evil deeds. 'The cowards!' Robespierre cried out to the Convention on 8 Thermidor. 'They want to send me to my grave with ignominy! And I would have left behind me on earth only the memory of a tyrant!'[32]

Robespierre's *cri de coeur* has proved only partly true. His reputation has oscillated radically in the two centuries since his death. But if there is no single Robespierre to remember, he has become the most representative figure of the French Revolution. The very ambiguities of his life, complemented by the sparseness of evidence, have made him a malleable historical figure, molded to the changing contours of interpretations of the Revolution itself. Not only do his public utterances on virtually every major issue in the Revolution make him an indispensable witness to his own times, but they also form the most extensive repository of the ideology of the age.

In addition, his life has mythic qualities, of which two have proved especially enduring and attractive. The clash of personalities between Robespierre and Danton has intrigued for two centuries. Georg Büchner was the first to see the dramatic possibilities in the contrasts between the two men, and Andrezj Wadja has followed him closely, brilliantly casting Gérard Depardieu as a lusty, energetic, intelligent, exaggerated, but humanly compelling Danton. The best scenes in the movie are historical fictions: the dinner party with Danton-Depardieu gluttonously sampling all the dishes while a shocked Robespierre looks on, never took place. Much has been made of the themes of betrayal and treachery, the cold-blooded puritan determined to destroy the passionate (and vulgar) voluptuary. The two men have been made to signify opposite views of revolution. Danton has become a kind of Trotsky to Robespierre's Stalin. Yet the actual confrontation was never this dramatic, and it is not at all clear that Robespierre was chiefly responsible for Danton's fall. Again we might ask ourselves a hypothetical question: had Danton rather than Robespierre survived would the

[32] OCR 10: 565 (8 Thermidor / 26 July).

Revolution have been markedly different? Danton's arrest, trial, and execution, perhaps more the work of Saint-Just than Robespierre, with its inherent drama, has been used to focus the debate on the Terror in a way otherwise impossible.

The other aspect of Robespierre's life that has made him so useful a figure for historians, and literature generally, is his fall. As I have suggested, there are tragic elements in 9 Thermidor that have been exploited by all shades of opinion. In addition to the traditional characteristics of Greek tragedy I have already mentioned, there are mythic properties befitting the Revolution: the abandonment of Robespierre by the people of Paris and their sections, greatness achieved from obscurity, and bitter ironies of an unrealized revolutionary vision literally cut off.

I don't want to suggest that had there been no Robespierre it would have been necessary to invent him. But rather that the narrative of the life and career of the historical Robespierre, for all its ambiguities and lacunae – and sometimes because of them – is the most satisfactory vehicle for conceptualizing and symbolizing the Revolution as a transcendent event with human proportions. And his life, or rather his revolutionary life, has served so well precisely because he was able to embody the Revolution for so long and so well, despite the protean forms it assumed. He was 'ideology incarnate' but as everything else in the Revolution ideology was in a constant state of becoming. Robespierre himself sensed this, I think, for it is the quality that makes him unique among French revolutionaries. On 9 Thermidor the Revolution again caught up with Robespierre's ideas, and rejected the politics of virtue.

YEARBOOK OF EUROPEAN STUDIES 9 (1996): 73-110

LES DISCOURS DE ROBESPIERRE LA PAROLE AU POUVOIR

Annie Jourdan

> Toujours calme au milieu des tempêtes, invariablement fixé sur les éternels principes de la morale et de la philosophie, supérieur,très supérieur aux séductions d'une cour corruptrice, inaccessible à toute ambition que la véritable gloire, devenu l'un des plus fiers tribuns du peuple [...]
>
> Robespierre décrit par Louvet - 18 janvier 1792.

Le prestige de la parole a-t-il porté Robespierre au pouvoir? Robespierre fut-il, ainsi que le voudrait Mathiez, l'éloquence personnifiée? Sur ce point, comme sur bien d'autres, les historiens de la Révolution sont loin de s'accorder. Les révolutionnaires leur ont pourtant laissé une image univoque. Après les Girondins qui furent parmi les premiers à stigmatiser les sophismes, les vaines déclamations, les flagorneries outrées de l'Incorruptible, les Thermidoriens s'empresseront d'ajouter quelques traits au portrait qui se fera de plus en plus caricatural. Ils refuseront à l'homme qui avait su séduire des foules tout génie oratoire. L'Incorruptible deviendra l'atrabiliaire, le chat-tigre, le tigre assoiffé de sang. Avant que naisse l'historiographie robespierriste, seul Napoléon, au-dessus de tout désir de revanche ou de vengeance, reconnaîtra au chef des Jacobins un indéniable talent.[1]

Orateur emphatique, sophiste, discoureur, si l'on en croit les *Mémoires* de Madame Roland, Robespierre aurait été au-dessous du médiocre. 'Sa voix triviale, ses mauvaises expressions, sa manière vicieuse de prononcer rendaient son débit fort ennuyeux'.[2] Ces jugements rétrospectifs ont pour inconvénient de ne pas rendre compte de ses succès durables auprès du peuple parisien. Les discours, certes, n'expliquent pas tout et la popularité de Robespierre découle sans aucun doute de sa probité, de son austérité, de sa sincérité et de sa constance dans la lutte en faveur des opprimés.[3] Aulard l'attribue encore à sa tenue soignée, à son horreur du rire, à son style académique. Dans une époque où 'parole et acte ne faisaient qu'un' (Michelet), les discours de Robespierre ont dû amplifier cette popularité. Et si c'est le cas, d'où vient l'image toute négative qui accable encore aujourd'hui l'orateur si estimé des Jacobins? La Terreur, il est vrai, l'a à jamais discrédité et a conféré à ses propos une tout autre dimension. Mais avant d'être terroriste, Robespierre fut révolutionnaire. C'est de l'orateur révolutionnaire qu'il sera question ici,[4] de l'orateur, de son éloquence et des raisons qui ont poussé ses contemporains à nier qu'il en eût. C'est dire qu'il faudra voir ce qui influe sur les jugements et dans quelle mesure il s'agit là de stratégies (discursives) politiques. Les discours de Robespierre seront abordés dans une perspective communicationnelle, comme une suite d'actions et de réactions. Car à trop focaliser sur Robespierre, on oublie que le discours révolutionnaire s'inscrit dans un

[1] Bertrand, *Cahiers de Sainte-Hélène* (Paris, 1951), 1: 179; 3: 101. Napoléon parle ici du talent de Robespierre et le voit comme 'un homme très supérieur aux autres'. Les Girondins à l'inverse lui paraissent peu consistants. Napoléon leur impute la chute de la Constituante et de la monarchie: 'ils ont fait tout cela sans vouloir le faire'.

[2] Madame Roland, *Mémoires*, éd. Cl. Perroud (Paris, 1905), 203-204.

[3] A. Aulard, *Histoire politique de la Révolution française* (Paris, 1921), 422.

[4] C'est dire que nous aborderons les discours de Robespierre avec, pour arrière-plan, ce qui précède et non ce qui suit. Puisqu'à l'époque étudiée – fin 1791 / juin 1793 – rien ne laisse soupçonner aux acteurs la tragédie à venir. Sur Robespierre, orateur terroriste, voir Claude Lefort, *Essais sur le politique: la Terreur révolutionnaire* (Paris, 1986).

contexte mouvementé où jouent un rôle non négligeable les interventions des amis et des ennemis.

La parole magnifiée

Mieux vaut donc ne point se contenter des jugements rétrospectifs dont on sait combien ils furent soumis aux passions et retourner aux tout premiers débuts. Car les interventions de Robespierre à la Constituante ont été légion et ont su inspirer la plume de bien des journalistes patriotes. Ces réactions à chaud, si elles sont quelque peu partisanes malgré tout, reflètent du moins l'impression directe des acteurs révolutionnaires et croquent le personnage sous un jour plus lumineux. Dans ce personnage, les révolutionnaires découvrent dès août 1789 un patriote ardent, courageux, intrépide. Si l'on en croit Carra, Robespierre serait 'l'un des plus fermes appuis des libertés', un homme qui 'n'a jamais marché que sur une ligne droite'.[5] Madame Roland, tout au long de la Constituante, ne sera pas non plus avare en louanges et accordera à l'Incorruptible la palme du courage et de l'énergie, une force d'âme qui fait défaut à bien des patriotes. N'a-t-il pas 'le courage d'exprimer avec l'énergie propre à son caractère [...]' le serment d'être libres ou de mourir, ne vient-il pas, opprimé par la mollesse de l'Assemblée, 'épancher son coeur' à la tribune? Discours couvert d'applaudissements 'bien mérités'.[6] Dès lors, Robespierre fait figure de vigoureux défenseur du peuple et d'homme sensible. C'est bien en effet de la sensibilité que note Barère dans le discours sur les honneurs funèbres à rendre aux grands hommes d'avril 1791.

Cette énergie, cette force d'âme, cette fidélité aux principes constitueront bien vite la vertu de Robespierre, puisqu'en 1791, il n'est pas rare de voir le député d'Arras érigé au rang de vertueux, quand il n'est pas comme chez l'ami Desmoulins le 'héros', 'le dernier des Romains', cet 'autre Hercule' – le premier étant Mirabeau. C'est à cette popularité naissante que Robespierre doit les premières menaces et attaques de juin 1791. Madame Roland et

[5] Voir OCR 6: 649.
[6] Madame Roland, *Lettres à Bancal des Issarts* (Paris, 1835), 241.

ses amis les évoquent à plusieurs reprises pour en appréhender les dangers. Ainsi, Gorsas, dans une superbe hypotypose, décrit-il Robespierre, environné de 'tigres acharnés et haletant autour de la banquette sur laquelle il est monté. Une escorte de patriotes se forme et ne veut point le quitter qu'il ne l'ait vu rentrer dans sa demeure, où la paix et la vertu modeste l'attendent'.[7] Le 'jeune héros de la Liberté' se refuse pourtant à délaisser la tribune et défie 'les poignards du crime et les pièges de l'intrigue'.

Tout cela ne concerne encore que les vertus de Robespierre. Mais les patriotes - Carra, Gorsas, Barère, Brissot entre autres - n'admirent pas moins l'éloquence du jeune député. Dès août 89, Robespierre leur apparaît comme 'un jeune homme qui parle avec une éloquence rare, une précision bien au-dessus de son âge', 'il eût semblé que c'était le génie de la patrie qui l'inspirait'.[8] Confronté à Barnave dont il conteste les opinions, Robespierre a donné d'après le *Patriote français* 'un discours étendu, plein de force et de logique [qui] a pulvérisé les paralogismes du rhéteur-sophiste Barnave'. Dans d'admirables discours, l'Incorruptible a développé avec la plus grande force les 'bons principes'. Tout comme Madame Roland, Brissot qui n'est encore que publiciste distingue en Buzot, Pétion et surtout Robespierre les plus forts soutiens de la cause publique. Soit pour reconnaître que ce dernier a bien jugé de l'accueil à faire aux infamies du philosophe renégat qu'est devenu Raynal, soit pour admirer sa sagacité à dissocier individu et ministre ou sa détermination à ne rien accepter sans preuves. S'il regrette que le discours du 12 juin 1791 n'apporte aucune solution au problème, Brissot en admire la 'grande' énergie, la 'grande' chaleur, les 'grandes' vérités. Et en décembre de la même année, il loue une adresse de Robespierre où celui-ci réfute '*avec éloquence* les principes dangereux, dévoile *avec courage* les interventions perfides, expose *avec*

[7] Gorsas, *Courrier des 83 départements*, cité in OCR 7: 715.

[8] *Gazette nationale*, 1: 69. Sans doute Robespierre n'a-t-il pas à cette date le succès d'un Mirabeau ni même de Barnave, mais il s'impose peu à peu aux Jacobins et, surtout, les journaux patriotes ne cessent de lui faire une excellente 'publicité'.

énergie les conséquences funestes. Tout en est également fort'.[9]

Lors de la clôture de la Constituante, Robespierre déjà baptisé l'Incorruptible, célèbre dans tous les départements pour son opiniâtreté se voit aussi surnommé le Caton de la législature par le même *Patriote français* et 'le plus vigoureux défenseur de la Liberté' par l'égérie girondine. Dans le camp modéré, il est vrai que le vertueux Robespierre est déjà décrit sous les traits d'un perturbateur, d'un atrabiliaire, dont *l'Ami du Roi* stigmatise 'les hyperboles, les déclamations, les sentiments exaltés et une caricature des principes' (16 juillet 1791). Tandis que Brissot, de par son expérience et ses aventures, fait figure de dangereux folliculaire, de faussaire, de calomniateur, d'anarchiste et de fripon. Excepté Robespierre, Buzot, Pétion, Brissot, cependant, 'les autres sont des imbéciles et des sots'.[10] C'est dire que les injures sont à la mesure de la crainte inspirée, de la popularité redoutée. La presse patriote pour sa part est unanime non seulement pour admirer l'énergie et la constance de Robespierre mais aussi les développements, l'éloquence, la chaleur de ses discours. Si sophistes il y a à l'époque, ce sont Maury, Clermont, Dandré, et bientôt Lafayette, Duport, Lameth et Barnave. L'animosité, semble-t-il, se traduira souvent en des termes de dépréciation stylistique ou caractérologique.

L'école de la défiance

Si les patriotes se retrouvent en Robespierre, c'est qu'à l'époque tous partagent les mêmes espoirs et les mêmes craintes. Brissot, lui

[9] *Le Patriote français*, no.777; no.854. Les éloges viennent la plupart du temps des journaux patriotes, mais la presse royaliste – tel *l'Argus patriote* – ne nie pas les talents du député d'Arras quand ses discours vont dans son sens. *Le Journal de Duquesnoy* par contre, dès le 21 octobre 1789, affirme que le discours de Robespierre sur la loi martiale 'est fait pour les habitants du faubourg St-Antoine, pour leur plaire, pour se mettre sous leur protection, et point du tout pour l'Assemblée' (cité dans OCR 1: 454). *L'Ami du Roi* (de Royou) est tour à tour élogieux et vindicatif. Elogieux à propos du discours sur la non-rééligibilité des Constituants – Robespierre désormais a 'expié tous les excès démagogiques par la manière ferme et noble dont il s'est montré dans cette discussion'; vindicatif à propos de la peine de mort où Robespierre n'aurait avancé que 'sophismes, absurdités, déclamations' ou à propos de l'inviolabilité royale.

[10] Cité OCR 7: 595: Lettre de Périsse de Luc à Wuillermoz du 17 juillet 1791.

aussi, plaide, par exemple, en faveur de plus de justice à l'égard de la classe indigente, il défend les soldats contre les vexations des officiers, et avec Lanthenas, s'insurge contre la distinction entre citoyens passifs et citoyens actifs. Tous deux célèbrent les sociétés populaires, qui permettraient de 'discuter, de s'instruire', d'éclairer la nation et de former l'opinion. Bien conçus, ajoutera Madame Roland, clubs et sections populaires ouvriront 'la vraie circulation des lumières'.[11] C'est-à-dire celle qui instruira le peuple. Ce peuple malheureux 'qui n'a que la vie et son industrie et qui ne demande qu'à conserver l'une sans humiliations et à exercer l'autre sans obstacles. Ce peuple dont la vengeance s'apaise par *le sacrifice de quelques têtes infernales*' et dont la *colère est légitime* ne mérite pas 'les reproches affreux, les dénominations affreuses' dont on l'accable.[12] Manon, dans une envolée digne des plus beaux textes de Robespierre en vient à approuver et légitimer les révoltes de 1789-1790. Les habitants des campagnes brûlent et pillent quelques châteaux, qu'est-ce là sinon la juste revanche d'un peuple jusqu'ici méprisé?: 'Il immole trois ou quatre hommes infâmes, connus par toute la France pour leurs concussions, leur insolence, et vous appelez ce peuple sanguinaire et la lanterne vous paraît une atrocité? Il n'a fait qu'une faute, c'est de ne pas y attacher un Ministre, pour forcer les autres, par ce terrible exemple, à marcher dans le sens de la Révolution'. Et Madame Roland d'appeler presse, clubs et sociétés à la rescousse. Car il s'agit de prouver aux Français à quel point la Constituante s'est avilie et combien elle trahit la déclaration des Droits. Que ce soit à propos du trésor public, remis entre les mains du pouvoir exécutif; les décrets sur le marc d'argent et sur l'armée entièrement soumise à l'autorité du roi. Les hommes de 89, les Noirs, les Impartiaux sont devenus les plus dangereux ennemis de la Révolution; ils regrettent 'les pas que nous avons faits vers la démocratie', et, s'ils acceptent et désirent la Liberté, ils

[11] *Le Patriote français*, no.555, 178. Madame Roland, *Lettres à Bancal*, 263.

[12] Madame Roland, *Lettres de Madame Roland*, ed. Cl. Perroud (2e série; Paris, 1915) 1: 529; c'est nous qui soulignons. Il est assez surprenant de voir Aulard qualifier Madame Roland de 'modérée, de peu radicale'. Jusqu'au ministère de Roland, la correspondance la montre au contraire comme une révolutionnaire des plus avancées et des plus virulentes.

haissent l'égalité. Cette certitude s'amplifie après la fuite du roi qui engendre une nouvelle faction, d'autant plus dangereuse qu'elle se cache sous le masque du patriotisme. Comme leurs prédécesseurs monarchiens ou clermontistes, les factieux nouveau genre se targuent de leur fidélité à la constitution pour 's'opposer à toute amélioration'. Ils s'insinuent aux Jacobins, envahissent le Bureau, bientôt 'soumis à deux ou trois particuliers bien plus soucieux de conserver leur propre ascendant que de propager l'esprit public et de servir efficacement la liberté' (*Lettres à Bancal*, 186). Brissot, Madame Roland, Robespierre, tous alors découvrent peu à peu que derrière les belles apparences se cachent des réalités moins réjouissantes. Le grand Mirabeau leur apparaît tel qu'il est réellement: un homme qui flatte le peuple mais qui échangerait volontiers sa fonction de représentant contre un ministère. Sur ses traces marchent Barnave, Lameth, Duport. Les factieux tentent de dominer les clubs et les papiers publics; ils monopolisent les comités et les ministères. L'amour du pouvoir a estompé chez eux l'amour de la patrie. C'est que 'les hommes appelés aux places se laissent trop entraînés aux petits calculs'. Ils cherchent à concentrer tous les pouvoirs en une assemblée unique, pour mettre 'ces pouvoirs à la disposition de cinq ou six ambitieux qui disposent des ministres par l'Assemblée, de l'Assemblée par les comités, des comités par leurs créatures qui s'en rendent les chefs; des scrutins par quelques jockets; avec ces créatures, ils sont maîtres de tout; avec les places, ils multiplient leurs créatures'(Brissot, no. 689). Et, s'ils s'arrêtaient là! Il n'en est rien, puisqu'ils calomnient les meilleurs patriotes. L'infâme Morande divulgue et noircit le passé de Brissot; les factieux diffusent sous le nom de Robespierre des relations infidèles; on élève contre tous deux des soupçons. L'erreur et la calomnie se répandent par mille moyens. La 'liste civile sert à payer des écrivains qui sèment le mensonge à la journée', jusque dans les provinces. Les faits sont altérés, les réputations brisées, la vérité violée (*Lettres à Bancal*, 299). Parfois, les intrigants simulent la réconciliation pour dominer et reprendre aux Jacobins l'influence perdue au détriment des vrais amis de la constitution réduits désormais à déserter la société ou à s'imposer silence. Parfois, les intrigants occupent la tribune de sorte à 'ôter aux autres orateurs le moyen de parler'; ils refusent l'impression des discours qui leur sont néfastes ou tentent par le tumulte d'étouffer la voix de ceux qui ne pensent pas comme eux. Le triumvirat crie à l'anarchie et confond dans une même haine Brissot, Robespierre et Marat (*Lettres à Bancal*, 291-300). Or, l'anarchie, qu'est-ce pour un ambitieux sinon 'l'ordre de choses qui le fait redevenir peuple' (Brissot)? Aux calomnies s'ajoutent les menaces et les rumeurs d'assassinat et d'arrestation, encore et toujours de Robespierre et de Brissot; les bruits courent que l'Assemblée veut dénoncer l'Incorruptible et l'envoyer à la Haute Cour d'Orléans. A cet effet, 'tous les moyens sont employés: écrits, agents, préventions de toute espèce et argent, par conséquent fausses dépositions et faux témoins'. C'est que la faction dominante n'envisage rien moins que de perdre les patriotes dans l'opinion, de les écarter des élections et par d'odieux mensonges de les traduire devant les tribunaux (*Lettres à Bancal*, 302). Contre cette immense conjuration, les meilleurs des patriotes sont démunis.

C'est l'heure alors d'encourager à l'action. Mais que faire, sinon propager les véritables relations des événements, faire pleuvoir de toutes parts des adresses (toutes faites), inciter les départements à envoyer des pétitions? Les lettres de madame Roland à Bancal, par exemple, démentiront auprès des fidèles, les papiers officiels; des adresses 'bien libellées', la presse patriote diffuseront dans les départements ce qu'il en est vraiment. Car il importe de reconquérir l'opinion publique, manipulée par les factieux. Or, comment reconquérir l'opinion si ce n'est par le biais de la presse, des sociétés patriotiques ou des sections populaires? Aussi faudra-t-il oeuvrer à l'union de ces dernières et encourager une correspondance régulière avec et entre les départements, en vue de l'instruction du peuple. Entreprise d'autant plus urgente que s'approchent les élections, sans cesse retardées par la contre-révolution. Mme Roland, Lanthenas, Brissot, tous se concentrent sur cette dernière bataille de 1791. *Le Patriote français* y participe avec brio, cherchant à contrer les manigances des modérés, stimulant à la défiance. Défiance envers les hommes de lettres, autrefois champions des ministres, envers les académiciens, qui doivent leur fauteuil à leur bassesse, envers les hommes qui prêchent la modération, ceux qui défendent le peuple avec frénésie, le provoquent au meurtre, aux séditions, etc. A cette date du 15 juin 1791, ce n'est certes pas Robespierre (ni Marat) qui est visé mais les 'faux patriotes', ceux qui ont pris trop d'ascendant à l'Assemblée et aux Jacobins, au détriment des véritables amis de la Liberté. Madame Roland en vient à proposer une réflexion sur 'les moyens d'épurement' de la société ou la création d''un nouveau foyer du patriotisme' (*Lettres à Bancal*, 323). Elle encourage amis et partisans à conférer sur 'les moyens de faire un parti'. La fuite du Roi ne fera qu'exacerber la méfiance, d'autant que les modérés refusent de juger le souverain parjure. Cela n'est pas du goût de Madame Roland, qui ne voit plus dans le monarque qu'un 'mannequin royal' qui a rompu le contrat qui le liait à la nation et qui doit être puni en conséquence. Manon opte pour la suspension, Brissot pour la destitution. Au lieu d'aller dans le sens des patriotes, l'Assemblée tergiverse, laisse le parjure impuni, retarde les élections, paraît encourager la guerre extérieure. Une guerre qui 'n'est bonne qu'à fortifier les intrigants habiles à se rendre nécessaires', 'un excellent moyen pour se perpétuer et se changer en long parlement'. Comment faire la guerre du reste, ajoute l'égérie girondine, avec des comités pervers, dont la conduite est plus que suspecte, qui laissent l'armée désorganisée et les frontières à la merci de mercenaires étrangers? Malgré la popularité retrouvée du roi constitutionnel, malgré l'amorce des élections, Madame Roland, en septembre 1791, ne laisse pas d'être méfiante: 'Nous voici, avec des Princes, citoyens non éligibles, un roi inviolable, environné d'assassins militaires à ses ordres, avec des électeurs d'argent', tandis que le peuple, revenu à son idolâtrie pour le roi, fait preuve d'une incroyable stupidité. C'est dire qu'à cette date, l'extrêmisme 'girondin' ne ne le cède en rien à celui de Robespierre. Bien au contraire, puisque, dès lors, Manon et ses amis n'envisagent rien moins que la destitution du roi et l'instauration – discrète – d'une république.[13]

[13] Voir *Le Patriote français*, no. 696 et 697; Madame Roland, *Lettres à Bancal*, *op.cit.*, 268. Le système conçu pour le remplacement du Roi permettrait de ne pas changer de constitution et de prouver qu'un roi n'est pas nécessaire, sans pour cela

La parole confisquée

Robespierre, l'orateur admiré et célébré, l'homme énergique et courageux va se métamorphoser au cours des années suivantes et prendre des traits moins sympathiques. Le glissement ne se fait pas du jour au lendemain. Et les amis d'hier ne sont point encore les ennemis d'aujourd'hui. Il n'en reste pas moins que la Législative évince l'Incorruptible du devant de la scène et élève Brissot et ses partisans – nouveaux ou anciens. Le folliculaire se fait législateur et membre du Comité diplomatique; l'épistolaire bientôt sera collaboratrice du ministre. Robespierre n'a plus dès lors pour s'exprimer que la tribune des Jacobins. Et c'est la loi qu'il a lui-même fait voter sur la non-rééligibilité des Constitutants, qui l'a éloigné de l'arène du pouvoir. La distance nouvelle entre la tribune officielle et Robespierre n'a certes pas que des inconvénients. Elle permet de le poser en modèle suprême d'abnégation, en patriote intransigeant, en 'surveillant incommode'. Aux Jacobins, Robespierre peut de plus fonder son autorité sur son expérience réelle. Et cette expérience sera souvent argument rhétorique. Car la Constituante a été un rude apprentissage du pouvoir, une répétition générale pour les expériences à venir. Les patriotes, on vient de le voir, ont été confrontés aux tergiversations, manipulations, intrigues, complots des royalistes ou des modérés. Une certitude est née. Celle que les hommes en place tendaient à freiner la révolution et renonçaient peu à peu aux mesures radicales en faveur de compromis qui satisfaisaient leurs petites ambitions. Et, en 1791, cette certitude, tous la partagent. De Madame Roland qui voit en Mirabeau un intrigant avide de ministères, de Brissot qui tente de débrouiller les fils de la cabale modérée, à Robespierre que les 'factieux' essaient déjà de confondre avec Marat.

Tous ceux que Monarchiens et Feuillants qualifient de perturbateurs, d'anarchistes, de républicains vont se retrouver face à face aux Jacobins épurés. A la Société, jusqu'en décembre 1791, aucun faux son ne se fait entendre dans le concert patriotique et, comme l'ont remarqué les historiens, c'est le problème de la guerre qui le

choquer les esprits qu'il faudra 'préparer avec précaution' à la république.

désaccorde. Pourtant, dans les discours de Brissot ou de Robespierre, rien ne laisse prévoir la tragédie à venir. Chacun proclame encore haut et fort l'estime ou le respect pour l'adversaire. Robespierre, s'il réfute les opinions de Brissot, souligne qu'il partage ses principes, Louvet mêle à ses critiques un éloge de l'Incorruptible. Brissot affirme ne conserver ni haine ni ressentiment envers celui qui le contredit. Mais, pour être efficace, le discours politique doit réfuter celui de l'adversaire – fût-il proche ou ami. Or, rares sont ceux qui parviennent à réfuter le discours adverse sans dévaloriser son argumentation, son raisonnement, voire son style ou son auteur. Et à prouver que l'autre est égaré, on blesse les sensibilités. Robespierre se voit ainsi attaqué en janvier par Louvet qui regrette d'avoir été entraîné mais non persuadé. Certes, le discours critiqué a quelques mouvements d'éloquence mais il ne propose aucune raison solide, aucune mesure efficace. L''homme nouveau' qu'est le romancier n'hésite pas à se mesurer à l''homme fameux' qu'est Robespierre et tente ensuite de l'isoler. Robespierre est presque seul, presque seul et 'vous tenez encore en suspens l'opinion d'une grande partie du peuple'.[14] Avait-il agi autrement sous la Constituante? A cette date, le clan patriote n'avait-il pas applaudi? Il en ira désormais autrement. Les futurs girondins, Brissot, Vergniaud, Louvet rejoignent Roederer ou Sillery pour imposer aux Jacobins leurs opinions sur la guerre. Aussi est-ce à Louvet que *le Patriote français* décerne la palme de l'éloquence. Dans ce premier discours sur la guerre, on a ainsi pu remarquer 'une rare pureté de style, une grande force de sentiment, une logique vigoureuse, un usage sobre et bien placé des ornements, des traits brillants d'éloquence'.[15] Les temps ont donc changé puisque quelques mois plus tôt, Brissot s'en prenait aux hommes de lettres qui privilégiaient le style au détri-

[14] Louvet, *Second discours sur la guerre* (Paris, 1792). Cette statégie est récurrente au comité de correspondance des Jacobins. L'adresse du 17 janvier est formulée dans des termes similaires: 'la nécessité d'une guerre d'attaque de notre part est le résultat de l'opinion de *presque* tous nos orateurs. Elle a été combattue par *plusieurs*, mais *quelques-uns d'entre eux* ont abandonné leur système. L'opinion est *presque* unanime chez les vrais amis de la liberté'. Aulard, *La Société des Jacobins* (Paris, 1892), 3: 323.

[15] *Le Patriote français*, no. 884, 42 (11 janvier 1792); et nos. 676 et 667.

ment du grand caractère; il encourageait à se défier des écrivains, des académiciens avec une véhémence qui n'avait rien à envier aux attaques – futures – de Robespierre. Le pouvoir – et l'amitié – ont adouci ces préventions premières. Le voilà qui se dresse désormais pour célébrer le romancier Louvet ou, comme il le fera plus tard, l'académicien Condorcet et, avec lui, Voltaire et d'Alembert.

Dans les deux camps, les interventions se multiplient jusqu'à la déclaration de guerre du 20 avril 92 et acerbent les irritations, d'autant que *la Chronique*, le *Courrier des 83 Départements* et le *Patriote français* cherchent depuis décembre à étouffer la voix de l'Incorruptible. A lire leurs journaux, tous les Jacobins sont pour la guerre. A lire leurs journaux, les discours de Robespierre, bien que vivement applaudis, n'ont pas fait 'de nombreux prosélytes' et ont heurté 'tous les auditeurs'. Lors de la réconciliation entre Robespierre et Brissot,[16] chacun affirmera avoir attaqué l'opinion de l'adversaire et non point l'homme ou ses principes, mais *le Patriote français* s'empressera d'exploiter la scène pour insinuer que Robespierre s'est rallié à ses opinions. Robespierre apparaît quasiment sans ressource devant la conjuration nouvelle des patriotes. Le 18 janvier, en réaction à une adresse des Jacobins du 17 où étaient minimisés les adversaires de la guerre, il dénonce la présence insolite d'un éloge de Lafayette dans le journal de Brissot. Une attaque plutôt mesquine qui démontre l'irritation croissante des partis, puisque cet éloge tiré du *Moniteur* était également publié par Carra et Gorsas. Girey-Dupré, le rédacteur du *Patriote*, ne le comprend que trop bien quand il attribue cette démarche à la 'mauvaise humeur d'un patriote'. Mais cela prouve aussi que tous les coups sont permis pour imposer son opinion au détriment de celle de l'adversaire ou pour discréditer celui-ci. Et, en cela, les Brissotins sont grandement avantagés, puisqu'ils n'ont pas seulement la tribune de l'Assemblée nationale, mais celle des Jacobins et de la presse et bientôt les fonds secrets du ministère.

Les appels à l'union, à l'unanimité des opinions se feront en vain. Aucun ne veut céder à l'autre. La guerre, 'tout Français *doit*

[16] Le 20 janvier 1792. Voir A. Aulard, *La Société des Jacobins*, *op.cit.*, 3: 323.

la vouloir', ordonne Brissot. L'intérêt de la nation n'est pas la guerre, mais la recherche d'un remède pour sortir de l'impasse, rétorque Robespierre. Et il reproche à ses collègues de ne pas être assez défiants vis-à-vis du pouvoir exécutif, d'applaudir à l'élection de ministres plébéiens comme si le ministère pouvait être dissocié du roi et de la cour. Au rythme des altercations, Brissot se plaint des 'citoyens craintifs qui calomnient par timidité le civisme de nos braves soldats' et assimile discrètement - encore - l'Incorruptible au comité autrichien qui refuse la guerre (no. 920, 112); Robespierre fustige l'aveuglement du camp adverse, incapable de discerner à travers les belles apparences la triste réalité. Les allusions au fil des jours deviennent plus précises. Le 2 février, dans son journal, Brissot signale 'des objections nouvelles, diverses insinuations sur la droiture de ses intentions'; il se défend d'être toujours l'ami de Lafayette. Le 10 février, l'Incorruptible revient à la charge et incrimine 'les charlatans politiques', avant d'aborder la guerre par le biais des moyens de salut public et de conclure sur l'espoir que la guerre sera évitée. Un discours éloquent selon Gorsas dont c'est une des dernières interventions en faveur de Robespierre. Fin février, les esprits ne sont toujours pas calmés. Et comment le pourraient-ils, puisque les frères ennemis poursuivent leurs attaques ou leurs manigances. Le 24, Billaud-Varenne signale que le Comité de Correspondance des Jacobins a libellé une circulaire sur la guerre où les opinions sont confondues et qui donne l'impression que 'tous les esprits sont tendus vers cette crise heureuse'; le Comité s'engage à la modifier; le 26, Robespierre n'est toujours pas satisfait de la rédaction et souhaite qu'elle formule les avis de chacun, le pour et le contre (Aulard, *La Société des Jacobins*, 3: 410). Aux Jacobins, les querelles s'estompent quelque peu, même si Louvet se fait un malin plaisir à confisquer la parole à Robespierre, et si ce dernier rend à Lasource la pareille. Il n'en faut pas plus pour blesser des sensibilités exacerbées par les attaques incessantes et les dangers encourus, pour heurter des ambitions avivées par une soudaine popularité. Ce premier conflit témoigne à la fois de la fragilité des amours-propres mais aussi de l'intransigeance et de la rigidité des opinions. Il confirme ce que percevait dès les débuts

Mme Roland: ‘Chacun a sa marotte et veut qu’on s’occupe d’elle, sans égard à la marotte d’autrui’ (*Lettres à Bancal*, 197). Alors que tous sont conscients que seule l’union fait la force, les patriotes exigent de l’autre qu’il leur sacrifie ses propres conceptions. Or, de cela Brissot et Robespierre sont incapables. Tous deux ont ‘le crime de l’orgueil’, sinon la ferme volonté de ne pas renoncer à leurs convictions.

La course aux places

Au problème de la guerre qui ne cessera d’empoisonner la vie publique tout au long de l’année 1792 – et bien au-delà – se surimpose un autre conflit, non moins important. C’est celui des places. Conflit que l’on peut aussi attribuer en partie à une divergence d’opinions, car, pour Robespierre, à cette date, la place d’un patriote est dans les assemblées du peuple, dans les sociétés patriotiques et à l’Assemblée nationale. Et il affichera une méfiance constante à l’égard des comités ou des ministères – du moins jusqu’à son entrée au Comité de Salut public. C’est que, même si les ministres veulent le bien, le danger demeure que le roi à tout moment les trompe ou les endorme. Brissot, par contre, est persuadé qu’une fois, dans les comités et ministères, les patriotes obligeront le roi à marcher sur le droit chemin et réduiront à néant toutes les intrigues monarchiques. Le 2 janvier 1792, l’Incorruptible avait déjà mis en garde les Jacobins contre les premiers successeurs plébéiens des ministres aristocrates, car ‘ceux qui aspirent à leurs places ne vaudront pas mieux’. Au lieu de se réjouir de ces changements, il ne distingue là qu’une tactique de la cour pour éblouir le public par de nouveaux ministres qui ne sont que de ‘nouveaux visages’. Dès lors, le bruit court que le roi voudrait choisir ses ministres dans la Société des Jacobins: ‘Que le ciel nous en préserve! […] Si cet événement arrive, je n’en aurais pas plus de confiance au patriotisme de la Cour mais j’en aurais beaucoup moins dans la vertu de ceux qu’elle aurait choisis’ (OCR 8: 77; 134). C’est qu’il faut non pas changer les ministres mais les surveiller, les effrayer, les punir. Les attaques contre les ambitieux, les intrigants s’amplifieront quand ceux-ci mettront à profit leur position pour désarmer l'adversaire. C'est le cas quand Brissot tire parti de son journal et du Comité de Correspondance des Jacobins pour manipuler les faits et museler la voix de Robespierre. A cette date, les manoeuvres des uns et des autres ne mènent pas à de vastes dénonciations. Mais elles irritent les amours-propres et font douter de la droiture des intentions.

La réserve robespierriste sur la nomination des ministres jacobins - mars 1792 -, ses attaques incessantes contre la guerre, son opiniâtreté à défendre ce qu'il nomme déjà ses principes poussent Brissot et ses amis à l'offensive. Ainsi, le 26 mars, dans un projet d'adresse, l'Incorruptible se refuse-t-il à louer les nouveaux ministres avant de les avoir vus à l'oeuvre, d'autant que l'expérience avait démontré qu'un ministère patriote pouvait être contaminé par son passage au pouvoir. Legendre l'avait rappelé le 21 mars aux Jacobins; Carra avait incité à la vigilance. Robespierre reprend en somme ces arguments pour conclure sur le vague espoir que, gouvernement et peuple une fois unis, la nation ne courra plus de risques, l'ennemi n'osera attaquer, la paix règnera. Le célèbre discours de Guadet du 26 mars s'en prend en fin de compte non point vraiment aux allusions à la Providence de Robespierre - déjà formulées antérieurement, entre autres le 25 janvier, et, non incompatibles avec l'idéologie girondine - mais au problème nouveau soulevé par l'Incorruptible, dont les implications lui paraissent meurtrières, puisque ce dernier subordonne le problème de la guerre et de la paix au patriotisme des nouveaux ministres: 'Dire que nous sommes maîtres de la guerre et de la paix, c'est en quelque sorte donner tort d'avance au ministère dans le cas où nous serions forcés de faire la guerre'.[17] Enfin, Robespierre en avait profité pour présenter une fois de plus la paix comme le seul moyen de salut et minimiser les partisans de la guerre. Le 26 mars, par conséquent, le conflit, au lieu de s'apaiser, s'exaspère. Robespierre,

[17] Guadet in Aulard, *La Société des Jacobins*, *op.cit.*, 3: 452 et 4: 699-703. Sur l'adresse de Robespierre, voir *Le Défenseur de la Constitution* (Paris, 1939), 244-253. Notons que dans la rhétorique classique, seuls sont primordiaux les premier et dernier arguments. Celui sur la Providence se trouve au milieu et a bien pour but ce que mentionne Robespierre en l'an II: de le ridiculiser.

loin d'abdiquer ses prétentions, accule les ministres dans une position intenable.

Dès lors, la presse proche de Brissot et de ses amis se distancie définitivement du patriote autrefois admiré. Le 2 avril, Gorsas formule ses premières critiques négatives. Brissot tente l'amalgame 'Comité autrichien égale Robespierre' puisque tous deux luttent contre la guerre; il impute à l'Incorruptible la division des Jacobins.[18] Réal regrette son opiniâtreté et son acharnement à vouloir imposer son opinion. On oublie quelque peu que c'est de l'autre camp que venaient les tentatives pour étouffer la voix du défenseur de la paix. Le 25 avril, Guadet et Brissot, dans un violent réquisitoire, amorcent un nouveau débat et condamnent Robespierre d'avoir abandonné sa place au tribunal; ils lui opposent leur propre dévouement. Eux resteront à leur poste, quels qu'en soient les dangers. Quiconque n'agirait pas dans ce sens serait un déserteur. Le problème, c'est que les places dont parle Brissot ne sont en rien comparables à celle que délaisse Robespierre. Ministères, comité diplomatique, comité des 21, comité de correspondance, les Brissotins savent ce qu'ils font. Tous ont des postes non seulement lucratifs – à cette date, là n'est pas la question – mais des postes de premier plan.[19] La place d'accusateur public, attribuée en juin 1791 à Robespierre, lui permettrait peut-être de mieux vivre mais non point de se faire entendre. Ce serait le condamner non seulement à l'impopularité, comme le note Prudhomme, mais aussi et surtout lui confisquer la parole. Ce poste, du reste, il ne l'a pas voulu et ne l'a accepté qu'avec 'effroi'.[20] Le 15 février 1792, lors de son entrée en fonction, il avait pris soin de préciser qu'il ne comptait pas renoncer à son premier devoir – de défenseur du peuple français et de

[18] Voir entre autres *Le Patriote français*, no. 1003: 520; no. 1014: 563; ou no. 1032 – où Brissot suggère, tout comme dans le numéro 1014, huit raisons qui rapprochent Robespierre des aristocrates et des modérés.

[19] Il est assez curieux de voir Mme Roland parler de la nouvelle situation de son mari en tant que député extraordinaire (1791) comme d'une 'place intéressante', d'une 'position intéressante'; parmi les avantages, elle note qu'ils sont 'très agréablement et grandement logés' et qu'ils reçoivent 'les députés patriotes les plus célèbres de l'Assemblée Constituante'. *Lettres*, 2: 534-537.

[20] G. Michon, *Correspondance de M. et d'A Robespierre* (Paris, 1926), 109-113.

l'univers – et qu'il sacrifierait au besoin les affaires particulières du Tribunal à la cause de l'humanité. Sa véritable vocation, Robespierre l'a trouvée à la tribune des Jacobins.

Pour déjouer le piège que lui tendent Brissot et Louvet, Robespierre se targue à l'inverse de ne pas 'briguer les places, les honneurs'. Aux 'orateurs empiriques' qui désirent une guerre intempestive, il reproche désormais de cacher sous le masque du patriotisme 'leur désir de parvenir aux places'. Or, ceux qui ont conquis de hautes fonctions ont les moyens de calomnier les 'véritables amis de la liberté'; ils sont initiés dans les secrets de la Cour, ils sont liés aux généraux. A ce jeu, Brissot sera toujours perdant, car, pour fortifier sa position belliciste, il se voit contraint de soutenir les ministres de la guerre, voire les généraux. Peu à peu, il se retrouve dans une impasse insondable. Robespierre a beau jeu d'invoquer les trahisons de Lafayette, les machinations de la Cour, les grâces courtisanes de Narbonne. Sa position hors champ du pouvoir lui assure une relative liberté. Il laisse aux autres le loisir d'échouer, de s'enliser dans les méandres des intrigues royales. Sans doute faut-il voir là un des motifs de la fureur que lui vouent Brissot et Guadet. La position de surveillant adoptée par Robespierre rend la leur fort incommode.

Puisqu'eux paraissent accaparer les places, les brissotins réprouvent d'une part ce qu'ils en viennent à nommer la désertion de Robespierre et d'autre part son omniprésence aux Jacobins. L'attaque de Guadet du 25 avril est des plus virulentes à cet égard mais elle dévoile le malaise qui gagne la faction; ce qu'inconsciemment ou non, Brissot et ses amis souhaitent en leur for intérieur, c'est l'ostracisme pour Robespierre, reconnaissant par là la popularité dont jouit 'l'idole du peuple'. Première formulation d'une tentative pour confisquer la parole à l'adversaire, tactique éprouvée sous la Constituante, reprise par ceux qui deviendront les Girondins, elle sera portée à sa perfection sous la Convention. Mais c'est donner à Robespierre plus de poids qu'il n'en a vraiment et ce dernier en est conscient quand il réplique superbement que l'ostracisme est un honneur qu'on n'accorde en principe qu'aux grands hommes et n'est-ce pas à Brissot qu'il appartient de les classer?[21] Une des revanches de l'Incorruptible sera de hurler contre toute tentative d'obstruction et de ne pas laisser passer l'occasion de grimper à la tribune pour contrer les manigances ennemies. C'est là en effet sa seule arme mais elle donnera prise à de violentes critiques. Robespierre, répètent-ils, 'assiège' la tribune.

Plus le temps passe et plus Robespierre et ses partisans sont attaqués dans les journaux du parti adverse. Robespierre s'en plaignait dès le 2 avril aux Jacobins. Condorcet, Gorsas, Carra, Brissot, Louvet, sous le couvert du ministre diffusent dans les départements leurs 'écrits empoisonnés'. Roland fait imprimer le discours de Brissot et néglige de faire de même pour Robespierre; les adresses concertées se propagent dans les départements aux frais de la liste civile. En mai 92, de nouveaux abus sont découverts dans la correspondance des Jacobins (OCR 8: 335-342). On continue à ne montrer les choses que sous une face, à imiter les folliculaires de la Constituante. L'histoire se répète et les mêmes causes entraînent les mêmes effets. Argument qui va devenir fréquent chez Robespierre. Au contact du pouvoir et de la fortune, les hommes se métamorphosent et les patriotes d'hier deviennent les intrigants d'aujourd'hui. En fait, il y aurait deux sortes d'hommes; ceux qui viennent dans une société sans rien retirer que des persécutions – tel est bien sûr l'Incorruptible – et ceux qui parviennent tout à coup à des emplois lucratifs; 'or le patriotisme payé [...] est toujours suspect'. Les seconds sacrifient les principes au plus vil intérêt, préfèrent le pouvoir à l'égalité, dilapident les deniers publics pour imprimer des calomnies en vue de manipuler les départements. Et il est vrai que les manoeuvres de Roland et de ses partisans, tout comme la création du Bureau de propagation de l'esprit public, prêtent à bien des suspicions. Jusqu'au 10 août, les deux camps ne cessent de se reprocher leurs positions respectives et devant la dramatisation de la situation en juillet 92, la méfiance de Robespierre s'accentue (8: 408-420). Il en vient à reproposer la nonréélection des membres de la Législative. En vain. Les 'intrigants'

[21] Aulard, *La Société des Jacobins*, *op.cit.*, 3: 531-535. OCR 8: 297-301.

qui n'ont cessé de briguer pour leurs 'créatures' le ministère, qui ont accaparé les postes importants se refusent à servir la patrie dans des emplois subalternes. Entretemps, les ministres patriotes ont été renvoyés, une trêve a été conclue entre les frères ennemis mais l'oeil de la vigilance croit surprendre des hésitations, des tergiversations, qui ont pour but de se maintenir au pouvoir et de faire rappeler les fameux ministres. Que penser en effet de Brissot, qui à la veille du 10 Août vitupère contre les républicains régicides, hésite jusqu'au 8 août à attaquer Lafayette? Que penser de Vergniaud qui semble chercher un compromis avec la Cour ou de Lasource qui soudain veut envoyer les fédérés aux frontières? Le 27 juillet 92, la Société des Jacobins ne sait plus à quoi s'en tenir sur le patriotisme de ses membres les plus brillants.[22]

La chute des Tuileries va enfin permettre à Robespierre de sortir de l'obscurité relative où l'avait plongé la Législative. On le retrouve tout d'abord au Conseil général de la Commune et bientôt dans l'assemblée électorale. Refusant une place au Tribunal et un poste à la Justice, il devra faire face à de nouveaux reproches, qu'amplifie encore la crainte qu'il n'acquière trop d'influence à la tête du pouvoir rival. Ce qui pour Robespierre et ses partisans apparaît alors comme une occasion inédite - et légitime - pour redresser et reprendre en main la situation est en effet perçu - dès le 12 août en fin de compte - comme une usurpation du pouvoir par les Brissotins. Légitime en temps de crise, la Commune insurrectionnelle doit immédiatement se dissoudre une fois le calme revenu, d'autant que les insurgés 'se partagent déjà toutes les places'. Des places que ne veulent point perdre les amis de Pétion, qui fulmine de n'être plus que l'ombre d'un maire. La Législative exige la dissolution de la

[22] Aulard, *Ibid.*, 4: 101-168. Entre début et fin juillet, les opinions sont fluctuantes; le 13 juillet, Lasource attend avec sérénité les fédérés; le 29 juillet, il se demande ce qu'ils viennent faire à Paris au lieu d'aller aux frontières. Il en va de même de Brissot. Virulent début juillet, conciliant et modérateur après le 20 juillet. Or, c'est le 20 juillet que Vergniaud, Guadet et Gensonné tentent une dernière fois de raisonner le roi.

Commune.[23] Robespierre riposte le 1er septembre et accuse *le Patriote français* et la *Chronique* de déclamer chaque jour contre les opérations du Conseil général; il accuse la faction d'avoir transigé avec le roi, d'avoir effrayé ou caressé la cour pour obtenir d'elle des ministres de son choix' et de manipuler les élections du directoire de département (8: 451). Les massacres de septembre vont encore exacerber la haine, puisque des mandats d'arrêt ont été lancés contre Roland et Brissot, des perquisitions ont été faites chez ce dernier. Aussitôt, c'est aux dénonciations de Robespierre qu'on impute ces mesures. Car à cette date, plus que jamais, la parole est signe de vie ou de mort. Jamais parole ne fut plus performative. Robespierre le niera plus tard avec une certaine mauvaise foi. Mais ici, il rejoint en quelque sorte Guadet qui avait 'métaphorisé' sous le terme d'ostracisme son vif désir d'immoler l'adversaire.

A partir de là, les dichotomies spécifiques aux deux factions se peaufinent. Robespierre distingue entre bons et mauvais citoyens; les premiers étant de fidèles amis de la Liberté; les seconds, des hommes ambitieux, corrompus, qui seront bientôt traités de fripons, de charlatans politiques, de lâches égoïstes. Chez Brissot et Madame Roland, tous ceux qui n'approuvent pas leur politique sont qualifiés de scélérats, d'agitateurs, d'anarchistes, de factieux avant de devenir des désorganisateurs et des hommes de sang. Brissot en vient à signaler deux systèmes, celui des honnêtes gens qui désirent réformer successivement sans désorganiser tout à coup; celui des anarchistes qui tend au nivellement général, qui menace les propriétés, qui veut la loi agraire. L'un flagorne le peuple, l'autre 'le sert mieux en tendant à l'ordre'.[24] Il y a loin des violences des apprentis politiques de 1791 à la modération des hommes de pouvoir de 1792. Les charmants qualificatifs que se distribuent les factions ont d'autant plus d'importance qu'ils sont formulés à l'époque des élections que personne n'entend perdre. A l'Assemblée électorale,

[23] *Le Moniteur*, 14: 426-431 (Pétion sur l'accusation intentée contre Robespierre).

[24] *Le Patriote français*, no. 1140: 338. Jean Jaurès a justement noté, me semble-t-il, que ces dichotomies ne témoignent pas d'un conflit social ou économique mais politique. Discours de Pétion, *Le Moniteur*, 14: 426-431.

Robespierre contrôle les suffrages, vérifie le civisme des candidats et préconise contre le savant Priestley, l'homme 'pur, ferme et incorruptible' qu'est Marat. Dans l'autre camp, Brissot et ses amis redistribuent les ministères à 'leurs créatures' – seule la Justice revient à Danton – font des campagnes électorales dans les provinces. Le 11 septembre, Manon peut se réjouir: les départements ont effectué de 'bons choix'. A Paris, par contre, les élections ont été déplorables. Elles 'ont été dominées par un petit groupe d'hommes' dont 'on ne pouvait choisir que les partisans'. Un nouveau ressentiment s'ajoute aux précédents et la conscience s'acerbe que les hommes ne savent résister 'à l'attrait du pouvoir et à l'envie de dominer', ainsi que le formule amèrement Pétion.

Si les 'désorganisateurs' s'incrustent à la Commune, la Gironde non moins laborieuse ne tarde pas à réintégrer les nouveaux comités de la Convention. Ainsi, à la Commission des Neuf, l'Incorruptible rencontre seuls les 'détracteurs de Paris'. Plus la capitale se distancie des brissotins, plus ceux-ci en effet vitupèrent contre elle. Mais plus les Parisiens sont maltraités, plus ils se rallient aux Jacobins ou aux Cordeliers qui les défendent. Le dépit pousse Brissot et ses amis à caresser l'opinion publique parisienne à rebrousse-poil. Robespierre saura profiter de cette erreur de tactique pour affaiblir l'adversaire. Non seulement les brissotins auraient tout fait pour retarder le 10 Août, pour entraver la commune insurrectionnelle mais ils ont voulu donner un gouverneur au prince royal, ils ont propagé sans cesse de fausses vérités dans les départements, ils accusent Paris de tous les maux et de tous les abus et veulent déplacer l'Assemblée ou la munir d'une garde départementale, comme si les Parisiens représentaient un danger pour l'indépendance des députés, comme si celle-ci primait sur la volonté du peuple.[25] Les manoeuvres brissotines donnent matière à bien des rapprochements. Celui que formulera le jeune et nouveau député Lebas par exemple: 'Ceux qui crient aux agitateurs ont une conduite

[25] 9: 77-101. En l'an II, Robespierre adoptera un autre ton et encouragera 'son' peuple à soutenir les Comités et la Convention. Voir sur la répression des mouvements populaires: Albert Soboul, *Mouvement populaire et gouvernement révolutionnaire en l'an II* (Paris, 1973).

qui n'est pas celle de vrais patriotes; elle ressemble beaucoup à celle des Feuillants, dont ils ont à peu près adopté le style et les maximes'.[26] Robespierre n'aurait pas dit autre chose.

Dans cette lutte inexorable pour le pouvoir, Brissot, par la voix du *Patriote français,* tente de contrer l'adversaire en renversant sur lui les soupçons. Il accuse Robespierre de suivre 'une marche tortueuse mais toujours dirigée vers le pouvoir suprême, dédaignant d'abord plusieurs places, comme au-dessous de lui [...] s'élançant ensuite au fauteuil de président de la Commune d'où il espérait monter à la dictature' (no. 1178: 497). Louvet reprendra le motif le 29 octobre. Le 25 septembre 92, au lieu de célébrer l'entrée effective et paisible dans l'ère républicaine, Barbaroux avait déjà dénoncé la volonté de dictature du triumvirat et en particulier de Robespierre. Des preuves? Qu'à cela ne tienne, Barbaroux aurait entendu Panis en évoquer l'éventualité. C'est ici que Robespierre peut tirer parti de son abnégation légendaire. N'a-t-il pas sans cesse repoussé loin de lui tous les objets de l'ambition et les récompenses même du patriotisme? Ne s'est-il pas exclu lui-même de la Législative? Du reste, comment devenir dictateur quand on n'a ni trésors, ni armées, ni autorité? Quand tout cela à l'inverse est entre les mains des adversaires? Mais si ce sont eux qui ont capté tout le pouvoir et toutes les richesses, ce sont eux qui aspirent à la dictature. L'argument peut donc se retourner contre la 'coalition criminelle qui ne cesse de faire circuler erreur et imposture dans les 83 départements par le canal de papiers périodiques dont elle dispose'.

A la tribune de la toute nouvelle Convention, Brissot, Louvet, Guadet, Vergniaud, Gensonné, Lasource et bien d'autres se relaient pour accaparer la parole et passer à l'ordre du jour quand Robespierre tente de faire entendre sa voix. La lutte est dure; elle ressemble quelque peu à la période de troubles de la Constituante où l'obstruction était de mise. On vous empêche de parler, on demande la loi de proscription pour les citoyens qui vous déplaisent. Mais ceux qui agissent en ce sens, ceux qui exigent l'ostracisme pour l'adversaire, ce sont ceux-là qui aspirent à la dictature. Robespierre

[26] Cité par J. Jaurès, *Histoire socialiste de la Révolution française* (Paris, 1970) 3: 545. Aussi Lebas ne tardera-t-il pas à devenir un partisan de l'Incorruptible.

n'aura de cesse de le souligner, d'autant qu'à cette date, il faut encore séduire les nouveaux venus, détruire les préjugés qu'ils rapportent de province. L'attaque du 29 octobre de Louvet va lui permettre dans le discours du 5 novembre d'opposer aux vagues insinuations du romancier une défense simple, paisible et précise. Ici aussi, il renversera l'imputation dictaroriale pour l'attribuer à ceux qui disposent de tous les trésors de la république, de tous les postes clés. Le ton est modéré, plus modéré que celui adopté le 28 octobre aux Jacobins, quand il dénonçait l'influence néfaste de la calomnie sur l'opinion publique, quand il vilipendait une fois de plus les écrivains perfides et les hommes cupides et corrompus, qui 'dominent au Conseil exécutif', qui dominent au sein de la Convention; à tel point que 'le bureau, le fauteuil, les comités, la tribune semblent être devenus leur patrimoine' (9: 42). Et si les Girondins s'étaient contentés de disposer des places et des richesses, mais ils ne cessent de déclamer contre le peuple de Paris, contre la députation parisienne, contre les massacres de septembre. Si bien que parmi les partisans du ministre, quelques-uns en viennent à se détacher de lui. Entre autres Condorcet, tandis que Couthon, au grand dépit de Madame Roland, déserte le clan rolandien et l'accuse de vouloir 'former un noyau de forces' en vue d'arrêter et d'influencer toutes les délibérations.[27]

Inutile de dire combien cette politique fut néfaste à ceux qui dirigeaient la république, d'autant que Brissot et ses amis abandonnent définitivement la Société des Jacobins pour 'se concerter ailleurs que sous les yeux du peuple'. L'habileté de Robespierre – aidé entre autres par Marat – consistera à soulever le voile qui masque les coulisses du pouvoir. Derrière ce voile, commissions et ministères agissent dans l'ombre. Leurs membres se rencontrent en petits comités pour se consulter sur les mesures à prendre à l'Assemblée, sur la marche commune à suivre. Ces conciliabules secrets ressemblent fort à ceux des Feuillants. C'était aussi le cas le 30 juillet 92, quand, au Club select de la Réunion, Isnard et Brissot décidaient de faire envoyer Robespierre et Anthoine à la Haute

[27] Cité par Jaurès, *op. cit.*, 3: 484. Madame Roland, *Lettres à Bancal*, *op. cit.*, 350.

Cour d'Orléans.[28] L'histoire une fois de plus se répète, puisque le même bruit courait un an auparavant mais à l'époque Brissot était lui aussi menacé. Et que penser des 'dîners ministériels' de Roland qui inspireront la verve ironique de Hébert, des 'petits soupers' de Gensonné et de Dumouriez, évoqués par Marat? Que penser enfin des réunions exclusives, des 'festins' de la place Vendôme? La politique girondine se trame dans l'obscurité contrairement à celle de Robespierre qui opte pour la transparence et la publicité de la Société des Jacobins. Ces conciliabules confondus avec de somptueux festins ne seraient pas seulement synonymes de conjuration,[29] ils vont aussi être interprétés comme signes de gaspillage. Les riches parvenus que sont devenus ministres et politiques ourdissent dans la pénombre de leurs luxueux salons des complots anti-patriotiques et dépensent les trésors de l'Etat en de fastueux repas. Pendant ce temps, le peuple meurt de faim. Roland doit ainsi motiver l'emploi des vingt-quatre millions qu'on lui a assignés pour les subsistances. Quant à ses fonds secrets, Robespierre sait bien qui en a tiré profit: les 'écrivains stipendiés'.

Les arguments sur les trésors accumulés par les ministres et leurs jockets débouchent donc peu à peu sur une nouvelle dichotomie qui a souvent été interprétée en termes sociaux, mais qui, en fin de compte, se trouve dans le prolongement des polémiques politiques à l'oeuvre depuis mars 1792. D'un côté, il y a les ambitieux, les hommes cupides et égoïstes, les aristocrates bourgeois qui distribuent les places, privilégient les richesses aux principes; leur intérêt privé à l'intérêt public; de l'autre, il y a le peuple et les amis de la liberté qui optent pour le bonheur de tous et qui méprisent apparat, luxe et opulence. D'un côté, les ministres qui laissent les troupes dans le dénuement, gaspillent les deniers de la nation, trompent l'Assemblée, imputent aux soldats les défaites et protègent les

[28] OCR 8: 423-424. Sur les menaces qui planent pour Brissot et Robespierre en juin-juillet 1791, Madame Roland, *Ibid.*, 291; 296; 300.

[29] Les papiers découverts chez les Roland au printemps 1793 encouragent à penser dans ce sens. On y voit l'espion Gadol offrir à dîner aux patriotes et fraterniser avec eux 'de manière à leur laisser croire qu'on admire leur patriotisme'. *Rapport fait par le Cn. Brival au nom du Comité de Sûreté générale relativement aux papiers trouvés chez le Cn. Roland* Paris s.d.

généraux. De l'autre, les bons citoyens qui compatissent aux malheurs des miséreux et des persécutés. L'argumentation en soi n'est pas très originale mais elle paraît fondée, car non seulement les hommes au pouvoir se séparent ostentatoirement du peuple parisien mais sans cesse ils le critiquent, ils le calomnient. Et surtout, ils paraissent craindre les regards du public.[30] Roland, par exemple, tentera de réduire les tribunes et négligera l'acoustique de la nouvelle salle des Tuileries. La Révolution avait pourtant souhaité briser le mystère de l'Etat, et en bonne rousseauiste qu'elle était, elle désirait lui substituer la transparence et la visibilité. Or, voilà qu'après avoir ôté la parole aux 'vrais' patriotes, la Gironde veut ôter au peuple la publicité des séances. Lasource n'en vient-il pas à désirer que l'Assemblée délibère secrètement? A l'obstruction de la parole se surimpose l'entrave à la visibilité. Cette privatisation - ou captation - du politique serait une preuve de plus de la duplicité brissotine.

Comment tirer profit de ses ennemis

L'habileté de Robespierre sera de revenir sans cesse sur ces paradoxes et sur les analogies qui rapprochent Feuillants et Girondins. Si, lors des premiers mois de la Convention, on entend peu sa voix - 5 interventions dont une seule de quelque ampleur, mais interrompue, entre le 25 septembre et le 29 octobre, alors qu'il fait entretemps deux grands discours aux Jacobins[31] - la récurrence obstinée de ses critiques, qui se durciront au rythme de leurs

[30] La soif de transparence est omniprésente, entre autres aux Jacobins. On y voit Simond demander qu'on supprime les discours et qu'il n'y ait plus que des 'séances muettes où chacun se devine dans les yeux' (Aulard, *La Société des Jacobins*, *op. cit.*, 4: 148-149. Robespierre, le 26 messidor an II, affirmera ainsi que 'l'homme qui craint les regards de ses concitoyens est coupable' (10: 528). Ici aussi sont privilégiés la transparence rousseauiste et le 'pouvoir des signes'. Mais cela n'empêchera pas Robespierre, une fois au pouvoir, de défendre le secret des opérations du Comité de Salut public (10: 118).

[31] Entre le 25 septembre 92 et le 31 mai 1793, on peut compter 16 grandes ou moyennes interventions à l'Assemblée nationale et 27 de même ampleur aux Jacobins. Dans les premiers mois de la Convention, on refuse plusieurs fois la parole à Robespierre. La plupart des grands discours à l'Assemblée se situent aux mois de mars et d'avril 93, alors que la Convention glisse de plus en plus souvent vers la 'gauche'.

succès, contribuera à dépopulariser un adversaire qui, avec les défaites, les trahisons des généraux et les troubles sectionnaires, perd pied au printemps 93. L'hiver précédent avait, il est vrai, ranimé les polémiques et les soupçons. Les Girondins avaient tout fait pour retarder le jugement du roi. Le pouvaient-ils sans être assimilés à de célèbres précédents? Le glissement à l'oeuvre chez les nouveaux modérés se perçoit aussi bien dans le journal de Brissot que dans la correspondance de Madame Roland. Tous deux prêchent le retour à l'ordre, la destruction de l'anarchie, adoptent une terminologie de la sagesse. Le mannequin royal contre lequel Manon exprimait sa haine en 1791 est devenu Louis. Louis qui a tout à craindre des 'projets désastreux' de la Convention. Si mannequin il y a à cette date, aux yeux de Manon, c'est Robespierre entre les mains du scélérat Danton. Elle en vient à soupirer après un monde conçu pour et par les honnêtes gens, car les 'gens de bien' sont rares, les 'hommes purs sont épars'; Paris ne recèlerait plus que des agitateurs. Pourtant, le modérantisme prôné par Brissot se veut et se dit différent de celui des Feuillants; ce serait celui de la liberté et de l'égalité, celui du respect de la loi et des propriétés (no. 1323). Comme si, à cette date, l'adversaire robespierriste avait en vue autre chose!

L'habileté de Robespierre sera donc de prendre le contrepied des fonctionnaires ambitieux et de refuser tout poste lucratif. Ce sera aussi de mettre en valeur sa constance – il est toujours le héros persécuté de la Constituante – tout en s'adaptant avec souplesse aux circonstances,[32] ce sera enfin de souligner les principes au détriment des personnalités. A lire ses discours, l'impression domine qu'il ne cesse de défendre les valeurs abstraites – Peuple, Liberté, Egalité, Justice –, tandis que l'adversaire, pris dans l'engrenage du pouvoir, paraît privilégier les valeurs concrètes – généraux, ministres, amis.

[32] Contraint parfois de revoir ses opinions, Robespierre en vient à spécifier que les mesures prônées ne le sont qu'en certaines circonstances. 'On peut facilement imaginer telles circonstances où l'exil de tous les parents du roi détrôné, même de ceux qui ne seraient convaincus d'aucun délit, pourrait être regardé comme une mesure politique et nécessaire'. Décembre 92 à propos de la proscription de tous les Bourbons. *Lettres à ses Commettans* (Gap, 1961), 170. Le 8 juillet 93, il affirme qu'il faut 'approprier les choses aux circonstances' (9: 614).

Aux uns la défense de la volonté générale. Aux autres, les personnalités, l'intérêt particulier, la volonté individuelle - de pouvoir. 'Tout aux amis', écrira Brissot.[33] 'Honneur au vertueux Roland', s'écrieront Louvet, Buzot, Brissot, Lasource ou Barbaroux.

De fait, le talent premier de Robespierre paraît bien découler des fautes de l'adversaire. C'est que, comme le dirait Plutarque, son génie consiste à savoir tirer profit de ses ennemis.[34] Par sa patience, tout d'abord, qui lui suggère de ne jamais prendre de décisions à la légère. Le chat-tigre guette le bon moment pour ne pas laisser s'échapper sa proie. Prudence et calme sont ses mots d'ordre tout au long des premiers mois de 1793. Par sa vertu devenue entre-temps légendaire, qui lui permet de s'opposer à l'adversaire soupçonné - de par sa position au pouvoir - de tous les abus. Par sa vigilance et sa prévoyance ensuite qui le poussent à rechercher les motifs cachés derrière les motions les plus insignifiantes. C'est que toutes les actions de la faction adverse - composée 'des ennemis les plus fins, les plus souples' qu'il ne faut donc pas sous-estimer - dissimulent des traquenards que l'Incorruptible se fait fort de déjouer; c'est le cas du projet d'expulsion de tous les Bourbons le 16 décembre 92; c'est le cas de l'appel au peuple pour le jugement du roi, du projet de la garde départementale et de la convocation des assemblées primaires pour réviser les élections. La Révolution devient un grand décodage de signes suspects, un décryptage de conjurations subtiles concoctées dans les cabinets particuliers de la nouvelle aristocratie de magistrats. Et Robespierre, le visionnaire qui voit sans cesse ses prévisions s'accomplir, se flatte d'en être le cryptologue.

L'expérience acquise et les rivalités ont mené l'Incorruptible à se perfectionner. Non seulement il acquiert une plus grande maîtrise de soi mais son discours s'adapte plus adroitement aux circonstances et à l'auditoire. Prudhomme reconnaîtra bon gré mal gré ses

[33] Aulard, *Histoire politique*, *op.cit.*, 392. Aulard a très bien vu que l'association des Girondins est 'plus sentimentale que politique' mais cette association sentimentale n'en veut pas moins imposer *sa* politique - par le biais des amis. Manon Roland, son mari et Brissot distribueront ainsi les places à leurs partisans.

[34] Plutarque, *Comment tirer profit de ses ennemis* (rééd. Paris, 1993).

progrès dans l'art difficile de la rhétorique. Le journal, proche pourtant des Girondins, analyse les erreurs faites par le ministre Roland dans son discours du 25 septembre 92 et par contrecoup valorise Robespierre: 'pour *dépopulariser* Robespierre, il fallait comme lui s'attacher aux grands principes, être plus modeste que lui, il fallait comme lui parler du peuple avec considération et confiance, moins que lui vanter ses services rendus à la Patrie'.[35] Si la presse brissotine dénigre systématiquement à partir de fin mars 92 toute intervention de l'adversaire, Condorcet et Prudhomme avouent parfois découvrir dans les discours robespierristes 'des morceaux applaudis avec justice', des 'idées grandes, de beaux sentiments, d'heureux mouvements'.[36] Chez Brissot et Gorsas à l'inverse, l'attaque glisse progressivement sur le terrain de la 'personnalité'. Robespierre est ridiculisé; ses discours sont déformés; le personnage est caricaturé.

C'est que de plus en plus – et à l'instar des prédécesseurs feuillants ou monarchiens –, l'animosité s'exprime dans de violentes critiques sur le style ou sur la personnalité de l'adversaire. Comme si, faute d'arguments et de preuves, il ne restait plus pour ébranler une popularité qu'à rabaisser l'homme tout entier. Dépopulariser Robespierre, ce sera bien sûr le calomnier, le traiter d'anarchiste, d'agitateur, de désorganisateur, ce sera l'assimiler aux hommes de sang et à Marat mais ce sera aussi et de plus en plus minimiser son audience, la féminiser ou la 'sectariser', dévaloriser ses talents, discréditer son tempérament. Pétion, en novembre 1792, se targue ainsi de brosser un fidèle portrait – psychopathologique:

[35] *Révolutions de Paris*, no. 147: 205-207. *Chronique de Paris*, no. 311 (29 octobre) et no. 317 (6 novembre). Dans le premier numéro, Condorcet critique 'le goût des préambules [de Roland] [...] un peu trop marqué pour ne pas laisser entrevoir d'avance l'intention de produire des effets'; il accuse le ministre de vouloir 'se rendre à tout prix un personnage important'. Dans le second, il reconnaît l'éloquence de Robespierre mais demande à ce que ces querelles cessent.

[36] *ibid.* (pour Prudhomme et Condorcet). Voir aussi J.V. Delacroix, *L'intrigue dévoilée ou Robespierre vengé des outrages et des calomnies des ambitieux* (Paris, s.d.). Delacroix célèbre la 'véritable éloquence' de l'Incorruptible: 'je parle de cette éloquence douce et sensible qui émeut le coeur, qui fait verser des larmes. Il est le plus éloquent parce qu'il est le plus vertueux'. On reviendra là-dessus.

> Robespierre est extrêmement ombrageux et défiant; son tempérament bilieux, son imagination atrabiliaire lui présentent tous les objets sous les plus sombres couleurs. Impérieux dans ses avis, n'écoutant que lui, ne supportant pas la contrariété, ne pardonnant jamais à celui qui a pu blesser son amour-propre et ne reconnaissant jamais ses torts, [..] croyant toujours qu'on s'occupe de lui pour le persécuter, vantant ses services et parlant de lui avec peu de réserve, voulant par-dessus tout les faveurs du peuple, lui faisant sans cesse la cour et cherchant avec affectation ses applaudissements (*Le Moniteur*, 14: 426-431).

Tel est devenu le 'digne homme' de 1791 aux yeux de ceux qui désormais lui disputent amèrement le pouvoir. Dans ce réquisitoire de l'ancien ami sont déjà présents tous les traits du portrait thermidorien. Les partisans de Roland y ajoutent encore quelques traits; Condorcet, dans un texte célèbre, décrit l'Hercule Robespierre comme une ridicule 'puce'. Brissot impute à la folie ou à la vanité une conduite qui le gêne. Vergniaud discrédite les froides ironies robespierristes, 'roman perfide, écrit artificieusement dans le silence du cabinet',[37] pour valoriser sa propre spontanéité, signe de sincérité. Il dénie qu'un homme aussi morose, aussi apathique, aussi lâche, ait le droit de calomnier des hommes tout dévoués au bien public. Une trop grande popularité – et opiniâtreté – était dès avril 92 un motif d'ostracisme; en avril 93, c'est la psychologie d'un homme qui est prétexte à le condamner au silence, à le disqualifier.

Robespierre ne commet pas l'erreur des Girondins,[38] et pour entamer leur crédit, il tente la plupart du temps de majorer leur audience, leurs intrigues, leurs perfidies. Il exalte leurs actions et leurs talents dans le but d'en faire justement percevoir les dangers. Alors que dans un camp, on essaie de discréditer une personnalité; dans l'autre, les critiques passent au crible les actions et leurs motifs cachés. On a l'impression que Robespierre refuse de se laisser emporter par les passions pour ne s'en prendre qu'aux actes et aux manoeuvres, d'autant qu'à l'Assemblée il opte la plupart du

[37] 'Réponse de Vergniaud aux calomnies de Robespierre' (avril, 1793), in *Les plus beaux discours de Vergniaud* (Paris, s.d.), 176.

[38] Ainsi que le dira Madame Roland: 'Brissot méprisa son adversaire; il en fut renversé', *Mémoires*, 287. Les Girondins minimisèrent l'importance de l'adversaire, mais à force de le calomnier et de le ridiculiser, ils ont contribué à fortifier l'image d'un Robespierre persécuté et l'ont 'popularisé'.

temps pour la défensive. Quand il prend l'offensive, l'attaque se porte non point sur la physiologie et la psychologie mais sur l'éthique de l'ennemi. C'est le cas entre autres dans le discours du 10 avril 1793. Et il ira jusqu'à blâmer l'intervention de Danton qui porte dans le domaine public ce qui est du ressort privé: le rôle de Madame Roland au ministère.[39] Bien qu'il s'attache à poursuivre la faction intrigante, Robespierre affirme 'revenir aux principes et oublier les hommes'. Il parle dans ce sens.

Le point fort de Robespierre est qu'il a su en quelque sorte se rendre inattaquable. Il a prouvé ne rechercher ni places ni richesses, et, comme le note Condorcet: 'il vit de peu et ne connaît pas les besoins physiques; il n'a qu'une passion, c'est de parler et il parle presque toujours'. Ses seuls défauts flagrants seraient la volonté de parole et un opiniâtre orgueil. Les ennemis ne cesseront donc de lui confisquer celle-là et de survaloriser celui-ci. On va constamment lui reprocher de vouloir faire entendre sa voix, de se défendre quand il est attaqué et d'avancer comme argument d'autorité ses actions passées. Ou comme le dira méchamment Gorsas, 'ses actions passées, présentes et futures'. Or, l'éloge de soi condamné par les Girondins n'est jamais gratuit en fin de compte; il s'inscrit le plus souvent dans un contexte précis et participe d'une stratégie. Soit il sert d'argument d'autorité lors de la défense de l'accusé, soit il sert d'incitation pour freiner l'action sectionnaire ou au contraire pour l'accélérer. Ce sera cependant un lieu commun chez Brissot, par exemple, que de reprocher à Robespierre d'oublier l'objet de ses discours et de se laisser entraîner par l'irrésistible besoin de parler de lui-même.[40] L'examen de l'intervention critiquée - celle du 29 octobre 1792 - démontre qu'il n'en est rien. L'inverse aurait été du reste légitime, puisque Roland présente ce jour-là une lettre insidieuse, impliquant Robespierre dans une cabale contre le

[39] *Lettres à ses Commettans*, 48-49. Mais sans doute s'agit-il ici d'une prétérition, c'est-à-dire qu'il fait semblant de condamner pour pouvoir dire ce qu'il juge indicible à la tribune.

[40] *Le Patriote français*, no. 1178 (30 octobre 1792). Robespierre revient sur cette stratégie le 9 messidor an II pour affirmer que c'était là un système: 'il voulait nous rendre ridicules pour nous perdre' (10: 507). Sur l'éloge de soi, voir Plutarque: *Morales*, 132-136.

ministre et Brissot. Or, que demande Robespierre à travers les huées? Le renvoi de l'impression du discours du ministre et l'audition des personnes concernées. Il n'en faut pas plus pour raviver les querelles et augmenter le tumulte. Il n'en faut pas plus pour que les amis de Roland fassent bloc contre l'Incorruptible et l'accusent de vouloir une fois de plus parler de lui, rien que de lui, 'de ce qui est personnel à lui'.[41]

La Révolution, quoi qu'il en soit, contraint chacun de se louer soi-même. Face aux accusations qui foisonnent, l'éloge de soi est roi comme est reine l'argumentation par le sacrifice. Le 3 avril 1793, Brissot en vient par exemple à dérouler sa vie passée pour prouver sa bonne foi. N'est-il pas le premier républicain de France? N'a-t-il pas séjourné à la Bastille en 1782? Visité l'Amérique en 1788? Constaté que la Constitution de 1791 était au 5/6e républicaine?[42] Il en ira ainsi de tous les inculpés. De fait, dans un camp comme dans l'autre, chacun ne cessera de valoriser ses actes et son dévouement patriotique. Ainsi le fait Roland à plusieurs reprises, entre autres lors de sa montée au ministère en mars 92 ou lors de son retour à l'Intérieur en août de la même année. Brissot s'empresse aussitôt de publier le texte,[43] tandis que la Gironde applaudit en coeur le vertueux Roland. L'injustice est flagrante. Tout cela prouve qu'il s'agit non pas de critiques fondées mais de stratégies d'obstruction: il s'agit d'ôter la parole à l'adversaire.

C'est que cette parole est source de pouvoir et c'est le pouvoir que tous ambitionnent en fin de compte. La constance opiniâtre de

[41] *Le Moniteur*, 14: 337-339, et OCR 9: 73.

[42] *Le Moniteur*, 16: 54. *Le Patriote français*, no. 710. En juillet 1791, Brissot fait de même son éloge: 'Aucun parti ne me pardonnera d'avoir pour le salut public démasquer ses chefs. Ils m'ont juré une haine éternelle. Leur haine ne m'effraie pas; j'ai ma conscience pour moi; je marcherai toujours la tête levée. Je ne leur demande qu'une faveur, c'est de se montrer et de m'accuser ouvertement à un tribunal; je leur donner ma parole de les suivre et de ne jamais me soustraire au grand jour.' Avouons qu'ici le ton n'est pas si différent de celui de Robespierre.

[43] Roland écrit: 'Né avec quelque force de caractère, j'ai dû aux bons exemples dont une saine éducation environna ma jeunesse de la diriger tout entière vers les principes les plus austères de la morale [...] je méprise la fortune, je suis sensible à la gloire mais je ne l'ai jamais mise en balance avec la vertu [etc.]': *Le Patriote francais*, no. 1130. A lire cette page d'autobiographie sentimentale, ne se croirait-on pas chez Rousseau plus qu'à l'Assemblée?

Robespierre aux Jacobins, les initiatives multiples des Girondins à l'Assemblée et dans la presse en témoignent. Les discussions et querelles sur les places, les ministères, les trésors, sur les écrits empoisonnés diffusés à profusion ou au contraire escamotés par la Poste se déplacent très vite sur le terrain purement politique, sur ce qui touche au pouvoir et à la popularité. Les révolutionnaires ne s'en rendent compte que de façon diffuse; la nouveauté de la situation et l'accélération du temps révolutionnaire laissent peu d'espace à la réflexion. Madame Roland le reconnaîtra un peu tardivement.[44] Ceux qui sont réellement au pouvoir – dans les comités et les ministères – peuvent agir en vue de conforter leur popularité, d'influencer l'opinion publique, surtout celle des départements. Au fil des ans, l'action sur l'opinion publique apparaît comme le plus sûr moyen de conquérir cette renommée, réputation, gloire dont tous rêvent consciemment ou inconsciemment; et cette action s'exerce sans cesse au détriment de l'adversaire dont on va noircir les traits et les actes.

La soif de puissance, née de la vacance du pouvoir, que personne n'ose avouer pour soi-même et que tous dissimulent derrière les principes, entraîne les adversaires à se reprocher mutuellement tous les crimes, voire les mêmes crimes. Anarchie, trahison, complot, ambition. Jacobins et Girondins agiraient tous deux pour le compte de Dumouriez, de Pitt, de Cobourg, de Coblentz ... L'exaltation révolutionnaire n'en est pas à un paradoxe près, d'autant que les véritables motifs du conflit sont indicibles.

Les hommes de la Révolution ont pourtant eu leurs moments de clairvoyance, tel Prudhomme qui signale les haines que suscitent les amours-propres blessés, tel Robespierre, à propos du ressentiment de Pétion au lendemain du 10 Août, qui, déçu de ne pas avoir été élu en premier à Paris, préfère devenir le candidat de Chartres. Tel le Jacobin Hion qui refuse de croire au complot et qui ne perçoit dans les querelles qu'une simple division d'opinion. Tel Vergniaud

[44] 'Il est fort difficile de ne pas se passionner en révolution [...] Dès lors, on saisit avidement ce qui peut servir et l'on perd la faculté de prévoir ce qui pourra nuire'. *Mémoires*, 206.

contemplant avec nostalgie sa carrière passée pour se demander ce qu'il en est de sa popularité. Qui donc lui a ravie? Et pourquoi? En cet automne 1792 et ce printemps 1793, les Jacobins en viennent à craindre pour la popularité de Danton, de Robespierre, de Marat; ils envisagent des contre-mesures, fort proches de celles projetées par Mme Roland en 1791.[45] Car Roland, Brissot, Guadet, Louvet imputent aux Jacobins et aux Cordeliers tous les excès et les désordres. Des adresses indignées parviennent à Paris contre ceux qu'on appelle déjà les monstres assoiffés de sang. Sous les haines nées des conflits, les révolutionnaires découvrent une ambition exclusive. 'Ils veulent régner' s'écrie Vergniaud. 'Ils veulent régner éternellement' rétorque Robespierre. Les hébertistes ne diront pas autre chose et contre 'ces patriotes d'un jour qui veulent perdre auprès du peuple ses plus anciens amis' afin de prendre leurs places, Robespierre formulera des arguments identiques.[46] Dans ce combat à mort pour le pouvoir - cette chose inconnue et inaccessible jusqu'alors, et par là infiniment attirante - les uns flagornent le peuple parisien, les autres les départements; les uns calomnient les hommes corrompus qui se sont emparés de tous les postes clés; les autres les citoyens de Paris qui marchent avec les adversaires. En vue de dépopulariser l'ennemi avant de l'immoler: 'il est temps que les traîtres et les calomniateurs portent leurs têtes sur l'échafaud', exige le doux Pétion en avril 93; 'il faut purger Paris de tous les traîtres, exterminer les ennemis de la nation', réplique l'Incorruptible. Et cette hydre monstrueuse qui ne cesse de lever la tête, n'aurait d'autre ambition que de restaurer le trône. Comme si les désaccords devaient nécessairement mener à la ruine de la république et au retour de la monarchie. Personne ne comprit que l'hydre était celle engendrée par le rêve d'unanimité. A l'instar de Rousseau, la

[45] Madame Roland, *Lettres à Bancal*, 258 et 263. OCR 9: 150.

[46] 'Ils veulent nos places', s'écriera Robespierre le 19 brumaire de l'an II. Hébert, par exemple, aurait souhaité avoir le ministère de l'Intérieur, à la place de Paré. La vacance du pouvoir avait rendu toute ambition légitime. Voir Jaurès, *op. cit.*, 6: 411. Ou comme le dit Saint-Just, *Discours et Rapports* (Paris 1957), 168: 'Tout le monde veut gouverner, personne ne veut être citoyen'.

Révolution française s'avéra incapable de penser la diversité des opinions et des partis.[47]

La parole au pouvoir

> 'Je ne conçois pas, disait Cicéron, comment deux augures peuvent se regarder sans rire'.
> (Robespierre, *Lettres à ses Commettans*, 190)

S'il ne fait aucun doute que les adversaires irréductibles ne partagent pas sur tous les points des conceptions identiques,[48] leurs divergences n'expliquent pas qu'ils aient souhaité s'exterminer réciproquement. D'autant que les opinions sont fluctuantes et se modifient au rythme des circonstances. Ainsi Brissot, républicain en juillet 1791 voile son républicanisme en juillet 1792 pour des motifs stratégiques; Robespierre, défenseur de la Constitution en juin ne l'est plus vraiment en août de la même année. Contre la guerre quand elle n'est pas encore déclarée, il encouragera aux victoires après le 20 avril. Brissot, exagéré en 90 et 91, une fois au pouvoir, rêve d'un retour à l'ordre, de changements progressifs. Robespierre, le pourfendeur des comités, une fois au Comité de Salut public, en deviendra le meilleur avocat; il freinera les mouvements populaires, demandera qu'on ramène le peuple à ses devoirs, fulminera contre les exagérés et en viendra lui aussi à faire appel aux 'gens de bien', aux 'hommes purs et honnêtes'.[49] L'histoire se répète. Les patriotes d'hier irrésistiblement deviennent les modérés d'aujourd'hui, comme si la montée au pouvoir métamorphosait les

[47] A ce sujet, voir F. Furet, *Penser la Révolution française* (Paris, 1978); F. Furet & M. Ozouf, *Dictionnaire critique de la Révolution française* (Paris, 1987); ou N. Hampson, *Prelude to Terror* (Oxford, 1988), de même que son article dans ce recueil.

[48] A ce sujet: Furet & Ozouf, *op. cit.*, articles 'Girondins' (M. Ozouf); 'Robespierre' et 'Brissot' (P. Gueniffey).

[49] Même si la modération dont il fait preuve – et qu'il distingue du modérantisme – n'a rien à voir avec l'indulgence. A l'inverse, s'il prône la modération vis-à-vis des bons citoyens, s'il désire réprimer les abus, le châtiment des méchants, des fripons et des scélérats sera implacable. La loi du 22 prairial en témoigne. Mais, il se voit désormais traité de 'modéré' ou d'homme 'usé en république' (Momoro) et il est 'modéré' dans le sens où il défend les autorités constituées et délaisse à son tour les sections populaires.

hommes et les aveuglait quelque peu sur les véritables rapports de force. Madame Roland, si perspicace d'ordinaire, Brissot, leurs amis se trouvèrent dans cette situation. Et il semble bien que Robespierre ne fût pas épargné, puisque lui non plus ne sut lâcher les rênes et se maintint trop longuement au Comité de Salut public pour échapper au sort réservé aux hommes 'en place'. C'est qu'envisagée sous cet angle, la Révolution apparaît comme une lutte à mort pour la conquête du pouvoir. Mais une fois parvenue, la faction victorieuse se voit confrontée aux attaques de factions nouvelles qui dressent à tout moment leurs têtes hideuses (OCR 10: 396). L'hydre, ce n'est point celle du despotisme monarchique, c'est celle engendrée par la Révolution. De fait, la vacance du pouvoir permet à tous d'espérer 'régner' à un moment ou à un autre. Régner mais régner seul, puisque faute de savoir accepter la pluralité des opinions, les factions en sont contraintes à s'éliminer successivement. Dans ce temps-là, quiconque ne parle pas dans le sens des dirigeants est vu comme l'instrument du 'complot universel'. Cela vaut aussi bien pour les Girondins que pour les Montagnards. La Révolution ouvre un espace démocratique qui ne sait penser le politique qu'en termes d'unité et d'unanimité. Le 'divers' y est irrémédiablement condamné au profit de l'Un.[50]

Cette lutte s'exprime entre autres dans les discours, dans une 'compétition de discours'. Le discours meurtrier de l'insinuation, de la dénigration, de l'amalgame, de la disqualification, de l'imprécation. L'homme au pouvoir minimise ou disqualifie la faction adverse comme pour en conjurer les menaces. C'est ce que feront les Girondins vis-à-vis de Robespierre. Là où Robespierre manie le registre éthique et le met au service du politique, les adversaires faute de preuves en sont réduits à déprécier son style[51] et sa person-

[50] A ce sujet, voir aussi J. André, *La Révolution fratricide* (Paris, 1993). N. Hampson, *op. cit.*, voit le problème naître de la primauté donnée à Rousseau sur Montesquieu; il est donc en germe dès la Constituante.

[51] Gorsas in OCR 9: 73 et 131. Gorsas parle à propos du discours du 5 novembre, d'un 'ambage de circonlocutions fatigantes et de transitions à perte de vue'; ou à propos de celui du 3 décembre d'un 'dédale de phrases insignifiantes et entortillées'. Robespierre reprendra du reste cet argument pour dévaloriser à l'inverse l'élégance du style, incompatible avec un véritable patriotisme.

nalité. L'éloquent Robespierre qui savait émouvoir les foules, l'homme énergique et courageux, le patriote compatissant, le vertueux Robespierre n'est plus vu alors que comme un orateur emphatique, un parleur ennuyeux, un lâche, jaloux, envieux, avide de popularité, un dominateur morose et atrabiliaire. Les Thermidoriens n'ont donc rien inventé. Dans le portrait du chat-tigre, assoiffé de sang qu'ils ont légué à la postérité, ils reprennent à leur compte les lieux communs formulés dès les premières années de la Révolution. L'image d'une Gironde talentueuse par contre, c'est en partie à Robespierre qu'on la doit. C'est qu'il a bien souvent valorisé les talents oratoires et 'littéraires' de ses adversaires pour mieux ébranler leur crédit politique, pour mieux leur opposer les 'talents moraux'. Les Girondins, eux, ont tenté par tous les moyens de dépopulariser Robespierre. A Danton, ils pouvaient reprocher sa vénalité, à Marat sa férocité. Mais que reprocher à Robespierre, sinon nier son talent et noircir son caractère dans le vain espoir de diminuer son audience et une insupportable popularité?

A lire les discours des uns et des autres, ce qui frappe du reste, c'est leur ressemblance. Tous manient les mêmes genres (le genre délibératif, en particulier[52]), les mêmes arguments (argument de causalité, d'autorité, de dissociation, de rétorsion, argument par le sacrifice, par le modèle), les mêmes figures (métaphore, métonymie, hyperbole, litote, ironie, insinuation, amalgame, imprécation, commination). Ils en viennent à reprendre carrément la terminologie ou l'argumentation de l'adversaire pour les lui renvoyer. Bien sûr, au rythme des conflits, les référents se diversifient, mais c'est rarement pour exprimer des réalités foncièrement ou durablement opposées.[53] La grande différence réside dans l'effort de

[52] On a voulu distinguer entre les genres, attribuer à Vergniaud une prédilection pour le genre délibératif. Mais si le délibératif consiste à persuader ou à dissuader, le judiciaire à accuser ou à se défendre et le démonstratif à louer ou à blâmer, on comprendra que le premier est le genre révolutionnaire par excellence mais qu'il emprunte sa force de conviction aux deux autres, puisqu'il faut défendre ses actions passées (et incriminer celles de l'adversaire), se louer soi-même ou ses partisans (et blâmer les autres). Cf. A. Kibedi-Varga, *Rhétorique et littérature* (Paris, 1970).

[53] Voir dans ce recueil les articles de P. Gueniffey et de N. Hampson. Tout d'abord opposé à bien des idées girondines, Robespierre au pouvoir n'hésite pas à s'en approprier plusieurs. Que ce soit pour freiner la démocratie directe ou l'égalité, pour stimuler le respect de l'autorité ou le retour à l'ordre, pour rogner sur les

Robespierre pour s'adapter à son auditoire. Et c'est là une erreur incompréhensible des Girondins, qui délaissent les Jacobins, calomnient les Parisiens et limitent leurs tentatives de séduction aux départements, par le biais de la presse. Encore ne s'adressent-ils qu'à un lectorat limité, et non plus comme en 91 à l'ensemble des patriotes. Robespierre investit les Jacobins, s'impose progressivement à l'Assemblée, publie un journal pour toucher les provinces. Mais surtout, selon la tribune où il apparaît, il adopte un style spécifique.[54]

Aux Jacobins, le langage de la vertu, de la sagesse et de la bienveillance prend peu à peu un ton visionnaire, incitatif, autoritaire;[55] à l'Assemblée, il demeure longtemps modéré, conciliant, soucieux de la dignité de la représentation nationale;[56] il tente de se rallier les sympathies des hésitants, entre autres par l'appel à l'union, à l'impartialité, le rappel des persécutions endurées et la référence aux principes; les *Lettres à ses Commettans* ne reculent

droits du peuple – et lui imposer des devoirs, etc.

[54] Il en est conscient, quand il écrit: 'il ne faut point parler en tout le même langage [...] il faut que les écrits soient adaptés au caractère et à la situation des différents peuples'. Une conviction dont il a sans nul doute fait usage (*Lettres à ses Commettans*, 267). Voir aussi ses conseils rhétoriques aux Jacobins (OCR 9: 414-415), de même que son aveu du 27 avril 1792: 'portant toujours mes regards au-delà de l'étroite enceinte du sanctuaire de la Législation, mon but était surtout de me faire entendre de la Nation et de l'Humanité' (8: 308-309).

[55] Ce dont témoignent la prédominance des verbes volitifs et affectifs, les affirmations péremptoires, les questions oratoires, les marques d'énonciation beaucoup plus nombreuses qu'à la Convention – et par conséquent une fonction expressive plus marquée. Aux Jacobins, à partir du printemps 93, il est le chef – irrité, dénonciateur, volontaire, émouvant. Il joue de l'ambiguïté de certains verbes, tels que 'dire' qui est à la fois déclaratif et volitif et des interjections, exclamations, des marques d'énonciation, passant du 'je' personnalisé, au 'nous' inclusif ou au 'vous' exclusif. Il privilégie ici l'oratoire à l'argumentatif.

[56] A l'Assemblée, ce sont à l'inverse les verbes déclaratifs et les verbes de perception qui sont privilégiés, de même que l'expression du doute, l'allusion – et non l'affirmation – la modération et l'appel à l'indulgence, à l'union, au respect de la représentation nationale. A propos de la mort de Lepelletier, aux Jacobins, par exemple, il laisse libre cours à l'émotion et à l'indignation; à l'Assemblée, il en profite pour préconiser des moyens d'action. Le 26 mai 1793, aux Jacobins, il déclare se mettre en insurrection – quitte à être le seul; deux jours après, à l'Assemblée, il se donne pour l'innocent persécuté et demande attention et indulgence. Le 10 avril, il affectait le même respect, à la grande indignation de Gorsas (9: 411).

pas devant l'ironie mordante et un style plus fluide, plus journalistique[57] tandis que la correspondance – quoique bien maigre – révèle paradoxalement un sujet moins préoccupé par son 'moi' que ne le laissaient supposer les interventions publiques.[58] C'est qu'à la tribune, Robespierre entend persuader et s'y essaie entre autres en se donnant pour modèle, soit pour inciter à l'action, à la prudence, au calme, soit pour toucher l'auditoire et se le concilier. En aucun cas, il est le seul à se produire comme 'objet d'idolâtrie'. C'est là un argument de l'adversaire, bien souvent employé à mauvais escient. Car Danton, Marat, Pétion, Roland surtout lui font ici une dure concurrence. Mais il est sans doute le seul – et c'est là la raison de la fureur girondine – à l'être réellement devenu. Non seulement par la grâce d'un pathos[59] – où Vergniaud ou Marat, Danton ou Roland pouvaient à la rigueur le surpasser – mais par celle d'un ethos[60] à toute épreuve, sur lequel venaient buter en vain les sarcasmes des ennemis, d'autant que ceux-ci en leur temps avaient travaillé à le fortifier et à l'exalter.

[57] *Lettres à ses Commettans*, entre autres 1e série no. 3 ou no. 11. De même, les lettres à Pétion adoptent le ton enjoué: 'Pourquoi avez-vous acquis sur mon esprit un tel ascendant, que je ne puisse m'occuper de vous sans qu'une sensation involontaire de gaieté me saisisse?'. Et Robespierre de comparer Pétion à divers personnages de Molière. Avouons que ces références sont plutôt cocasses de la part de l'homme 'morose'.

[58] G. Michon (ed.), *Correspondance d'A. et de M. Robespierre* (Paris, 1926). Les quelques lettres de Robespierre publiées ici sont pour la plupart des commentaires sur les événements, des lettres de remerciement ou d'encouragement aux sociétés populaires. Dans l'envoi fréquent de ses discours, on pourrait certes déceler une certaine suffisance, mais est-ce un besoin de se mettre en avant ou une stratégie militante?

[59] Par pathos, nous entendons les tendances, les désirs, les émotions de l'auditoire, sur lesquels peut jouer l'orateur. Robespierre sait émouvoir et enthousiasmer les tribunes, comme on le sait. Mais, sous la Révolution, il n'est pas le seul. De fait, il ne peut émouvoir, ébranler que parce qu'on lui fait confiance. C'est de l'ethos que découle le pathos. C'est aussi ce qui ressort de la remarque de J.V. Delacroix écrit: 'il est le plus éloquent parce qu'il est le plus vertueux'.

[60] L'ethos, tel qu'il est envisagé au XVIIIe siècle par Crevier par exemple, est synonyme de sagesse, de vertu et de bienveillance. L'orateur doit surtout pour se rendre aimable et séduire l'auditoire manifester des 'moeurs douces, modestes et bienfaisantes'. J.B.L. Crevier, *Rhétorique française* (2 vols.; Paris, 1765). Ou en d'autres termes, pour 'bien dire', il faut 'bien penser'; pour bien penser, il faut 'bien vivre' et pour toucher, il faut soi-même être ému. Cf. Kibedi-Varga, *op. cit.*, 21.

YEARBOOK OF EUROPEAN STUDIES 9 (1996): 111-119

ROBESPIERRE ET MARAT

Jacques de Cock

Ne pouvant aborder ici le thème des relations entre Robespierre et Marat dans son ensemble, on l'envisagera à partir de ce qui en ressort à la lecture des *Oeuvres Politiques* de Marat,[1] angle somme toute assez inédit si l'on considère le flou artistique dans lequel ont longtemps baigné les Oeuvres et Discours de l'Ami du Peuple. Dans cette approche, il ne pourra donc être question de traiter de la philosophie politique des deux hommes, mais bien de confronter leur position devant les événements.

D'emblée, je tiens à préciser que l'historiographie me semble avoir singulièrement embrouillé l'entrée dans le sujet, en particulier tous les passionnés du mouvement révolutionnaire qui, du sein du mouvement ouvrier, se sont penchés sur les rapports de celui-ci avec sa grande soeur, la Révolution française. Tout à tour en effet, les trois ténors de la Montagne, Danton, Marat et Robespierre, ont été revendiqués par les uns et les autres comme des étais à des thèses très personnelles et ces revendications souvent très abstraites, voire arbitraires ont fixé des oppositions tout aussi superficielles que caricaturales.

L'exploitation de telles images au profit de causes futures commence dès le lendemain du 9 Thermidor, puisque parmi les forces

[1] Jean-Paul Marat, *Oeuvres Politiques, 1789-1793*, ed. Charlotte Goëtz & Jacques De Cock (10 vols.; Bruxelles, 1989-1995).

qui renversent Robespierre et le Comité de Salut public figurent non seulement des 'réactionnaires' mais aussi un courant jacobin antidictatorial qui prend Marat pour étendard. Cette situation explique que, sous la houlette de Fréron, les Thermidoriens portent Marat au Panthéon en septembre 1794, avant de le dépanthéoniser quelques mois plus tard.[2]

Un deuxième impératif surgit, celui qui consiste à rompre avec les clichés psychologiques: la froideur robespierriste et le 'bouillonnement' maratique. Marat est un homme posé, réfléchi, qui mesure et pèse chacune de ses interventions. Ce n'est pas son zèle patriotique qui le pousse trop loin, comme disent ses contemporains, mais une volonté consciente, la nécessité, dit-il, de se faire anathème, pour polariser une situation. Quant à Robespierre, il a du 'punch' et lui aussi vit la Révolution de l'intérieur, il en est 'malade' comme l'Ami du Peuple dans les périodes de recul et de désespoir. Mais alors que le parti-pris du premier est que la vie est un théâtre, une foire d'empoigne, dans laquelle il faut se frayer une voie, pour l'Incorruptible, un maintien digne, une attitude neutre, volontairement effacée doivent présider au mouvement politique, volontiers défini comme 'administration des choses', qu'il souhaite la plus conforme possible à la raison. Ce qui explique sans doute que Marat se jette dans la mêlée et prend le politique à bras-le-corps, tandis que Robespierre a toujours soin de garder ses distances.

S'agit-il là de simples complexions individuelles? Ce point de vue simpliste laisserait accroire que ces deux géants de la révolution ne se seraient pas trouvés capables de passer par-dessus leurs spécificités personnelles pour travailler de concert à l'oeuvre commune, et je ne peux, quant à moi, me résoudre à une telle réduction, étant porté à croire qu'il est plus pertinent de rechercher là une opposition de points de vue que les événements de la Révolution n'ont pas permis d'expliciter. En révolution, comme en analyse, il y a un moment adéquat pour l'interprétation, celui où se joue l'efficacité. En ce qui concerne Robespierre et Marat, ce moment n'a pas

[2] Ce sujet a été abordé dans mon exposé au Colloque sur l'an III, à Aix en Provence, en octobre 1995: 'Marat, du Panthéon à la Roche tarpéienne'.

vraiment existé, tout au plus est-il resté à l'état d'ébauche. Mais essayons de le saisir en ses différentes phases.

La Constituante

Si aucun texte, aucun document ne certifie que Maximilien Robespierre lisait l'*Ami du Peuple,* il semble pourtant peu doutable qu'il n'ait pas parcouru le journal, surtout dans la période d'août 1790 à octobre 1791, après la publication de *C'en est fait de nous,* feuille à laquelle l'Assemblée consacra plusieurs séances. Inversement, nombreux sont les témoignages de l'attention portée par Marat à l'action du représentant Robespierre, qui est pour lui *le* patriote de l'Assemblée, parfois associé à quelques autres mais toujours en première ligne lorsqu'il s'agit de décerner des éloges. Quel rôle Marat a-t-il joué dans la formation de l'image de l''Incorruptible'? Voilà une excellente thématique de recherche, d'autant qu'elle peut s'appuyer sur une certitude: Marat a considérablement travaillé à répandre une vue complémentaire, celle d'une Assemblée 'vendue' au monarque, dont il excepte alors, pour confirmer par opposition cette vénalité, un homme intègre, le patriote Robespierre.

Par ce biais, et dans plusieurs dizaines de références, Marat a ainsi contribué à sortir Robespierre de la généralité des députés à la Constituante et a oeuvré en faveur de sa popularité. Dès septembre 1790, il traite l'Assemblée nationale d''assemblage hideux d'hommes de boue' et ne voit qu'un seul député suivre les grands principes. Ce député, c'est 'Robespierre, le seul Robespierre s'est vainement élevé contre les attentats perfides des pères conscrits'. C'est lui encore qui figure comme étant le 'seul orateur patriote', un des 'vrais sages', 'au milieu de ce sénat ignare, lâche et corrompu'. Parmi les fripons, les lâches et les imbéciles, tout au long de la Constituante, Marat, tout comme les patriotes avancés, ne décèle que peu de représentants fidèles, à l'exception 'de Grégoire, Pétion et surtout l'incorruptible Robespierre'. Vertueux, intègre, incorruptible, oeuvrant en vue du bonheur général, tel apparaît, aux yeux de

Marat, le député d'Arras au cours de la Constituante. Pour le reste, 'les prétendus patriotes de l'Assemblée sont vendus à la Cour'.[3]

La Législative

L'arrivée de Robespierre dans l'arêne journalistique en 1792 correspond à la phase d'opposition la plus prononcée entre les deux hommes. En effet, d'une part Robespierre vient concurrencer Marat sur son terrain, d'autre part il le fait sur une base radicalement différente de celle de l'Ami du Peuple. Le titre de son journal – *Le Défenseur de la Constitution* – indique déjà avec précision la teneur de leur divergence.

A cette époque, Robespierre mène ce qu'on peut appeler une politique de stabilisation: défendre un certain nombre d''acquis politiques' symbolisés par la Constitution d'octobre 1791 et regrouper autour de cette défense tous ceux qui sont encore partisans de l''ouverture' de 1789, à un moment où les antirévolutionnaires et les déçus tiennent le haut du pavé (hiver 1791-1792).[4] Marat, tout au contraire, a tiré le bilan d'un échec et il propose l'analyse politique suivante: comme les choses ont été faites à moitié, la Révolution a débouché sur une situation pire que celle qui précédait. Seul un nouveau bouleversement de fond peut assurer le salut public. La logique de la Constitution de 1791, dit-il, étant à terme le rétablissement du despotisme, la défendre est une inconséquence politique majeure.

Tous deux adversaires de la déclaration de guerre, Robespierre et Marat s'affrontent néanmoins sur *la démarcation politique*. Marat ne peut comprendre le rôle de Robespierre au sein de la Société des Jacobins, qu'il définit à ce moment-là comme un 'bénitier patriotique', où les traîtres des deux premières assemblées viennent tous se refaire une virginité. Il pose donc comme condition préalable à toute collaboration politique avec cette Société, l'exclusion de La

[3] Marat, *op. cit.*, 1666, 1870, 2238, 2571, 2892, 2607, 2932, 2939, 2941.

[4] Ceci ne veut pas dire que Robespierre évite de critiquer la Constitution, mais pour lui cette critique doit rester au second plan. Il faut faire suivre la 'défense' de la Constitution de son 'amélioration'.

Fayette et de Brissot, et reproche ouvertement à Robespierre de continuer à s'y donner en spectacle.[5]

Dès mai 1792, Robespierre et Marat ont toutefois été repris sous la même bannière, fusionnés, unifiés par leurs adversaires communs comme 'le' parti ennemi... et cela au moment même où ils sont le plus en désaccord. Les journalistes affirment alors que le 'dictateur' demandé par Marat, bien qu'il ne l'ait aucunement nommé, ne serait autre que Maximilien. Cette fusion-confusion amènera les deux hommes à faire le récit de leur seule et unique rencontre, récits dans lesquels ils constatent tous deux qu'après une entrevue à l'initiative de Marat, ils se sont bien aperçus eux-mêmes de la divergence de leurs conceptions.[6] Officiellement on en restera là: sur la rencontre du début de l'année 1792, le constat d'un désaccord et l'impossibilité d'une collaboration.

Mais le durcissement marqué au printemps de 1792 par La Fayette et Brissot va rapprocher l'Incorruptible et l'Ami du Peuple. Le combat mené par Robespierre l'a laissé de plus en plus isolé politiquement, mais de plus en plus populaire, tandis que les événements d'août 1792 confirment par les faits l'analyse de Marat: ce que cherche le pouvoir depuis octobre 1791, c'est un affrontement qui mettrait un point final à la Révolution. On sait que le combat tournera au désavantage de la monarchie et rouvrira le cycle révolutionnaire...

Marat a raison, mais dans l'anonymat de la clandestinité, de la proscription qui le poursuit depuis deux ans. Danton et Robespierre sont les principaux bénéficiaires de la situation, faisant presque l'unanimité lors de l'élection de la députation de Paris à la Convention, députation dans laquelle Marat, qui n'est au départ qu'un membre très isolé, sera pourtant inclus, à l'instigation de Robespierre qui soutient sa candidature contre celle du 'girondin' Priestley.

[5] Voir l'argument 'Marat Jacobin?' dans le Guide de lecture des *Oeuvres Politiques*, 10: 1475-1510.

[6] Pour ces deux textes, voir le Guide de lecture des *Oeuvres Politiques*, 6: 1178-1180.

La Convention

Fin septembre, c'est une nouvelle fois le spectre du parti Marat-Robespierre dont se sert la faction des 'hommes d'Etat', bien implantée au sein de la Convention et soutenue par une grande partie des députés non affiliés aux Jacobins. Mais alors que Robespierre en est décrit comme le leader incontesté au moment des élections, c'est l'Ami du Peuple qui, dès le 25 septembre, fait office de tête de pont de ce qui sera dénommé la 'Montagne' et souvent aussi le 'parti jacobin' puisque tous les députés proches des Girondins seront expulsés de la Société en octobre et novembre 1792. Ce jour-là, les prises de position de Danton et de Robespierre, qui apparaissent comme un abandon de l'Ami du Peuple, ne l'empêchent pas de s'imposer seul à la Convention et de prendre ainsi une dimension politique très originale.

La position de Robespierre est difficile à cerner à cette époque, alors que celle de Marat est dès octobre très déterminée: il faut, pense-t-il, pousser la 'faction' à faire les faux pas inhérents à sa politique de 'désorganisation', faire en sorte qu'elle s'exclue elle-même de la Convention nationale, montrer que fondamentalement ses positions empêchent le véritable travail d'une assemblée de représentants du peuple. Indécis, Robespierre reprend une fonction de journaliste en publiant les *Lettres de Maximilien Robespierre à ses commettants*, mais il intervient peu au niveau des débats cruciaux qui se jouent alors dans l'enceinte de la Convention.

Danton, par contre, est l'homme-clé de la situation. Tant que subsiste l'espoir d'un accord entre lui et la faction Brissot-Guadet-Pétion, la Convention nationale conservera sa configuration première. Au moment de la rupture définitive (à la fin du mois de mars 1793), le cours des choses s'oriente vers ce qu'a prédit Marat: une auto-exclusion des 'hommes d'Etat', qui accumulent maladresses sur maladresses, au point de se mettre à dos l'ensemble de l'Assemblée.

Dans notre *Guide de lecture* concernant les événement de mai-juin 1793, nous avons beaucoup insisté sur le rôle spécifique de Marat. Présenté par nombre de biographes comme le 'boutefeu' qui sonne lui-même le tocsin de l'Hôtel-de-Ville pour appeler les sections contre la Convention, nous prouvons tout à l'inverse que Marat ne cesse d'oeuvrer pour que la Convention nationale se hausse au niveau de sa tâche. Marat s'est tenu à distance du comité de l'Evêché et a maintenu son rôle *dans* la Convention.

On sait que dans les principes, Marat n'a pas la même conception de l'insurrection que Robespierre. Là où ce dernier y voit un ultime recours lorsque tous les autres moyens ont été tentés sans succès, Marat insiste sur le refus permanent de l''obéissance passive', même à la Loi, car la véritable Loi serait seule celle qui transforme l'homme en citoyen actif et responsable. Dans la circonstance des événements des 31 mai - 2 juin 1793, leurs attitudes se rejoignent par contre concrètement, et ce n'est pas la première fois depuis la mort du roi.

Un texte scelle ce moment de collaboration. C'est le seul texte à ma connaissance qui porte la signature conjointe de Marat et de Robespierre, une adresse intitulée *Les députés du département de Paris à leurs commettants* et datée de la mi-février 1793.[7] Traditionnellement ce texte est attribué à Robespierre, parce que sa signature vient en tête de celles des députés au bas de l'adresse. Mais ce fait n'a d'autre cause que la position de Robespierre dans l'ordre des élections à la députation de Paris en septembre 1792, la suite des signatures respectant d'ailleurs rigoureusement cet ordre. Or, si l'on se réfère aux incidents qui ont lieu à cette date à l'Assemblée – ce texte-clé marque en effet le début de la rupture avec les 'Enragés' qui viennent de s'organiser en comité à l'Evêché – l'Adresse doit sans doute plus à Marat qu'à Robespierre, dont l'attitude est toujours aussi réservée. Une analyse stylistique de l'adresse en question revêtirait donc une grande importance, d'autant que la tradition historiographique que nous évoquions en commençant, persiste à situer Marat du côté des 'boutefeux', récusant sa position d'analyste politique, lequel dit en substance: l'exacerbation des questions sociales ne peut, dans les circonstances présentes, qu'amener plus sûrement la restauration du despotisme.

[7] Voir *Oeuvres Politiques*, 9: 5712-5717.

Or, les conditions d'exercice de la liberté naissante que Marat vient de décrire dans son *Opinion sur le Jugement de Louis XVI*, un texte qu'il réédite dans sa propre imprimerie après l'exécution du roi, mènent nécessairement à une telle analyse. Marat s'y pose clairement en partisan de la représentativité et en défenseur de la Convention. Les différents assauts qu'il mène contre Fournier, l'attaque finale qu'il portera contre Jacques Roux quelques jours avant sa mort ne sont pas des anecdotes, mais un moment essentiel de son parcours politique. Tant en amont qu'en aval, les prises de position de Marat explicitent ainsi le fond de son attitude lors des journées de mai-juin 1793.

Deuxième temps fort de la réflexion de Marat en l'an I: pour établir la liberté politique, il faut assumer pour un temps un 'despotisme de la liberté' justifié par l'urgence du salut public. Jusqu'à quel point Robespierre est-il l'héritier de cette conception de dictature de salut public? Il est impossible de répondre à cette question. On peut tout juste constater que quelques jours après la mort de Marat, l'Incorruptible sort de sa réserve et entre au Comité de Salut public. Mais celui-ci apparaît, notamment à cause de l'absence de Marat, affaibli face aux 'Enragés' et doit concéder en septembre des mesures que l'Ami du Peuple avait vivement déconseillées, telle la loi du maximum. D'autre part, Robespierre éprouve les plus vives difficultés à faire face à ceux qui, avant et après Thermidor, chercheront à infléchir un pouvoir justifié par l'urgence du salut public et à lui substituer un régime permanent de dictature des comités, funeste fusion des trois pouvoirs.

Epilogue

J'ai volontairement évité toute allusion aux mouvements de 'rivalité' et de 'jalousie', évoqués complaisamment par les biographes qui oublient trop souvent d'une part que les hommes dont ils parlent avaient eux aussi un retour sur eux-mêmes, et que, d'autre part le 'recul du temps' n'accorde nullement un brevet de lucidité au biographe, qui tend quelque peu à projeter sa propre personnalité sur le personnage qu'il étudie.

Pour le reste, laissons aux amateurs de 'scoops' la rituelle question de savoir si l'Ami du Peuple aurait gouverné avec Robespierre et rendu son 'règne' plus 'sanguinaire' encore, s'il serait mort sur son échafaud ou s'il aurait renversé le 'tyran'. Et convenons plutôt que l'absence de Marat dans une situation politique qu'il avait largement contribué à former, reste une donnée centrale de l'an II, et qu'elle n'a pu manquer de préoccuper l'Incorruptible jusqu'à la fin.[8]

[8] Je tiens à remercier Charlotte Goëtz pour avoir relu et amélioré ce texte.

YEARBOOK OF EUROPEAN STUDIES 9 (1996): 121-141

LE ROBESPIERRISME DE JACQUES-LOUIS DAVID

Philippe Bordes

La collaboration entre David et Robespierre, entre l'artiste et l'homme politique, est généralement présentée comme allant de soi. En confiant ses projets culturels au plus grand artiste de son temps, l'Incorruptible fit certainement preuve de discernement. Ce n'est pas le plus mauvais jour sous lequel appréhender un personnage aussi controversé que Robespierre que de le présenter comme un stratège inspirant l'artiste. Des esprits critiques à l'égard de David et de ses activités politiques voient dans cette collaboration un aveuglement, une compromission, un abus de pouvoir aux dépens des autres artistes. Ils se retrouvent néanmoins d'accord avec ceux que fascinent les années révolutionnaires de David, au moins sur un point: sous la Terreur, il est difficile de l'imaginer ailleurs qu'auprès de Robespierre. L'influence prépondérante de Robespierre sur le Comité de salut public trouverait son parallèle dans l'influence que David aurait exercée sur le Comité d'instruction publique. Après Thermidor, un familier de la vie artistique s'empressa de dénoncer les dégâts provoqués sous la Terreur par l'exercice de 'la volonté toute puissante' du 'Robespierre des arts'.[1]

[1] 'Réflexions sur l'établissement d'un jury des arts', copie manuscrite (d'un texte imprimé?), probablement par Antoine Renou, an III, Collection Deloynes (BNF), LVI, pièce 1729, H: 285.

Indéniablement, pendant un temps les deux hommes sont très proches. La déclaration de solidarité proférée par David en pleine Convention le 8 thermidor – 'Je boirai la ciguë avec toi' – après la curée, alors que Robespierre n'a plus aucun espoir d'en réchapper, résonnera longtemps comme une voix isolée au milieu du flot d'invectives. Dans le *Nouveau Paris*, publié en 1799, Sébastien Mercier s'en souviendra avec sarcasme: '[David] voulait boire la ciguë avec Robespierre parce qu'il avait fait un mauvais tableau de la mort de Socrate'.[2] L'ostentatoire formule de fidélité adoptée par David le 8 Thermidor renvoie à des complicités, à des collaborations, à des vues partagées, toutes récentes, mais elle ne les détaille pas. L'imprudence politique du propos ne permet même pas de croire à la sincérité de son auteur, car à la Convention, à l'exception de quelques rapports préparés, David se signale toujours par des irruptions vives et brèves, et non par des argumentations ou des exposés. Sa spontanéité, censée produire un effet de vérité, fait partie de la tactique montagnarde.

Comme on le sait, David ne donnera pas suite à sa retentissante déclaration d'intention et ne mourra pas avec Robespierre. Même sans ce renoncement et l'ombre qu'il jette sur sa sincérité, on n'aurait pas pu écarter l'idée d'une entente purement stratégique, cynique et intéressée, entre les deux hommes: Robespierre tirant profit du prestige et du talent de David, celui-ci obtenant au moyen de cette relation un immense pouvoir sur les projets culturels du gouvernement. En fait, la vérité des sentiments ne modifie en rien le statut objectif de ce qui fut une *alliance*. Pour en comprendre le sens, il faut examiner les affinités qui se déclarent en l'an II à l'occasion de collaborations étroites, notamment la préparation de la fête de l'Etre Suprême et l'organisation du culte de Bara. Cette relation sera évoquée essentiellement à partir de la position du peintre, en précisant ce qu'était le robespierrisme de David, son histoire, ses contours et son expression. Les commentateurs du tableau de *Bara* ont abordé le sujet de manière nuancée.[3] Mais, au

[2] L.-S. Mercier, *Le Nouveau Paris*, ed. J.-C. Bonnet (Paris, 1994), 228.

[3] En particulier, R. Michel, 'Bara: du martyr à l'éphèbe', in *La mort de Bara* (Avignon, Musée Calvet, 1989), 43-77. 'Les textes font foi: on n'oubliera jamais,

fond, on continue à penser que David fut un *fanatique* de Robespierre, pour reprendre le terme qu'emploie après Thermidor Marie-Joseph Chénier, non pour l'accabler mais pour l'excuser;[4] autrement dit, on lui prête une adhésion quasi spontanée à tout ce que le politique lui propose. On se satisfait, en fin de compte, de la proposition confinant à la tautologie, selon laquelle David fut robespierriste parce qu'il apporta son soutien à Robespierre.

Il existe une approche explicative différente. Pour commencer, il faut souligner l'éloignement qui caractérisait les positions respectives des deux hommes en 1789. Le mouvement qui s'ensuivit se réalisa par étapes et par des déplacements de l'un et l'autre, de l'un vers l'autre. Leurs sentiments réciproques doivent considérablement évoluer avant que les deux députés à la Convention puissent s'asseoir sur le même banc de la Montagne (septembre 1792). Au passage, il faut rappeler l'attitude - ambiguë - de Robespierre envers les arts, le statut de bien privé et la fonction sociale, que, sous l'influence de Rousseau, il leur accorde. Enfin, il faut tenir compte des images posthumes de Robespierre tracées par David: la figure post-thermidorienne qu'il érige, cette fois clairement par stratégie, pour sauver sa peau, lorsqu'il est pressé de s'expliquer par ses collègues conventionnels, devenus ses juges; et la figure ultime du souvenir que le vieux peintre exilé à Bruxelles jette en patûre à la postérité quand il se confie à quelques intimes sûrs. Ces représentations rétrospectives de Robespierre, l'expiation impossible du geste inaccompli du suicide, condensent un sentiment de fidélité qui était de l'ordre du fantasme.

En 1789, lors de la convocation des Etats généraux, David vient d'avoir quarante ans. Depuis presque dix ans, il jouit d'une renommée européenne grâce à ses envois au Salon, et d'une situation très enviable de *peintre du roi* logé au Louvre, à la tête d'un atelier d'élèves qui réunit les jeunes les plus prometteurs du moment. La

en regardant le *Bara*, sous peine de contresens, cette vérité première: c'est un tableau robespierriste' (43).

[4] M.-J. Chénier à la Convention le 30 novembre 1794, intervention en faveur du peintre incarcéré. J. David, *Le peintre Louis David* (Paris, 1880), 237.

somme que les époux Lavoisier venaient de lui payer pour leur portrait prouve qu'au sein de la société mondaine et libérale qu'il fréquente, il peut faire fortune avec ses pinceaux. David devrait donc s'estimer un artiste comblé. Pourtant, les confidences qu'il fait à ses élèves révèlent un homme frustré et insatisfait. En raison de son talent supérieur, de son succès public et de son esprit d'indépendance, il se heurte sans cesse aux contraintes qu'impose le système de l'Académie royale. A l'instar de nombreux pamphlétaires de son temps, il n'hésite pas à faire l'analyse politique de la docilité exigée par le régime comme prix des privilèges académiques. Le modèle anglais, qu'il croit être plus ouvert aux talents et aux esprits indépendants, conforte et oriente son désir de réforme. Il frappe un grand coup en septembre 1789, sans toutefois quitter son rôle habituel, lors du Salon de peinture et de sculpture que l'Académie organise tous les deux ans pour ses membres. Son *Brutus*, sombre évocation des exigences terribles de l'Antiquité républicaine, rompt avec la conception académique de l'unité et de l'ordonnance, tandis que dans la foulée de la Révolution de l'été 1789, la critique la plus radicale se réfère au tableau pour sermonner le roi. Sans tarder, l'artiste conforte sa réputation de patriote en se mettant à la tête des académiciens dissidents qui veulent briser le pouvoir absolu de la direction sur l'institution.[5]

Comme la plupart des observateurs qui suivaient les Etats généraux à Versailles, David ignorait tout du dénommé Robespierre, de dix ans son cadet, l'un des huit députés de la province d'Artois. On sait qu'à la différence d'un Mounier, d'un Barnave, d'un Sieyès, d'un Mirabeau, et d'une poignée d'autres députés, Robespierre ne jouissait pas encore d'une réputation nationale, malgré quelques mentions flatteuses dans le *Mercure de France*. Toutefois, les

[5] Sur les positions critiques de David à la veille et au début de la Révolution, il existe une bibliographie abondante qui reconsidère les études de référence de L. Ettlinger (1967), R. Rosenblum (1967), et de R. Herbert (1972). Voir notamment R. Michel, *David e Roma*, (Rome, Académie de France, 1981-1982); Ph. Bordes, *Le Serment du Jeu de Paume de J.-L. David* (Paris, 1983); Th. Crow, *Painters and Public Life in Eighteenth-Century Paris* (Yale University Press, 1985); Ph. Bordes, 'J.-L.David's Anglophilia on the Eve of the French Revolution', *Burlington Magazine* (août 1992): 482-490.

nombreuses plaidoiries de l'avocat, la rédaction de pamphlets et une campagne difficile pour assurer son élection lui avaient procuré une expérience politique considérable. Il connaissait les milieux de la haute bourgeoisie et de la noblesse, dont il avait partagé pendant plusieurs années à Arras les mondanités cultivées: en 1786, il avait même été nommé directeur de l'académie royale des belles-lettres de la ville. Mais le trait le plus significatif de son travail d'avocat avant 1789 était son empressement à défendre les intérêts de ceux qu'il décrivait comme 'les moins caressés par la fortune'. Il arriva à Versailles, ayant un compte à régler avec son milieu, et avec tous ceux qui, d'une manière ou d'une autre, profitaient de privilèges et de protections.

Au printemps 1793, Sylvain Maréchal attaquera David en lui rappelant qu'il avait bien su profiter de l'Ancien Régime en mettant 'son talent aux gages d'un roi'; mais en 1789, Robespierre n'aurait pas eu idée de le lui reprocher. En revanche, il aurait probablement critiqué les liens étroits du peintre avec les riches, les fermiers généraux, les banquiers, les parlementaires et les 'cordons bleus' de la capitale, qui le soutenaient. Il désapprouvait la mainmise de cette élite sur la création artistique. Tout au long de la Révolution, il défendit un idéal qui laisse peu de place à la jouissance de l'œuvre d'art en tant que bien privé. Comme il dénonça sans relâche l'opulence et le luxe, on peut penser que son attitude envers le monde brillant de l'art consistait plutôt à s'en défier, à l'instar de Rousseau qui écrit dans l'*Emile*: 'Ceux qui nous guident sont les artistes, les grands, les riches; et ce qui les guide eux-mêmes est leur intérêt ou leur vanité. Ceux-ci pour étaler leur richesses, et les autres pour en profiter, cherchent à l'envi de nouveaux moyens de dépense.' Dans ce passage, Rousseau stigmatise 'ces importants qu'on n'appelle pas artisans mais artistes, travaillant uniquement pour les oisifs et les riches, [qui] mettent un prix arbitraire à leurs babioles, et comme le mérite des ces vains travaux n'est que dans l'opinion, leur prix même fait partie de ce mérite et on les estime à proportion de ceux qu'ils coûtent.' Et un peu plus loin, il fustige le système qui réserve le Salon aux seuls membres de l'Académie: 'Il y faut même être protégé pour obtenir au coin d'un mur quelque place obscure.'[6] Dans son discours majeur sur les moyens de sauver la patrie, prononcé le 10 février 1792, Robespierre développera radicalement l'antienne anti-académique: 'en général, tous les corps, tous les hommes en place, ont un intérêt à part, un esprit opposé à celui du peuple.' En somme, le député d'Arras n'avait aucun intérêt en 1789 à rejoindre les admirateurs de David. D'autant moins que, si l'on vantait l'inspiration patriotique du fameux *Brutus*, on disait l'artiste soucieux de sa propre célébrité et séduit par les idoles du jour, Necker, Bailly et La Fayette, ce dont témoigne l'affaire des portraits de Français illustres que le roi de Pologne lui commanda à cette époque.[7]

L'isolement de Robespierre durant la première année de l'Assemblée constituante et ses difficultés à s'y imposer comme orateur ne l'empêchent pas d'acquérir un ascendant durable sur les Jacobins, dont il présida les délibérations dès la fin du mois de mars 1790. C'est sans doute là que David l'a rencontré pour la première fois. En septembre 1790, le peintre était membre du club, 'qu'il paraît affectionner beaucoup', si l'on en croit un de ses élèves; cette adhésion, remontant probablement à l'été, eut lieu peu après la séparation avec sa femme, qui n'aurait pas approuvé sa passion nouvelle pour la politique. En octobre, par l'intermédiaire de Dubois-Crancé, le peintre demanda aux Jacobins de parrainer son projet d'une immense toile du *Serment du Jeu de Paume* pour la salle des séances de l'Assemblée nationale.

En mai 1791, les Parisiens furent invités à voir le dessin de la composition dans son atelier. Il est impossible de savoir exactement à quel moment David désigna comme étant *Robespierre* le guerrier antique, figurant dans un carnet de croquis et repris, en habit contemporain, sur le premier plan de la scène. Le nom de Robespierre figure bien sur la liste des 'députés des Jacobins', notée par l'artiste dans son carnet. Pourtant, aucune des annotations qui détaillent les attitudes des principaux députés ne le concerne. A

[6] Les citations de Rousseau (*Emile*) figurent dans le recueil documentaire de B. Saint Girons, *Esthétiques du XVIIIe siècle. Le modèle français* (Paris, 1990), 199.

[7] Bordes, *op.cit.* (1983), 137-147.

cette étape initiale du projet, Robespierre est absent, à la différence de Mirabeau, Barère, Sieyès, Barnave, Gouy d'Arcis, Pison du Galand, Reubell, Maupetit et bien d'autres encore.

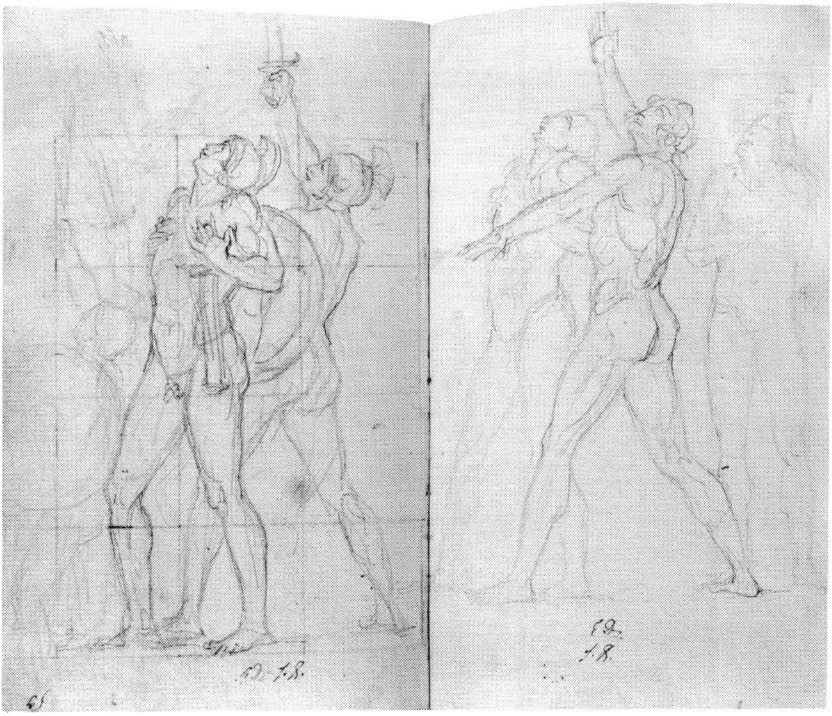

Jacques-Louis David, *Carnet de croquis pour le Serment du Jeu de Paume* (f. 52v-53r), 1790. Versailles, Musée national du château.

Ainsi David aurait-il placé Robespierre sur le devant du *Serment du Jeu de Paume* assez tard, vers le commencement de l'année 1791, en réponse à la renommée croissante de l'Incorruptible. Sa brochure sur l'organisation des gardes nationales, visant à empêcher que le statut de citoyen-soldat ne soit réservé qu'aux seuls riches, publiée à la fin de 1790 et largement diffusée par les clubs, comprenait d'ailleurs une référence à l'esprit du 20 juin 1789:

> Brisons ces vaines idoles, que le charlatanisme et l'intrigue élèvent tour-à-tour, et qui ne laisseront à leurs adorateurs que la honte de les avoir encensées: n'adorons que la patrie et la vertu. Ne sommes-nous pas ces représentants du peuple français qui lui avons juré solennelle-

> ment au jeu de paume de nous dévouer pour sa cause; ces hérauts du législateur éternel, qui en affranchissant une nation par la seule force de la raison, devaient appeler toutes les autres à la liberté?[8]

Cette évocation enflammée ne pouvait que plaire à David et le rassurer quant à la justesse politique de sa tentative pour élever la représentation d'un événement fondateur de la Révolution à la dignité de la peinture d'histoire.

La diffusion des discours de Robespierre au printemps 1791, contre le régime censitaire et en faveur du renouvellement complet de l'assemblée nationale, parachevèrent son image de garant du projet égalitaire de la Révolution et de censeur de toutes les compromissions, celle-là même que David traça dans le *Serment du Jeu Paume*. Devant le dessin exposé à l'automne au Salon, un critique anonyme, qui se dit partisan des Pétion, des Buzot, et de 'tous ceux qui furent incorruptibles' à la Constituante, et qui couvre d'opprobre le 'faquin petit maître' Barnave, réserve son enthousiasme pour Robespierre: 'Cet homme *respectable* à tout jamais est rendu dans toute la vérité possible. Les deux mains jetées avec force sur la poitrine, sa tête élevée, semblent dire, *Oh oui je le jure de cœur et d'âme ce serment sacré...*'[9] La chemise défaite, le corps exposé, cette figure se rattache plutôt à l'iconographie chrétienne de la souffrance ostentatoire (chez Ghiberti et Mantegna, par exemple) que du décorum antique. C'est une posture de l'excès qui se consume, à l'écart de la fraternité qui enchaîne et oriente les députes. La figure n'est pas dans la norme: de ce fait, le projet politique de cet exalté serait problématique aux yeux de David, comme le suggère le choix de placer à proximité de lui le modéré Dupont de Nemours, le contradicteur qui agit à contre-courant du mouvement général convergeant sur Bailly. Rien ne dit que Robespierre ait approuvé cette mise en scène sublime de son patriotisme. Il se plaignait de voir ses adversaires caricaturer ses 'sentiments droits et généreux par le reproche d'excès et d'exagération': ne devait-il pas

[8] OCR 6: 641-642.
[9] Bordes, *op.cit.* (1983), 75.

craindre que pareille exhibition de son corps en extase ne porte atteinte à sa crédibilité en tant que personnage politique?[10]

Jacques-Louis David, *Dessin du Serment du Jeu de Paume* (détail: Robespierre), 1791. Versailles, Musée national du château (dépôt du musée du Louvre).

[10] A. de Baecque, *Le Corps de l'histoire. Métaphores et politique (1770-1800)* (Paris, 1993), 241-243.

Un autre portrait de Robespierre, exposé également au Salon de 1791, révèle comment il préférait sans doute être figuré.

Adélaïde Labille-Guiard, *Maximilien Robespierre*, huile sur toile, 1791. Collection privée.

Sollicité en février par son auteur, Adélaïde Labille-Guiard, membre de l'Académie royale, il lui avait répondu avec afféterie: 'On m'a dit que les Grâces voulaient faire mon portrait. Je serais trop indigne d'une telle faveur si je n'en avais pas senti tout le prix.'[11] La sobriété du costume du député d'Arras rehausse l'élégance des accessoires: la dentelle de la cravate et des revers aux manches, les deux montres en pendeloque prescrites par la mode, l'épée, symbole d'une revendication sociale. Robespierre aurait donc voulu offrir une image d'assurance et d'urbanité, bien éloignée de la singularité que lui valait sa notoriété politique.

A cette même époque, l'automne 1791, le sculpteur Claude-André Deseine, sourd-muet de naissance, modela un buste de Robespierre qui adopte une position médiane entre l'attitude convenue du portrait par Labille-Guiard et la pose emphatique que lui avait attribuée David. Cette effigie séduisante, animée, presque anxieuse, n'exprime pourtant ni la puissance oratoire (voir *Mirabeau* par le même sculpteur), ni l'héroïsme à l'antique (voir *Barnave* par Houdon). Ce buste vivant appartient à l'univers politique du club des Jacobin plutôt qu'à l'Assemblée nationale. Deseine voulut l'offrir au club en décembre 1791, en même temps que le buste de Pétion, ce qui suscita la proposition de les 'couronner'. Du coup, un membre rappela que le mois précédent il avait été décidé qu'aucun citoyen ne devait avoir de son vivant son buste placé dans la salle des séances. Pendant tout ce temps Robespierre demeura silencieux, mais il semble avoir été impatient de reprendre la discussion sur la guerre et de prononcer le discours qu'il avait préparé.[12]

[11] A.-M. Passez, *Adélaïde Labille-Guiard* (Paris, 1973), 248-249.

[12] Sur la séance des Jacobins du 18 décembre 1791, voir P.-J. Buchez et P.-C. Roux, *Histoire parlementaire de la Révolution française* (Paris, 1834), 12: 376-381; E. Hamel, *Histoire de Robespierre* (Paris, 1865-1867), 2: 46; G. Walter, *Robespierre* (Paris, 1946), 241-243. Le rapprochement avec le modèle en terre cuite, signé et daté de 1791, conservé depuis 1986 au Musée de la Révolution française de Vizille – voir reproductions – est dû à Maria Antonietta De Angelis (manuscrit, 1992). Sur l'attitude de Robespierre à l'égard de la diffusion de son buste, voir aussi son intervention aux Jacobins le 17 avril 1792; OCR 8: 281 (référence aimablement fournie par A. Jourdan).

Claude-André Deseine, *Maximilien Robespierre*, terre cuite, 1791. Vizille, Musée de la Révolution française.

Dans leurs *Mémoires*, Barbaroux et La Revellière-Lépeaux affirment que chez Duplay, où Robespierre s'était 'impatronisé', on voyait ses portraits un peu partout, et son buste trônait au centre d'une sorte d'autel, entouré de vers et d'hommages divers.[13] Leurs descriptions rétrospectives de la chambre, impossibles à vérifier, visent évidemment à établir un rapport entre l'égoïsme et le narcissisme du 'tyran'. L'incident aux Jacobins prouve cependant que Robespierre aurait plutôt découragé la diffusion de son image dans l'espace public. La légende de la Maison Duplay transformée en musée à la gloire de l'Incorruptible n'est d'ailleurs que le corollaire malveillant de l'iconophobie qu'ont dû constater les contemporains, habitués au flot de portraits gravés. Conscient des pièges que tendait la radicalisation de la Révolution, Robespierre pouvait s'irriter de voir circuler de petits médaillons, gravés quelques années plus tôt, où il figurait en compagnie d'un Mirabeau ou d'un Roederer. Plus encore que les engouements passagers qu'avait engendrés la popularité politique sous la Constituante, sa défiance était vive envers tout ce qui tendait à 'concentrer [les passions du cœur humain] dans l'abjection du moi personnel' (OCR 10: 354). Sous la Terreur, se faire portraiturer n'était plus pour lui une 'faveur' comme en 1791, mais virtuellement un crime.

Si l'on l'excepte un modeste physionotrace de 1792 et un portrait gravé, 'dessiné d'après nature pendant sa présidence à la Convention nationale au mois d'août 1793', mais en fait d'après le physionotrace, les portraits de Robespierre jusqu'en Thermidor furent des copies ou des inventions. A partir de 1792, il confie à ses textes, d'une ampleur nouvelle, le soin de le représenter. Son discours en février 'sur les moyens de sauver la patrie' contient plusieurs thèmes qu'il allait développer jusqu'en Thermidor. Il y préconise deux 'mesures simples et grandes, pour propager rapidement l'esprit public et les principes de la Révolution': l'institution de fêtes nationales et l'encouragement d'un théâtre patriotique. A propos d'une fête dans l'esprit de la Grèce antique, où seraient couronnés ceux qui 'avaient illustré leur pays et enflammé les cœurs de leurs citoyens du feu sacré de la vertu et de la liberté', Robespierre songe à 'l'auteur du *Contrat Social*, d'*Emile*, l'auteur de la tragédie de

[13] *Mémoires de Barbaroux*, ed. Alfred-Chabaud (Paris, 1936), 144. Voir la réfutation de E. Hamel, *op.cit.*, 2: 360-362. *Mémoires de La Revellière-Lépeaux*, ed. O. La Revellière-Lépeaux (Paris, 1895), 1: 114-115.

Brutus, celui du tableau de *Brutus*, de la *mort de Socrate*, et du *Serment du Jeu de Paume*'. Il est surprenant de le voir ainsi placer David, un peintre vivant, aux côtés de deux illustres disparus, dont un, Voltaire, était déjà admis au Panthéon. Dans son rapport de mai 1794 qui aboutit à l'instauration du culte de l'Etre Suprême, Robespierre flatte à nouveau le peintre, en mettant cette fois sa gloire au niveau de celles de Lapérouse et de Newton. On s'explique difficilement ces louanges bien impolitiques. Robespierre était-il entraîné par le consensus qui existait alors sur le talent de David? Etait-ce parce que celui-ci était son unique lien avec la peinture, passé et présente, sujet qui l'ennuyait? Il est vrai que David s'était identifié à la Révolution, de manière aussi singulière que spectaculaire, dans un premier temps grâce à *Brutus* et au *Serment du Jeu de Paume*, en 1793 grâce à *Lepeletier* et à *Marat*. Les deux hommages publics que lui rend Robespierre n'étaient pas sans fondement. Devant ses collègues de la Convention qui le 13 thermidor an II débattaient de sa mise en accusation, le peintre prétendit que ces louanges le gênaient: 'Je vous assure que je ne fus pas peu surpris quand [...] je l'entendis proférer mon nom à cette tribune. Enfin, citoyens, je vous assure qu'il me faisait plutôt la cour qu'on ne peut dire que je lui aie faite.'[14]

Au début de l'année 1792, celui qui 'fait la cour' à l'autre, c'est David. En avril, il se charge de l'organisation de la fête en l'honneur des soldats de Châteauvieux, annoncée par Robespierre en février. Sans son appui et celui de Marat (qui figure déjà dans un coin du *Serment du Jeu de Paume*), David n'aurait jamais été victorieux de la campagne que Collot-d'Herbois et Sylvain Maréchal menaient contre son élection à la Convention nationale. David joua ensuite un rôle dans la charge contre les Girondins en avril-mai 1793 et accomplit de basses manœuvres pour influencer le jury lors du procès de Danton en avril 1794.[15]

[14] *Le Moniteur* (réimpression Paris, 1847), 21: 368.

[15] Voir notre étude, complémentaire à celle-ci, '*Brissotin enragé, ennemi de Robespierre*: David, conventionnel et terroriste' in Actes du colloque *David contre David* (Paris, 1993), 1: 321-347.

En 1793 pourtant, les entreprises de David ne peuvent être qualifiées de robespierristes. Le tableau de *Lepeletier* fut une initiative de l'artiste-député à l'adresse de ses collègues de la Convention. L'hommage à *Marat* le mit étroitement en relation avec les Cordeliers. La préparation de la fête de l'Unité et l'Indivisibilité de la République qui eut lieu le 10 août fut une collaboration avec Hérault de Séchelles. Au cours de leurs rencontres régulières, chez Jullien de la Drôme ou chez Duplay, Robespierre eut certainement l'occasion de féliciter David d'avoir mis son talent au service de la patrie. Mais l'entrée du peintre au Comité de sûreté générale en septembre le démontre, ce fut seulement à l'automne 1793 qu'enfin il devint pour Robespierre un homme sûr.

La fidèlité que David lui accorda n'était en rien obsessionnelle ni dévorante. Son quotidien était rempli par tout ce qui concernait le domaine artistique, pour lequel l'Incorruptible ne témoignait que de la réserve. Dans son discours-programme du 5 février 1794 'sur les principes de morale politique qui doivent guider la Convention', Robespierre rêve d'une société régénérée 'où les arts [seraient] les décorations de la liberté qui les ennoblit', mais il n'en dira guère plus. Son enthousiasme se fixe sur les 'emblèmes sacrés de la liberté' et les 'pures devises du civisme et de la vérité' déployés lors des fêtes, rarement sur les tableaux ou les sculptures (OCR 10: 352). Comme ces femmes patriotes qui se plaignaient en 1793 de voir la cocarde devenir un 'objet de luxe',[16] il devait estimer que les œuvres d'art menaçaient toujours de corrompre les valeurs républicaines dont elles devenaient le support.

Une véritable collaboration entre les deux hommes ne se réalisa qu'à partir de la demande des honneurs du Panthéon pour le jeune Bara, faite par Robespierre le 28 décembre 1793. Ce dernier voulait, précisa-t-il à la barre de la Convention, 'que David soit spécialement chargé de prêter ses talents à l'embellissement de cette fête'. Cette précision, qui atteste que la spécificité du rôle imparti à David, un rôle contraire aux usages, vise à court-circuiter le Comité d'instruction publique, que la Convention aurait dû consulter

[16] P. Caron, *Paris sous la Terreur. Rapports des agents secrets du Ministère de l'Intérieur* (Paris, 1910), 1: 361. Rapport du 23 décembre 1793.

comme lors de la fête de l'Unité. Robespierre ne parle que d''embellissement' (comme ailleurs de 'décorations'). C'est à Barère que l'on doit la précision que commande serait faite à David d'une 'image tracée par [ses] pinceaux', dont la gravure devait être diffusée dans les écoles primaires. Cette intervention complémentaire souligne l'aversion de Robespierre à l'idée du *tableau*: il ne conçoit la création artistique qu'intégrée – voire dématérialisée – dans l'espace public.[17]

La mise en œuvre de la fête fut laborieuse et traîna jusqu'au 9 Thermidor sans avoir lieu: l'approche de la célébration ne fut d'ailleurs pas étrangère à la chute de Robespierre, car on prêtait à ses agents de noirs desseins, un coup de force contre la Convention, le massacre des députés. Entre-temps, en Floréal et Prairial, le culte de l'Etre Suprême avait été d'actualité et l'occasion d'une collaboration limitée entre Robespierre et David, qui se contenta de mettre en scène la société imaginaire dont rêvait l'Incorruptible. Le rôle de 'pontife' confié à Robespierre, opportunément élu à la présidence de la Convention quelques jours auparavant, souleva dans les rangs des députés des sarcasmes et des ricanements, présages de sa chute prochaine. Si le programme de David a pu ouvrir ainsi une faille à la dérision, il faut l'attribuer non à l'extravagance de son invention, mais à la légitimité réduite de l'entreprise.

La collaboration pour mettre en place le culte de Bara est plus problématique, partant plus intéressante. Ce serait la manifestation exemplaire de la radicalité du projet robespierriste de régénération morale, qui s'investit dans la figure d'un enfant de treize ans, emblème de 'toutes les vertus' par sa mort héroïque. La dépanthéonisation de Mirabeau troublait encore les esprits et Barère se félicita que les républicains aient trouvé en Bara un objet d'émulation capable de résister à l'usure de l'Histoire: 'Il n'est pas à craindre

[17] Textes dans *La mort de Bara*, 142-143. Notre lecture, qui oppose le concept robespierriste d'*embellissement* et le *tableau* imaginé par Barère, est en désaccord avec celle de R. Michel (*op. cit.*, 61) qui voudrait que le *Bara* de David soit 'un tableau pour la fête', réclamé par Robespierre. A ce propos, il est pertinent de rappeler que Robespierre finit par critiquer l'éloquence – autrement dit, la culture – de Barère.

que jamais il essuie le jugement des contemporains même sur Mirabeau.'[18]

Robespierre dépouilla le récit de la mort de Bara de ses éléments anecdotiques et ne retint que l''enfant héroïque' qui 'nourrissait [sa] mère'. Pour ne pas donner prise aux commentaires déviants ou dubitatifs, et surtout afin d'offrir un modèle à la 'génération naissante', il évoqua l'image pure de la vertu et non le plébéien décrit dans un rapport militaire qui aurait crié en mourant: 'A toi, foutu brigand!' David adhèra à ce processus d'idéalisation: en écho à Robespierre, il écrit dans son rapport sur la fête qu'à l'âge de Bara, 'tout est vertu'. Pour donner corps à cette vision, il adopte la grâce de l'éphèbe, qui sous l'influence des théories de Winckelmann à propos de l'art antique, était devenu le signe d'un idéal de liberté républicaine et de vertu civique.[19] Bara peut montrer l'exemple aux citoyens, qu'il est *beau* de mourir pour la patrie. On a pu écrire que la manière dont Robespierre avait orchestré la transformation de l'enfant-martyr en absolu de vertu dictait virtuellement les principes d'idéalisation, de nudité et d'extase à l'œuvre dans le tableau de David.[20] Cela n'est vrai qu'à partir du point de vue du peintre. L'iconophobie de l'Incorruptible permet de penser qu'il se serait probablement contenté de sa propre vision abstraite: rien ne dit qu'en mettant la sexualité du corps de l'adolescent, sa féminité meurtrie, au service du pathos du sujet, David n'ait contrarié Robespierre, dont la politique s'élaborait en haine de la sexualité, bien au-delà du puritanisme jacobin.[21] Avec son *Bara*, l'artiste, habitué à l'économie libidinale de l'univers masculin de l'atelier, entraînait ici le reclus de la Maison Duplay sur un terrain dont ce dernier s'évertuait - littéralement - à nier l'existence.

[18] *La mort de Bara*, 143.

[19] A. Potts, *Flesh and the Ideal. Winckelmann and the Origins of Art History* (Yale University Press, 1994), 222-238. Cf. sa communication au colloque *David contre David*, 2: 647-669.

[20] Th. Crow, *Emulation. Making Artists for Revolutionary France* (Yale University Press, 1995), 174-184. Cf. sa communication au colloque *David contre David*, 2: 843-866.

[21] J. André, *La révolution fratricide. Essai de psychanalyse du lien social* (Paris, 1993), 157. Cf. sa contribution dans ce recueil.

Le programme de la fête projetée par David en l'honneur de Bara – et d'un second enfant-martyr, Viala – est moins focalisé que le tableau. Une place est accordée à la beauté des citoyennes républicaines, sur le mode rousseauiste de la simplicité, et non exclusivement à la grâce pubescente. Surtout, la célébration de la lutte contre les ennemis de la patrie finit par privilégier les vivants, plus exactement, les survivants, les héros mutilés que la nation avait le devoir de récompenser. David évoque leurs cicatrices qui sont leur unique 'ornement'. Quelques croquis datant de l'année précédente, montrant le général Dampierre exhibant le moignon de sa cuisse, sans doute une idée de tableau, confirmaient déjà la capacité de David à intégrer à sa vision de la République cette réalité guerrière, étrangère à l'imaginaire robespierriste qui masque la violence en la sublimant.

Car il y eut toujours un fossé entre les deux hommes. Durant l'hiver 1793-1794, au moment où l'Incorruptible inaugurait la phase décisive de son projet de régénération morale, David s'inquiéta des ravages de l'iconoclasme et chercha à revaloriser le statut de l'œuvre d'art mise à mal par le discours contre le luxe que prônait le rousseauisme populaire. Il saisit l'occasion du discours qu'il devait prononcer à la Convention le 16 janvier 1794, au nom du Comité d'instruction publique, pour réinstaller la création artistique au cœur du projet républicain. Dans ce discours, il prend grand soin de situer son argument sur plusieurs registres: grâce à la République, le peuple exercera son jugement sur les arts, plus souvent et plus immédiatement, par conséquent il 'saura mieux apprécier les artistes'; les œuvres d'art en effet ne sont pas des 'objets de luxe ou de frivolité qui ne doivent servir qu'à satisfaire la curiosité'; 'la culture des arts est un moyen de plus d'en imposer à nos ennemis'; 'de grands événements doivent laisser naturellement d'immortels souvenirs, des monuments qui attestent à l'univers et à la postérité, la grandeur du peuple français.'[22] Cette argumentation, qui rapproche David des positions prises auparavant par des Girondins cultivés comme Roland et Vergniaud, aide à comprendre comment

[22] D. et G. Wildenstein, *Louis David. Recueil de documents* (Paris, 1973), 82-84.

il a pu s'exposer à la critique de Camille Desmoulins, alors intime avec Robespierre, qui, quelques semaines plus tard, le traita de 'brissotin enragé'.

David pensait que le moment était venu d'en appeler à l'Etat. Durant les premières années de la Révolution, alors qu'était démantelé le système de protections académiques et de mécénat aristocratique, les patriotes espéraient que les nouvelles circonstances politiques donneraient d'elles-mêmes un nouvel élan à un art public. En l'an II cependant, le chômage des artistes se joint à la menace d'une déviance esthétique pour pousser le gouvernement à intervenir, ce qui aura pour résultat l'expérience des grands concours de Floréal. Cette réorientation du discours officiel sur la place des arts dans la société républicaine, en rupture avec les positions les plus radicales, fut clairement perçue à l'époque. En témoigne le compte rendu de l'intervention de David à la Convention, dans *L'Anti-fédéraliste*, un des titres de la presse subventionnée en l'an II:

> Le peintre de *Brutus* n'est pas comme Achille, qui murmurait contre la gloire. Il n'imite pas les faiblesses de Jean-Jacques, dont le génie attaquait les bienfaits de l'éloquence et se plaisait à en déchirer la couronne. David plaide la cause des grands artistes en père de famille.[23]

Lorsque trois semaines plus tard, Robespierre déclara que les arts sous la République devaient être des 'décorations de la liberté', il se situa nettement en-deça du projet davidien. Il persistait à penser qu'il était primordial que les principes de la République, son histoire présente et à venir, soient gravés 'non sur le marbre et la pierre', mais d'abord 'dans les cœurs de tous les hommes' (OCR 10: 352).

Comme on le sait, David se laissa prendre au piège de son robespierrisme, alors que la légitimité politique de l'Incorruptible, à l'approche du 9 Thermidor, s'amenuisait dangereusement. Dans les jours qui suivirent la mort de Robespierre, David éprouva comme des troubles de vision à son sujet. Il ne savait plus comment faire coïncider sa perception de l'homme et celle de ses principes.

[23] *L'Anti-fédéraliste*, 54 (29 nivôse an II): 436.

Conscient de jouer sa vie le 13 thermidor, pour se disculper, il se mit à dire tout et son contraire: que le *malheureux* l'avait trompé; qu'il l'avait cru vertueux, mais que l'*hypocrite* l'avait trompé; que c'est Robespierre qui lui faisait la cour, qu'il ne lui était pas lié, que l'autre le repoussait. David se déclara victime d'une *illusion*. Son ultime aveu, devant ses collègues de la Convention, offre peut-être le détail le plus révélateur de sa stratégie justificatrice, qui consiste à sacrifier Robespierre pour préserver ses idées: 'Dorénavant, j'en fais le serment, je ne m'attacherai plus aux hommes, mais seulement aux principes.'[24] En proposant de se lier par un serment, geste fondateur par laquelle la Révolution s'était si souvent auto-légitimée, David espérait convaincre les conventionnels de le laisser sortir de la Terreur avec eux.

Comment faire oublier que l'Incorruptible l'avait séduit? Pendant longtemps, David s'imposa silence à ce sujet. Quelque cinq années plus tard, apprenant le coup d'Etat de Bonaparte, il aurait dit: 'Je savais que nous n'étions pas assez vertueux pour être républicains.' Cette allusion à la vertu dévoile une nostalgie résignée pour l'idéal robespierriste, dont le projet de peindre *Léonidas aux Thermopyles* apparaît comme le plus éloquent des témoignages. David retrouva les accents de l'an II lorsqu'à propos de cette toile, il déclara à l'un de ses élèves: 'Je veux caractériser ce sentiment grand, profond et religieux qu'inspire l'amour de la patrie.'[25]

Ce fut seulement à la fin de sa vie que son admiration s'exprima plus ouvertement. Exilé en 1815 à Bruxelles, David se pencha sur le passé, à l'instar des autres anciens conventionnels en compagnie desquels il s'était retrouvé. A plusieurs interlocuteurs de confiance – à l'un de ses fils, à un ancien élève et à un admirateur anglais de l'Incorruptible –, il fit l'éloge de Robespierre. Avec l'audace que dicte parfois la vieillesse, David donne l'impression de vouloir réparer une injustice faite à sa mémoire, dont il se serait senti confusément coupable: 'Ce sera pour lui comme pour Jésus-Christ,

[24] *Le Moniteur* (réimpression Paris, 1847), 21: 367-368.

[25] E.J. Delécluze, *Louis David, son école et son temps* (rééd. Paris, 1983), 225, 230.

on lui élèvera des autels.'[26] Ainsi, à la fin de sa vie, le robespierrisme de David exhume l'allégorie de l'amour dévorant de la chose publique, la figure jouissive de l'excès qui l'avait subjugué au début de la Révolution.[27]

[26] Le dossier sur ces témoignages se trouve dans E. Hamel, *Thermidor d'après les sources originales et les documents authentiques* (Paris, 1891), 271-272.

[27] Cf. la lettre que David écrit de prison à la Convention, le 4 novembre 1794: 'Depuis trois mois je languis sous le poids d'un soupçon d'autant plus accablant qu'il n'a pris sa source que dans l'excès de mon amour pour la patrie et pour la liberté [...].' Wildenstein, *op. cit.*, 115.

YEARBOOK OF EUROPEAN STUDIES 9 (1996): 143-152

L'INCORRUPTIBLE
CONSIDÉRATIONS PSYCHANALYTIQUES

Jacques André

Il suffit de rappeler ce point de théorie psychanalytique: le caractère intemporel de l'inconscient, pour donner immédiatement la mesure de la difficulté à faire se rencontrer histoire et psychanalyse. L'expérience de ce travail sur la Révolution m'a cependant montré que la rencontre peut avoir lieu et se montrer bénéfique pour les deux parties. Je conserve notamment un souvenir très vif des échanges avec Mona Ozouf, pour ne citer qu'elle.[1]

Si l'on désigne par le mot 'originaire' non le commencement en lui-même, mais ce qui se maintient, et plus encore se *reproduit*, par-delà les contingences historiques et géographiques, c'est bien cet élément-là qui constitue le coeur de l'approche psychanalytique. Le monde change, jusqu'au bouleversement, jusqu'à devenir à lui-même méconnaissable; mais au gré de ces transformations quelque chose demeure, ou se répète. Quelque chose qui tient à l'essentiel, au réquisit de toute formation sociale: au *lien* entre les hommes, à ce qui les *associe*.

C'est sur fond d'une psychanalyse du lien social que j'ai été amené à m'intéresser à la Révolution française. La ou les questions du lien social, de la communauté, de la sociabilité relèvent d'approches diverses et multiples. La question spécifique du psychana-

[1] Voir J. André, *La révolution fratricide* (Paris, 1993).

lyste peut ainsi s'entendre: à quelles sources pulsionnelles les hommes puisent-ils ce qui les rassemble (et les divise)? Il ne suffit pas de répondre avec Freud: l'amour, non seulement parce qu'il faut y ajouter la haine (le lien dans la haine est peut-être le plus solide des liens), mais surtout parce qu'il reste à se demander: amour/haine entre qui et qui? Il n'est de communauté qui ne soit traversée et constituée, dans ce qui l'unit ou la divise, par le jeu des affects d'amour et de haine, par des processus psychiques (choix d'objet, identifications, mécanismes de défense, etc.) dont la qualité première est d'être inconscients. Il en va des groupes sociaux comme des individus: ils sont agis et sont parlés beaucoup plus qu'ils n'agissent ou ne parlent. Le *corps* politique n'est pas simple métaphore, assujetti qu'il est à des relations imaginaires comparables à celles du corps libidinal de l'individu. La Révolution, malgré ses 'prises de conscience' quotidiennes, n'échappe pas à ce principe essentiel de la psyché humaine (ici collective).

Pourquoi avoir retenu la Révolution parmi d'autres séquences historiques possibles? Pour des raisons qui sont à la fois de méthode et de fond: la Révolution *parle*, véritable 'talking révolution'. De 1789 à 1794, ce sont cinq années d'assemblées quasi quotidiennes. Certes, le propos nous est parvenu remanié par l'élaboration secondaire mais le fantasme, l'affect, les processus de liaison/déliaison y ont laissé des traces repérables. Le matériel n'est pas du reste simplement langagier, il est aussi visuel: les estampes et la peinture de David constituent un véritable analysant de la Révolution. Quant au fond, la Révolution peut bien constituer un progrès politique décisif, elle n'en est pas moins (et sans doute indissociablement) un moment intensément régressif, dans sa prétention, conforme au voeu de Rousseau, à créer de toutes pièces le socius, à donner naissance à la chose publique, à ouvrir le temps de l'histoire, à écrire l'an I. Le ton de cette régression est exemplairement donné par le discours de Romme du 20 septembre 1793, évoquant la conjonction des 'mouvements célestes' et du destin de la république. La Révolution interroge le pouvoir en son principe, la loi dans ce qui la fonde, la communauté en ce qui la constitue, le socius en son origine. Cette dimension régressive permet de comprendre que le processus primaire, le fonctionnement de l'inconscient, affleure en tout moment et en tout lieu du corps social et politique révolutionnaire, sous des formes aussi diverses que la 'fraternité', la *conception* du 'tyran', les massacres de septembre, la démocratie directe, la loi de prairial, le culte de l'Etre suprême. L'amour et la haine se manifestent dans une nudité dont les formations sociales, à travers l'histoire, ont rarement donné le ton.

Mettre l'accent sur la psychanalyse du lien social, c'est en même temps dire en quoi ce travail ne consiste pas: la biographie psychanalytique des grands acteurs de la scène révolutionnaire. On pourrait se poser la question: interroger la personne de Robespierre, n'est-ce pas comprendre l'évolution terroriste du dispositif politique? Ma démarche a suivi la pente inverse; ce n'est pas la psychologie de Robespierre qui explique les mouvements du socius mais la nature des processus psychiques dominants qui trouvent dans l'Incorruptible un représentant adéquat. Le sujet du colloque invite cependant, sinon à changer de perspective, au moins à s'en dégager. Une psychanalyse de Robespierre est-elle possible? Un des premiers psychanalystes français, René Laforgue, avait tenté quelque chose de cet ordre dans son livre sur *La psychopathologie de l'échec*. C'est resté l'exemple à ne pas suivre. Utilisant des données de seconde (ou de énième) main, s'appuyant sur le livre de Lenôtre (*Robespierre et la mère de Dieu*), Laforgue paraît surtout pressé d'illustrer son point de vue sur la psychopathologie de l'échec. La psychanalyse d'un homme, grand ou petit, suppose que quelque chose soit accessible des figures de la sexualité infantile, dont le refoulement constitue l'inconscient. Les quelques rares mots de Robespierre sur sa propre histoire, la maigreur des renseignements dont nous disposons n'exclut certainement pas la tentative biographique; elle condamne par contre toute entreprise sérieuse de psychanalyse. Le numéro de la revue *L'Histoire* (mai 1994) consacré à Robespierre annonce dans son sommaire: 'Robespierre sur le divan, avec Jacques André'; titre qui ne manque pas de sel mais auquel je ne suis pour rien.

Pour le psychanalyste comme pour l'historien, le matériel le plus riche et le plus vivant est constitué par le propos politique de

Robespierre. S'il est impossible, à partir de ces textes, de construire l'histoire psychanalytique du 'cas' Robespierre, il est par contre permis de formuler quelques hypothèses sur le fonctionnement et la structure psychiques qui les sous-tendent. Nous ne disposerions que des textes politiques précédant l'été 1792, l'entreprise serait hasardeuse. La Terreur, elle, a le mérite de la pathologie: elle exagère. Ce faisant, elle met au jour ce qui autrement serait demeuré masqué par l'élaboration secondaire. Ce n'est pas le lieu pour décrire avec précision ce que fut le système persécutif de la Terreur. La silhouette qui tombe sous 'l'oeil de la surveillance' est moins le traître, le conspirateur ou le corrupteur, que le *suspect*. Celui-ci offre à la dimension persécutive un espace de possibilités sans commune mesure avec la figure restreinte du coupable. Pas de coupable sans délit. Avec le suspect, l'intention (supposée) suffit. Penser, désirer, c'est déjà faire. Ainsi en va-t-il de la Terreur. Ce glissement du champ de la culpabilité vers celui de la suspicion s'accompagne d'une extension considérable du champ de l'imputation: à la mesure de l'écart qui sépare les crimes de pensée, de désir, des crimes accomplis. Suspect qui parle haut, suspect qui se tait, suspect qui murmure.

De ce système persécutif, Robespierre est à la fois le représentant et le promoteur; il en manie admirablement la langue. Ainsi, le 23 germinal, quand il souligne que les moins dangereux ne sont pas ceux 'qui cherchent à faire naître des défiances parmi les patriotes qu'ils affectent d'assimiler à ceux qui n'en avaient que les dehors trompeurs, pour les confondre avec les conspirateurs'. Difficile de s'identifier davantage à 'l'oeil de la vigilance', à ce qu'en psychanalyse on nomme le surmoi. Le 11 germinal est exemplaire à cet égard, quand il s'adresse aux Conventionnels: 'je dis que quiconque tremble en ce moment est coupable; car jamais l'innocence ne redoute la surveillance publique'.

La Terreur est un processus d'auto-terrorisation – l'ennemi par excellence est l'ennemi de l'intérieur, le frère devenu faux-frère – qui présente toutes les caractéristiques du système paranoïaque: projection, persécution, idéalisation, etc. Si un tel système n'a pas d'auteur et ne saurait, en aucune manière, être la simple conséquence de la psychologie du leader, il reste néanmoins qu'il a besoin, pour fonctionner, de représentants, et notamment d'un chef qui en épouse la folle logique. Peut-on prononcer une phrase comme celle-ci: 'la loi pénale doit nécessairement avoir quelque chose de vague, parce que le caractère actuel des conspirateurs étant la dissimulation et l'hypocrisie, il faut que la justice puisse les saisir sous toutes les formes', peut-on prononcer une phrase aussi limpidement paranoïaque sans entretenir quelque parenté avec la structure psychique qui l'engendre? Le discours du 8 thermidor est un morceau d'anthologie des figures de la persécution: 'on se cache, on dissimule, on trompe; donc on conspire'. Propos où l'anonymat du pronom (im)personnel est aussi important que le choix des verbes.

La persécution dans la vie de Robespierre, on en devine les premiers indices dès les débuts de sa vie publique à Arras; et il ne serait pas bien difficile de montrer chez lui, au fil des années et des discours, la constance de la dimension projective ('ils', 'on'). La présence, la force des éléments de la structure paranoïaque chez Robespierre ne permettent cependant pas de le dire 'paranoïaque', au sens psychiatrique du terme. Il manque pour cela la production d'un délire. Tant que le propos de Robespierre est homogène à la parole dominante révolutionnaire, terroriste, rien de délirant ne peut se distinguer. S'il est un moment qui se rapproche d'une production délirante, c'est certainement le discours du 8 thermidor; précisément parce que ce jour-là Robespierre est seul, parce que l'ancien consensus est rompu. Ce jour-là, il porte l'exigence persécutive, terroriste à son acmé: afin de préserver 'des dangers de la victoire'. Que l'on compare avec le 11 germinal. En cette occasion, l'élimination de Danton, l'adversaire est désigné, isolé et la dialectique de l'accusation est encore celle de l'antagonisme. Un antagonisme qui contient le principe de sa propre résolution: la restauration de l'Un au prix de la suppression de tout ce qui s'oppose. A qui Robespierre s'oppose-t-il le 8 thermidor? A Cambon, Barère, Vadier, Amar, Tallien, Fouché, etc... La liste est interminable. La Terreur qui a pour motivation folle de maîtriser la division, menace, le 8 thermidor, alors que la faction se confond avec le tout, de devenir ce qu'elle combat: le suicide national.

Le noyau projectif, la dimension persécutive sont les aspects les plus bruyants de l'organisation paranoïaque. Celle-ci recèle d'autres composantes, notamment la sexualisation des pulsions sociales, la défense contre l'homosexualité inconsciente, la force du narcissisme. La vie politique, publique de Robespierre *est* sa vie libidinale. Son amour pour la chose publique n'est pas une façon de parler, c'est bien d'amour qu'il s'agit; et corrélativement de haine pour les intérêts privés. Il n'est rien, chez Robespierre, qui soutienne la comparaison avec son investissement de la *res publica*; pas plus ce qui le relie aux femmes qu'aux hommes. Cette façon pour la vie libidinale de s'absorber dans la vie publique, au point qu'il est légitime pour un psychanalyste de dire que, dans ce cas, la vie sociale est la vie sexuelle elle-même, est un lieu commun de la structure paranoïaque. C'est éventuellement ce qui permet au sujet, dans la mesure où il occupe une position d'autorité, d'éviter l'issue psychotique. Inversement, la rebuffade sociale est souvent pour de tels sujets l'occasion de l'entrée dans la maladie. Il est probable que les quolibets essuyés par Robespierre lors de la fête de l'Etre suprême ont dû blesser l'homme au-delà de ses capacités d'élaboration psychique. Son complet retrait de la scène politique pendant plusieurs semaines en témoigne.

L'un des aspects les plus originaux mis au jour par la psychanalyse du lien social est certainement la contribution de la libido homosexuelle à la genèse du socius, au maintien de la communauté. Pour ma part, je me suis particulièrement attaché à suivre le destin de cette version révolutionnaire et sublimée de l'homosexualité qu'est la fraternité: depuis les 'doux noeuds' de la fête de la Fédération jusqu'au choix meurtrier de Brutus, qui contraint à sacrifier sur l'autel de la patrie l'ami le plus cher. La sexualisation des pulsions sociales, évoquées à propos de Robespierre, la forme extrême qu'elle revêt chez lui – on ne lui connaît pas d'autre vie sexuelle que sa vie publique –, ne pouvait guère aller sans une défense virulente contre la source libidinale à laquelle s'alimente le lien social: contre l'homosexualité. De cela, on a au moins une trace, encore le 8 thermidor. C'est bien *l'Incorruptible* qui s'adresse à la Convention: 'j'ai craint quelquefois, je l'avoue, d'être souillé aux yeux de la postérité par le voisinage impur des hommes pervers qui s'introduisaient parmi les sincères amis de l'humanité'. Souillure et immixtion perverse... Difficile d'être à la fois plus métaphorique et plus près de la chose même.

L'investissement sans reste de la *res publica* par Robespierre conduit au dernier point que je souhaiterai aborder, peut-être le plus important: la figure politique de l'Un et celle conjointe du narcissisme. Donnons la parole aux acteurs. Saint-Just: 'Une société qui se divise cesse d'être une société'. Robespierre: 'Tout signe de démarcation menace le salut de la patrie'. Ou encore, du même Robespierre, cette redoutable tautologie: 'il n'y a de citoyens dans la république que les républicains'. Les formules de Saint-Just et de Robespierre puisent au fantasme du Peuple-Un qui, par-delà l'idéologie révolutionnaire, est sans doute la constante de notre imaginaire politique depuis Platon. Etre Un ou ne pas être. L'aspiration à l'Un est simultanément destruction de ce qui lui est opposé.

Le tournant de la fin 1792, la multiplicité des affrontements, des épurations qui s'ensuivent, tout cela donne à penser que l'amour des premiers temps révolutionnaires s'est purement et simplement retourné en haine. Je me suis, pour ma part, efforcé de penser ce passage d'une période à l'autre non comme une dérive, mais comme un accomplissement. 'Serrons et étreignons si fort le noeud de notre alliance que nous ne soyons pas tant tous unis que tous uns'. Ces mots de La Boétie décrivent avec anticipation et beaucoup d'exactitude la dynamique révolutionnaire. *Toujours plus Un*. La récurrence des sphères dans les architectures de Boullée et de Ledoux sont à la mesure des représentations dominantes du corps social. Volume idéal, la sphère conjugue perfection, égalité et clôture. Figure de l'Un homogène, elle affirme sa fermeture, se présente comme le résultat d'une rétractation de la figure sur elle-même. Ce qui, en d'autres termes, ressort de la déclaration de Saint-Just: 'Les Etats ne sont guère agités que par les gouvernements voisins. Il faudrait, pour être heureux, s'isoler le plus possible'. Le désir de l'Un et le mouvement de retrait de l'amour sur la patrie sont les deux versants d'un même processus. Une telle configuration qui voit la libido abandonner les visées expansives d'Eros pour se rabattre sur le socius d'origine est celle du narcissisme. Celui-ci peut se définir comme l'aspiration des républicains à ne plus faire qu'Un, dans l'amour partagé d'un idéal du moi commun (la patrie, la république). Robespierre ne parle pas de narcissisme mais il ne dit rien d'autre quand il en appelle à la *Vertu*.

La vertu robespierriste rappelle qu'il n'est d'amour possible de la *res publica* qu'au prix d'un désinvestissement des intérêts privés. Elle condense de façon remarquable la dimension inhibitrice (par rapport aux intérêts personnels) et la réflexivité narcissique. La vertu, ainsi que le précise Robespierre, n'est 'autre chose que l'amour de la patrie pour elle-même'. L'inhibition des intérêts privés, Robespierre ne se contente pas de la dire nécessaire, il l'idéalise, en pleine concordance avec la clinique du narcissisme. Le désinvestissement devient ascétisme, ou mieux 'frugalité'. Comment Danton pourrait-il 'aimer la patrie', lui qui ne connaissait comme seule vertu que celle qu'il déployait toutes les nuits avec sa femme? Le puritanisme jacobin s'élabore en haine de la sexualité et puise à cette haine ses métaphores. Robespierre dénonce en ces termes les factions 'exagérée' et 'indulgente': 'l'une veut changer la liberté en bacchante, l'autre en prostituée'.

De la vie sexuelle de Robespierre on ne sait rien, en se demandant si *rien* n'est pas ce qu'il y a à savoir. Le peu de renseignements dont nous disposons sur l'homme Robespierre tient à l'essentiel: sa vie politique est toute sa vie. Il est cependant quelques indications sur sa vie personnelle qui ne sont pas sans intérêts. En fonction des descriptions des contemporains, nous sommes portés à nous représenter Robespierre, l'homme à la perruque poudrée, consacrant un temps respectable à reconstituer devant le miroir l'image inaltérée de lui-même. 'Il est de la nature des maîtres', écrit Freud, 'd'être absolument narcissique'. Ils n'aiment les autres que pour autant que ceux-ci les admirent, leur rendent un culte. Les femmes, dans la vie de Robespierre, ne semblent guère avoir été des objets de la sexualité. Leur apport au narcissisme du maître semble par contre n'avoir pas été négligeable. Le ton érotomane des *Mémoires* de sa soeur Charlotte est là pour le dire. On peut supposer que les femmes Duplay baignaient dans un élément proche. Du côté des hommes, de Saint-Just au jeune Julien, cela semble avoir été à peu près la même chose. Saint-Just n'écrivait-il pas à Robespierre?: 'Je ne vous connais que comme Dieu, par ses miracles'.

Parce que, chez Robespierre, toute distinction est pratiquement effacée entre l'amour de soi et l'amour de la patrie, c'est encore l'homme politique qui révèle le plus authentiquement l'homme privé. Robespierre peut bien déclarer son 'abjection du moi personnel', le propos manifestement vrai repose sur une formidable dénégation que signale le ton haineux du mot 'abjection'. Pour celui dont le moi se confond avec la chose publique elle-même, l'amour de l'une est amour de l'autre. Ce n'est pas un hasard si Robespierre n'accepte d'accéder aux plus hautes responsabilités que lorsque, ainsi que l'a noté P. Gueniffey,[2] l'opposition est résorbée, lorsque l'emporte la fiction de l'Un. Il faudrait pouvoir suivre les discours pas à pas, souligner la fréquence de la dimension auto-référentielle, déceler l'orgueil derrière l'humilité; jusqu'à la mégalomanie de celui qui s'adresse 'au tribunal de l'univers et de la postérité'. Quelques propos parmi d'autres le confirment: 'le peuple français, seul dans l'univers', 'la France anéantie, le monde politique s'écroule', 'la France, dernier espoir des amis de l'humanité', 'la république française est immortelle comme la vérité'. L'idéalisation fait partie de la rhétorique révolutionnaire mais nul mieux que l'Incorruptible n'en habite de l'intérieur le processus.

Le nom d''Incorruptible' lui-même contient sa part de vérité psychique sur Robespierre. Il évoque manifestement celui que la compromission ne saurait atteindre. Mais plus secrètement, il soutient un fantasme d'immortalité: échapper à la corruption de la mort. Robespierre évoque volontiers son trépas mais toujours sur fond assuré de sa postérité. Le point culminant de la problématique narcissique et de l'idéalisation qui lui est sous-jacente, est atteint avec le culte de l'Etre suprême. La fête de la divinité suit, à quel-

[2] Voir dans ce recueil, l'article 'Robespierre' de Patrice Gueniffey.

ques jours près, l'élection de Robespierre à la présidence de la Convention. Elle installe une transcendance en un temps, celui de la victoire militaire, qui semblait appeler la restauration de la loi républicaine: la constitution. Elle précède de deux jours le 22 prairial, c'est-à-dire l'inscription dans la loi pénale du: 'Etre Un ou ne pas être'. Quel que soit ce que la figure de l'Etre suprême doit aux déismes du XVIIIe siècle, la fête du 20 prairial est la fête de Robespierre. Seul un degré dans l'idéalisation sépare l'Incorruptible de la divinité.

La fin elle-même, par ses accents apocalyptiques, emprunte à la problématique narcissique. L'alternative proposée par Robespierre aux conventionnels le 8 thermidor n'est pas loin de se formuler ainsi: la mort de tous … ou la mienne.

YEARBOOK OF EUROPEAN STUDIES 9 (1996): 153-167

ROBESPIERRE ET LA TERREUR

Bronislaw Baczko

Le sujet, inutile de le souligner, ne brille pas par son originalité: ses origines remontent au lendemain du 9 thermidor. Formée à cette époque, la 'légende noire' de Robespierre constituait une première tentative, rudimentaire et passionnée, d'expliquer à la fois la Terreur et la figure de Robespierre: le 'système monstrueux' est indissociable du 'tyran', lui-même, un 'monstre' qui exerçait son pouvoir sanguinaire sur le pays. A l'aune de son agressivité on peut mesurer le traumatisme provoqué par la Terreur; cette légende traduisait le désarroi des contemporains devant un système d'oppression inédit qui, à la fois, faisait partie de la Révolution et contredisait ses principes fondateurs. A travers ses haines et ses fantasmes, elle exprimait également une sorte de fascination exercée par la figure énigmatique de Robespierre: comment expliquer, en effet, que celui qui était dénigré comme étant un être médiocre, sans talent ni scrupule, avait réussi à s'emparer du pouvoir et à infléchir le cours de la Révolution? Depuis, tout ou presque a été dit sur les rapports entre Robespierre et la Terreur. C'est une question classique de l'historiographie révolutionnaire, qui d'une manière ou d'une autre, resurgit inévitablement à chaque étape de son évolution. Cela dit, depuis assez longtemps, le dossier lui-même ne s'enrichit pas beaucoup en documents nouveaux sur Robespierre. Comme dans d'autres cas de grandes figures historiques, c'est l'interprétation du personnage dans son ensemble, qui, suite au renouvellement des questionnements et des mises en perspective, suscitent des controverses. Problèmes, évidemment, inséparables des interrogations qui portent sur la Terreur. Certes, la Révolution ne se réduit pas à cet événement traumatisant, de même que le rôle de Robespierre dans la Révolution ne se réduit pas à celui d'un 'terroriste', de l'artisan de la Terreur. Il n'en reste pas moins que Terreur et Robespierre sont indissociables; réfléchir sur l'un, c'est nécessairement s'interroger sur l'autre.

Le sujet n'est donc pas nouveau et je ne dispose d'aucune pièce à verser au dossier. Cependant, dans un colloque consacré à Robespierre, la question de ses rapports avec la Terreur est incontournable. Chargé d'introduire un débat, je me limite à présenter quelques réflexions sur les rapports entre la *culture politique* de la Terreur et Robespierre comme *acteur politique*, groupées autour de trois problèmes, à savoir l'attitude de Robespierre devant la violence révolutionnaire et le glissement vers la Terreur; les rapports avec le peuple revendiqués par Robespierre et l'impact de l'expérience du pouvoir sur Robespierre, acteur politique.

J'aimerais donc installer une sorte de jeu de miroirs: éclairer la culture politique de la Terreur par l'action politique de Robespierre, mais aussi, inversement, à la lumière de celle-ci s'interroger sur les discours, les pratiques symboliques et les enjeux politiques de la Terreur.

La Terreur n'était pas la réalisation d'un projet politique préconçu; elle s'est construite progressivement tout en mettant en oeuvre des matériaux déjà produits et accumulés pendant la Révolution. Le 9 thermidor est communément reconnu comme une date symbolique marquant sinon la fin de la Terreur, du moins l'amorce de cette fin. Il n'en va pas de même de son début. Sur son commencement, les opinions divergent, chez les contemporains tout comme chez les historiens. Tout se passe comme si les acteurs politiques n'étaient pas entrés d'un seul coup dans la Terreur mais avaient glissé vers elle, par toute une série de dénivellements. En d'autres termes, à la sortie de la Terreur préside un projet politique assez clairement identifiable; par contre, on ne trouve aucun projet politique global qui l'aurait précédée ou déterminée. Il ne fait pourtant pas de doute qu'à un certain moment, disons en automne-hiver 1793, elle est déjà là, massivement présente, avec son cortège de proscriptions et d'exécutions, manifestant sa propre dynamique. La difficulté de comprendre le pouvoir terroriste consiste, entre autres, dans le fait que, d'une part, il n'est pas une simple suite d'actes arbitraires, de proscription et de violence, mais représente les caractéristiques d'un régime cohérent; d'autre part, c'est un système de pouvoir dont la structure semble s'élaborer sur la base des mesures improvisées pour répondre à une situation critique. Tout se passe donc comme si cette structure était sous-jacente aux comportements, attitudes, pratiques symboliques et discours, à travers lesquels la France s'enlisait dans la Terreur. Celle-ci s'installe donc en exaspérant certaines tendances propres aux pratiques et représentations révolutionnaires antérieures. Dans ce sens, les conditions de possibilité de la Terreur, voire ses virtualités, seraient à rechercher dans les particularités de l'expérience révolutionnaire qui l'a précédée. Par rapport à cette expérience, la Terreur s'installerait à la fois comme continuité et comme rupture; elle prolongerait et radicaliserait certains de ces aspects jusqu'à leurs conséquences ultimes, en les transformant souvent en autant d'impasses politiques.[1]

Une de ces 'dénivellations', à travers lesquelles s'opère le glissement vers la Terreur constitue l'exaltation de la violence collective, celle du 'peuple'. Le pouvoir terroriste n'est certes pas le premier gouvernement dans l'histoire, qui s'appuie sur la violence et sur la peur. Mais son originalité réside dans le pouvoir qu'il exerce au nom d'une légitimité nouvelle, inédite dans l'histoire, issue de la Nation. La Terreur est justifiée comme étant un mode d'exercice de la souveraineté du peuple; les lois terroristes ne

[1] Je développe ces questions dans mon essai 'The Terror before the Terror? Conditions of Possibility, Logic of Realisation', in *The French Revolution and the Creation of Modern Political Culture*, ed. K.M. Baker (Oxford, 1994), 4, *The Terror*, 19-38.

seraient que cette même souveraineté illimitée opérant énergiquement au nom du salut public et de la régénération révolutionnaire.

Le glissement vers un système de répression et de violence institutionnalisées avait comme condition de possibilité les rapports fort ambigus que les élites politiques et idéologiques de la Révolution entretenaient avec la violence 'sauvage', les poussées de violence et d'exécutions sommaires. Cette ambiguïté ne vient pas seulement du fait que les groupes politiques qui veulent radicaliser la Révolution cherchent à s'appuyer sur les masses populaires et vont se servir de leur violence comme d'un moyen de pression. Elle vient aussi et surtout du fait que la mythologie révolutionnaire est celle de la violence fondatrice, celle du 'peuple qui a fait la Révolution'. Comme on le sait, le symbolisme révolutionnaire naissant hésite entre deux événements fondateurs: le 20 juin, le serment des représentants légitimes de la Nation énonçant sa volonté dans un acte pacifique solennel; le 14 juillet, journée de violence créatrice et héroïque, celle de la prise de la Bastille par le peuple spontanément réuni. L'opposition entre ces deux événements fondateurs ne sera finalement surmontée que pendant la fête de la Fédération, réunion pacifique de la Nation lors de laquelle un nouveau serment sublimait le caractère violent de l'événement commémoré. Sublimation qui s'imposait d'autant plus que, comme on le sait, la prise de Bastille fut suivie de meurtres collectifs, commis dans un climat de violence très archaïque, attisée par la panique de la foule. Je pense évidemment aux lynchages de Launay, de Bertier de Savigny et de Foulon. Peur collective et rite de violence expiatoire se confondaient ici dans un rituel social qui fait partie intégrante du processus révolutionnaire. Or, cette effusion de sang escortant l'élan des 'vainqueurs de la Bastille' insérait immédiatement le problème de l'héritage de la violence populaire dans le contexte de la Révolution. Les paroles célèbres de Barnave: 'On veut nous attendrir du sang versé à Paris! Ce sang était-il donc si pur!', par leur démagogie, traduisent l'embarras devant les actes d'un 'peuple' à la fois patriote et féroce. Certes, le droit positif n'autorisait ni à prendre la forteresse royale, ni à tuer celui qui la protégeait, ni à massacrer un individu désigné comme étant un affameur du peuple. Cependant, la

Révolution revendique pour elle une légitimité inédite, qui fonde un nouveau droit, une légitimité qui met entre parenthèses le droit positif. C'est précisément sur ce point que les rapports entre révolution, légitimité et violence deviennent extrêmement ambigus. En effet, jusqu'où peut aller la reconnaissance de la légitimité de cette violence inédite et fondatrice? Et, surtout, à qui appartient-il de distinguer le sang 'pur' du sang 'impur', la violence exercée par le peuple de celle qui ne serait qu'un massacre pur et simple?

Ces questions resurgissent avec force après les massacres de septembre et c'est à cette occasion que le discours et l'action politique de Robespierre contribuent magistralement à l'aménagement d'un de ces dénivellements à travers lesquels s'opère le glissement vers la Terreur. Je pense notamment à sa riposte du 5 novembre 1792 aux attaques des Girondins. Des attaques qui étaient toutes, et en particulier celle de Louvet, d'une rare violence et qui trahissaient encore l'angoisse engendrée par les massacres récents. Les accusations selon lesquelles il aurait organisé et/ou encouragé les tueries, Robespierre n'avait pas grand mal à les réfuter; jamais il n'avait incité à perpétuer ces violences et jamais, il n'était allé sur les lieux. Son explication des origines des massacres n'est pas en fin de compte très éloignée de celles avancées, sur le chaud, par certains Girondins, notamment par Gorsas et Carra: le toscin aurait provoqué une vague de panique; les suites de la rumeur sur le complot tramé dans les prisons pour assassiner les familles des patriotes partis pour le front, etc... Robespierre prend soigneusement garde de ne pas verser dans l'apologie directe des auteurs des violences. Il n'en va pas de même avec la violence. Les 'événements' (il n'utilise jamais le terme *massacres*) étaient 'un mouvement populaire et non la sédition partielle de quelques scélérats payés pour assassiner leurs semblables, comme on l'avait ridiculement supposé. Eh', s'il n'en eût pas été ainsi, comment le peuple ne l'aurait-il pas empêché?'. Conclure de la passivité devant la violence à son approbation, voire même à une sorte de participation, était un argument aussi démagogique qu'habile. En effet, lors des journées de septembre, Paris n'avait pas bougé et avait laissé faire les bandes de quelques centaines de massacreurs qui se déplaçaient d'une prison à l'autre (Robespierre lui-même n'avait rien fait non plus, et pourtant, il siégeait à la Commune de Paris et à l'Assemblée électorale, à quelques rues à peine du lieu de la tuerie). L'essentiel de l'argumentation de Robespierre, quoi qu'il en soit, est ailleurs. Il présente les massacres comme une suite de la 'glorieuse journée' du 10 août et assimile la question de la violence populaire à celle de la légitimité révolutionnaire, voire à celle de la légitimité de la Révolution elle-même. 'Vouliez-vous une *révolution sans révolution?* Quel est cet esprit de persécution qui est venu réviser, pour ainsi dire, celle qui a brisé nos fers? Mais comment peut-on soumettre à un jugement certain les effets que peuvent entraîner ces grandes commotions? Qui peut marquer, après coup, le point précis où doivent se briser les flots de l'insurrection populaire? A ce prix, quel peuple pourrait jamais secouer le joug du despotisme?'. Ceux qui mesurent l'action révolutionnaire avec un 'compas constitutionnel' trouvent ainsi le prétexte de 'travestir les missionnaires de la révolution en incendiaires et ennemis de l'ordre public'. La violence est coextensive à la révolution elle-même; elle est illégale mais 'aussi illégale que la révolution, que la chute du trône et de la Bastille, aussi illégale que la liberté'. Certes, on peut déplorer les victimes innocentes, même s'il y en avait une seule,

> c'est trop. Pleurez même les victimes coupables, réservées à la vengeance des lois, qui ont tombé sous le glaive de la justice populaire; mais que votre douleur ait un terme, comme toutes les choses humaines [...] La sensibilité qui gémit presqu'exclusivement pour les ennemis de la liberté m'est suspecte. Cessez d'agiter sous mes yeux la robe ensanglantée du tyran [...][2]

On pourrait longuement gloser sur ce texte. Combinant remarquablement effets rhétoriques et arguments politiques, il entretient adroitement une ambiguïté sur les rapports entre légitimité révolutionnaire et violence arbitraire. Les massacres n'y sont pas justifiés sans pourtant être désavoués; ils se trouvent placés en même temps à l'intérieur et à l'extérieur d'une violence légitime aux contours flous, et, surtout, ils sont escamotés. Intégrée à la mythologie révolutionnaire, assimilée à la Révolution en marche, la violence est

[2] OCR 9: 92-95. C'est moi qui souligne.

autre chose qu'elle-même: ses réalités brutes et brutales sont occultées par le sens symbolique dont elle est chargée. Sublimée, elle ne serait qu'une pratique symbolique; elle se résumerait, tout entière, dans la noble cause qui l'a inspirée, elle serait aussi pure que l'énergie et l'enthousiasme révolutionnaires. Ce n'est que la 'robe du tyran' qui baigne dans le sang. Ce n'est qu'en apparence que la répression est destructrice; la justice retombant sur les coupables et extirpant les vestiges d'un passé néfaste est, fondamentalement, oeuvre régénératrice. Robespierre n'est pas Marat et il ne fait pas appel aux fureurs populaires; son discours en cet automne de 1792 n'esquisse pas un projet de pouvoir terroriste. 'Il n'y a pas de révolution sans révolution', les ambiguïtés et les non-dits dont il entoure la violence révolutionnaire et les exécutions sommaires aménagent cependant la pente glissante sur laquelle allait s'amorcer le mouvement qui débouche sur l'affirmation du monopole de l'Etat révolutionnaire sur la diffusion de la peur et sur l'exercice de la violence collective.

En août 1794, sous l'impulsion des nouvelles qui lui parviennent de Paris, Daunou, de sa prison, esquissait le portrait du 'tyran'.

> Un tempérament bilieux, un esprit étroit, une âme jalouse, un caractère opiniâtre, avait prédestiné Robespierre à de grands crimes. Ses succès de quatre années, surprenants sans doute au premier aspect et lorsqu'on ne les compare qu'à la médiocrité de ses moyens, ont été les effets naturels de ses haines meurtrières, et des jalousies profondes et ferventes. Il eut, à un degré suprême, le talent de haïr et la volonté de maîtriser [...]. Dans ses pensées vindicatrices, il avait résolu de punir de mort toute blessure faite à son irritable orgueil; et, afin qu'un sentiment secret de son infériorité cessât de troubler les illusions de son amour propre, il voulait rester seul avec ceux qu'il jugeait incapables de l'humilier. De bonne heure, il altéra la signification du mot *peuple*, attribuant à la partie la moins instruite de la société les caractères et les droits de la société entière. C'est aussi qu'il exaltait sans cesse la justice et les lumières du peuple: *nul n'avait le droit d'être plus sage que le peuple*; les riches, les philosophes, les hommes de lettres, les hommes publics, étaient des ennemis du peuple; la révolution ne pouvait avoir de terme qu'à l'époque où il n'y aurait plus d'intermédiaire entre le peuple et ses *véritables amis*. Robespierre faisait de ce peuple une divinité, du patriotisme une religion, de la

> révolution un fanatisme dont il exerçait le pontificat souverain; une teinte sacerdotale était le caractère le plus marqué de ses insignifiants écrits; elle s'y est développée progressivement durant quatre années; à la fin il ne parlait plus que le mystique jargon d'un visionnaire imposteur. L'une de ses dernières entreprises fut d'associer le culte de Dieu à celui du peuple, et de se faire prêtre de ces deux.[3]

Ce texte paie certes son tribut au moment thermidorien, à ses passions et à ses haines. Sur le fond de la 'légende noire', il se distingue pourtant par la qualité de sa réflexion. Daunou ne porte pas sans doute pas Robespierre dans son coeur mais il cherche néanmoins à comprendre les raisons de son ascension politique. Ainsi fait-il apparaître, très pertinemment, le rôle central qui, dans le discours et dans l'action politique de Robespierre revient au peuple, une représentation et un concept. Rôle d'autant plus important que c'est aussi une idée-image centrale de la culture politique révolutionnaire et que, pour Robespierre, le terme *peuple* désigne surtout la partie démunie et travailleuse de la nation. De ce fait, son identification avec le peuple allait de pair avec l'exigence d'égalité et la revendication d'une certaine justice sociale.

Ce serait dépasser notre propos que de suivre l'évolution de la représentation du peuple chez Robespierre, indissociable de sa revendication d'un droit légitime, voire exclusif, de parler au nom du peuple, d'avoir avec lui un rapport privilégié, sans aucun intermédiaire. Retenons, à titre d'exemple et de point de repère, un texte assez extraordinaire qui fait remarquablement ressortir cette identification; la page citée de Daunou semble en faire le commentaire.

Au printemps 1792, au cours des séances des Jacobins, particulièrement houleuses et dramatiques, Robespierre s'oppose à la politique de guerre des Girondins, en se réclamant sans cesse du peuple, qui 'lui seul est grand, seul est respectable'. A Brissot et à Guadet qui lui reprochent d'aduler démagogiquement le peuple tout en le trompant sur les enjeux de la guerre, Robespierre lance cette

[3] P-C.F. Daunou, 'Extraits d'un mémoire destiné à ses commettants et écrit dans la prison de Port-Libre au mois d'août 1794', in *Bibliothèque des mémoires relatifs à l'histoire de France au XVIIIe siècle* (Paris, 1848), 12: 452-453.

riposte sans pareil: 'Vous osez m'accuser de vouloir égarer et flatter le peuple! Et comment le pourrai-je? Je ne suis ni le courtisan, ni le modérateur, ni le tribun, ni le défenseur du peuple: *je suis peuple moi-même'*. Pour Robespierre, ce n'est là ni une métaphore, ni une figure de rhétorique. Son identité avec le peuple, son 'être peuple', il en trouve l'intime confirmation dans sa conscience, 'ce sentiment divin qui [l'a] bien souvent dédommagé de tous les avantages offerts à ceux qui voulaient trahit le peuple'. N'est-ce pas la Providence qui l'a soutenu, quand, 'livré à toutes les passions et à toutes les viles intrigues et environné de tant d'ennemis nombreux', il poursuivait la lutte? S'il n'avait pas élevé son âme vers elle, comment aurait-il pu 'soutenir des travaux qui sont au-dessus de la force hu maine'? N'est-ce pas la Providence qui 'veille d'une manière toute particulière sur la révolution française'? Son destin et celui du peuple ne font qu'un; sa vie n'est que pour le peuple, et s'il le faut, il en ira de même avec sa mort. Les principes qu'il proclame sont vrais et le peuple inévitablement les reconnaîtra et les adoptera pour siens.

> Rien de ce que j'ai dit ne peut décourager le peuple, le peuple a triomphé jusqu'ici des plus grands dangers, et il triompherait encore des plus grands obstacles s'il s'en présentait [...]. N'est-ce pas du patriotisme que dépend le succès des révolutions? Le patriotisme n'est point une affaire de convenance, ce n'est point un sentiment qui se ploie aux intérêts mais c'est un sentiment aussi pur que la nature, aussi inaltérable que la vérité.[4]

Opposé aux *aristocrates*, le peuple était une construction politique et une figure symbolique aux contours sociologiques flous et variables, mais il ne pouvait avoir qu'une seule volonté et une seule parole. S'affirmer identique au peuple, c'était s'approprier cette parole: Robespierre exerçait ainsi le magistère de la parole vraie, intransigeante et tranchante, qui, de ce fait, statuait qui est le peuple et qui en est exclu. D'où un autre trait patent de son discours: l'effacement du particulier devant le général, de soi devant les principes, et cela jusqu'à leur confusion. Robespierre avait le secret d'une rhétorique inimitable, mélangeant les envolées lyriques où il n'était

[4] OCR 8: 309-312.

question que de lui-même avec le discours, en quelque sorte, dépersonnalisé qui était celui des principes, de la vertu et du peuple. D'où la remarquable force de conviction de sa parole mais d'où aussi les pièges tendus par ce discours. L'identification avec le peuple nourrissait à la fois les certitudes et les soupçons. Les ennemis du peuple étaient aussi, évidemment, des ennemis de Robespierre; mais ceux qui s'attaquaient à lui, devenaient de ce fait autant d'ennemis du peuple.

En l'an II, le *lieu d'où parle* Robespierre assure à sa parole un surcroît d'autorité. Dans le dispositif du gouvernement révolutionnaire, il occupe en effet un lieu stratégique capital et unique, à savoir le lieu où se fait la jonction entre le Comité de Salut public, les Jacobins et la Convention. Détenir ce lieu, c'était symboliser l'unité du peuple et de la dictature jacobine. Ce n'est pas un lieu institutionnel mais, grâce à Robespierre, il devient une institution, et, par conséquent, Robespierre lui-même se pose en pièce maîtresse du système, bon instance idéologique et morale, celle de la *vertu.*

Robespierre avait la conviction intime qu'il existait une sorte de communication préétablie et directe entre lui et le peuple. Sa parole s'exerçait cependant dans des espaces clos et devant un public choisi. Le moment le plus fort, sans doute, de son expérience du pouvoir fut celui où, pour la première et la dernière fois, il s'adressa non pas à un peuple abstrait mais à un immense rassemblement populaire. Je pense, évidemment, à la fête de l'Etre suprême qu'il évoquait, la veille de sa chute, avec la plus grande émotion: 'Quel est le représentant du peuple qui, dans ce moment, n'a pas cru recueillir la plus douce récompense de son dévouement à la patrie? Quiconque aurait vu ce spectacle avec des yeux secs ou une âme indifférente est un monstre'.[5]

La politique de la Terreur, Robespierre la légitime et la systématise. Ainsi, dans ses grands discours de l'an II, il traduit les enjeux politiques en termes de morale, de lutte de la vertu contre le vice, et il formule une sorte de théorie du gouvernement révolutionnaire,

[5] OCR 10: 561.

de ses principes et de ses formes d'action. Mais, d'autre part, la Terreur apporte à Robespierre lui-même une expérience concrète d'exercice du pouvoir, de prise de décision politique sur une grande échelle. C'est une expérience dense et multiforme: celle du Comité de Salut public où Robespierre assume le rôle éminent que l'on connaît mais aussi celle du Bureau de police générale qu'il dirige, très minutieusement, pendant les trois derniers mois de sa vie. Au cours de l'an II, ce pouvoir auquel il participe, devient de plus en plus oligarchique et concentré; après la liquidation des hébertistes et l'exécution de Danton, personne n'ose le contester ouvertement et il agit donc en maître absolu. La participation à ce pouvoir n'est pas seulement une expérience politique, c'est aussi une expérience psychologique et existentielle, notamment celle de l'ascendant de Robespierre sur le Comité de salut public, de son prestige grandissant mais aussi de l'adulation qui l'entoure et qui, après son discours du 18 floréal, est à son comble. Expérience exaltante, certes, d'autant plus que la liqueur était très forte.

Robespierre a-t-il surtout été fasciné par les succès de ce pouvoir, les victoires militaires, la mobilisation patriotique, l'écrasement du 'fédéralisme' et de la Vendée, la centralisation du pouvoir? Ou bien aurait-il progressivement pris conscience également des effets pervers du régime terroriste? Dans la troisième décennie du XIXe siècle, parmi les néo-jacobins et les babouvistes, surgit l'idée que Robespierre, après le 18 floréal, voulait démanteler la Terreur ou, au moins, la réduire. Rien pourtant ne le prouve. Robespierre n'a jamais remis en cause ce pouvoir dont il était l'idéologue et l'artisan redoutable. De la Terreur, il ne connaissait guère les réalités cruelles et brutales; même quand il dirigea le Bureau de police, il n'a jamais visité une prison ni dévisagé la guillotine. Homme des assemblées et des bureaux, il n'est jamais allé en mission, ni dans les départements, ni dans les armées. Si, en été de l'an II, il se retourne contre les 'terroristes', les représentants en mission corrompus et/ou extrêmistes, c'est parce qu'il considère qu'ils ont souillé, en quelque sorte, la Terreur. Lui, la voulait *pure*, comme le peuple; ce n'est pas *moins* de Terreur mais une Terreur *régénérée* qu'il appelle.

La tendance volontariste et constructiviste en politique, toujours présente chez Robespierre, est encore renforcée par l'exercice du pouvoir. Elle culmine en quelque sorte en floréal an II, dans l'instauration du culte de l'Etre suprême. En grande pompe et avec une profonde conviction, il a offert, voire imposé au pays cet artefact, fabriqué à la va-vite, avec des matériaux philosophiques et culturels fort hétéroclites. A chacune de ces étapes, le rapport au temps est une dimension fondamentale de la Révolution. Dès ses débuts, la proclamation de la *terreur à l'ordre du jour* n'est pas justifiée seulement par la nécessité urgente de vaincre les ennemis de la Révolution mais elle est aussi conjuguée avec la promesse de l'avenir. La légitimité du gouvernement révolutionnaire vient, certes, des circonstances qui étaient à ses origines, mais aussi, voire surtout, de l'immensité de l'oeuvre à accomplir: sauver la patrie, affermir la république, régénérer les institutions et le peuple. Le salut public, ce n'est pas seulement la victoire militaire, c'est également l'avènement de la Cité nouvelle et de l'homme nouveau, annoncé dès le début de la Révolution. L'an II serait l'apogée de ce mouvement de régénération qui représente un *travail de la Révolution sur elle-même*. Dans le discours jacobin, en général, et tout particulièrement chez Robespierre, s'esquisse la tendance de déplacer le moment crucial de la Révolution de quatre-vingt-neuf vers l'an II, d'éclipser, en quelque sorte, le temps de la première fondation, combien incertaine et imparfaite, par celui d'une seconde, aussi intègre qu'inflexible. Certes, tout a commencé, quand 'la révolution française ébranle le trône et foudroie les ordres privilégiés'. Cependant, combien était-elle entachée par ses origines! En effet, elle était 'fille de la philosophie et de l'ambition, produit miraculeux du vice et de la vertu, de la perfidie et de la bonne foi'. D'où également ses vicissitudes, les trahisons qui la marquent et les pièges qui lui sont tendus, telle la 'monstrueuse constitution de 1791'. La chute du tyran s'ouvre sur une nouvelle étape, tandis qu'une 'nouvelle faction' menace de 'tout engloutir dans l'abîme, de relever le trône, de ruiner Paris et massacrer les républicains'. A ce moment critique, 'la foudre populaire tonne sur les têtes coupables, la lumière sort d'un chaos, la liberté naît de la tyrannie, la Convention nationale rejette de son sein les traîtres qui la travaillent'. Ainsi, après quatre ans d'amères expériences, instruit par les trahisons et par les victoires, le peuple français connaît l'époque des plus grands dangers mais également le moment où la révolution reprend son élan. Ce n'est pas tellement un retour aux sources mais le temps d'une nouvelle régénération, de dépouillement des anciennes tares morales, une glorieuse époque où la Convention est 'pure et libre, enfin digne de son peuple', et, triomphant de ses ennemis, la Révolution accomplit son oeuvre.[6]

Ce déplacement vers l'an II de l'époque déterminante de la Révolution se manifeste avec éclat lors de l'installation du culte de l'Etre suprême. Pour Robespierre, ce moment était synonyme de la régénération de la Cité et de la Révolution elle-même; avec lui s'ouvrait une nouvelle ère. La Révolution à laquelle l'athéisme a fait courir le danger le plus grave de son histoire, était sauvée et avait retrouvé son assise morale.

> Vous avez sauvé la patrie! Votre décret [du 18 floréal] *est à lui seul une révolution* [...]; vous avez avancé d'un demi-siècle l'heure fatale des tyrans, vous avez rattaché à la cause de la révolution tous les coeurs purs et généreux; vous l'avez montrée au monde dans tout l'éclat de sa beauté céleste. O! Jour à jamais fortuné, où le peuple français tout entier s'éleva pour rendre à l'auteur de la nature le seul hommage digne de lui [...] Etre des êtres! Le jour où l'univers est sorti de tes mains toutes puissantes brilla-t-il d'une lumière plus agréable à tes yeux que ce jour où, brisant le joug du crime et de l'erreur, il parut devant toi, digne de tes regards et de tes destinées![7]

Reconnaître l'instauration du culte de l'Etre suprême comme point déterminant de l'an II, voire de la Révolution dans son ensemble, c'était nécessairement placer Robespierre au centre de cette conversion salutaire. Ce qu'il ne disait pas lui-même, attribuant cette oeuvre à la Convention et au peuple, d'autres se chargeaient toute-

[6] 'Rapport écrit de la main de Robespierre, sur la faction de l'étranger', in *Pièces trouvées dans les papiers de Robespierre et complices imprimées en exécution du décret du 3 vendémiaire an III* (à ne pas confondre avec le recueil de Courtois). Sur ce curieux texte, rédigé en ventôse an II et qui comporte une rapide esquisse de l'histoire de la Révolution, voir G. Walter, *Robespierre* (Paris, 1962), 2: 493-494.

[7] OCR 10: 561. C'est moi qui souligne.

fois de le faire savoir. C'est la lecture de son interminable rapport du 18 floréal, pendant trois décades d'affilée et dans toutes communes qu'inflige au pays le Comité de salut public. *Le peuple français reconnaît l'Etre suprême et l'immortalité de l'âme*, ces paroles, énoncées d'abord dans ce même rapport, avant d'être reprises dans un décret de la Convention, devaient être gravées sur les frontons de toutes les églises. Pendant des semaines, au début de ses séances, la Convention s'adonna à la lecture d'innombrables adresses, glorifiant toujours le même rapport et rendant grâce à l'Etre suprême d'avoir soustrait Robespierre aux 'fers meurtriers' des attentats manqués, véritables miracles fondateurs du nouveau culte.

> O toi, dont le rapport étincelle des plus sublimes vérités, toi dont la doctrine consolante a appelé l'auguste décret qui reporte l'homme vers la Divinité, Robespierre, si l'existence de la Divinité, si l'immortalité de l'âme pouvaient encore être un problème, tes mâles vertus suffiraient pour repousser ce doute outrageant! Ton âme forte et grande ne saurait être un souffle léger qui doive s'éteindre au port de la mort.

> Grâces soient rendues à l'Etre suprême [...] Robespierre, tu reçois le prix de l'hommage éclatant que tu lui as rendu dans ton rapport sublime. La Convention qui l'a consacré par son décret immortel, partage avec toi ce bienfait. Heureux ceux qui, pénétrés de ta morale admettent un Dieu rémunérateur et vengeur.

> L'être qui préside aux mouvements élémentaires du monde, dans un même jour, aux yeux du peuple français, a dérobé le fier Robespierre aux regards meurtriers du féroce Admiral a paré le coup mortel que son arme parricide a vomi contre le bon Collot d'Herbois, a fléchi le plomb meurtrier lancé contre le magnanime Geoffroy.[8]

Dans ces adresses, dont nous avons donné quelques échantillons, impossible de démêler la part qui revient à l'incontestable popularité dont jouit à cette époque Robespierre de celle qui tient au conformisme, à la langue de bois, cette rhétorique révolutionnaire dégradée qui submerge l'espace public. Robespierre n'a certes pas suscité ces adresses; il n'a rien fait non plus pour les arrêter. Il n'a

[8] *Archives parlementaires* 91 (1976): 168, 308; 92 (1980): 173. Sur le 'magnanime Geoffroy', voir la remarquable étude de A. de Baecque, 'The Trajectory of a Wound: From Corruption to Regeneration. The Brave Locksmith Geoffroy, Herald of the Great Terror', in Baker, *op. cit.*, 157-177.

rien fait surtout pour arrêter la montée de la Terreur. Bien au contraire; ces adresses escortent son escalade. La loi du 22 prairial et les coups secs de la guillotine à la barrière du Trône renversé en empruntaient un surcroît de sens sinistre.

La Terreur épurée, réclamée par Robespierre, pouvait-elle être autre chose qu'une nouvelle purge et un couperet mieux aiguisé? Nous ne le saurons jamais. Troubles et menaçants, ses appels se sont retournés contre lui-même; ils ont accéléré les événements dont l'engrenage, en l'espace de quelques semaines, entre le 20 prairial et le 9 thermidor, entraîna sa chute. Robespierre pressentait le danger, mais obnubilé par son expérience politique récente, marquée par les succès de sa position de pouvoir, il a sous-estimé ses adversaires. Convaincu, qu'après Danton, il ne saurait exister à la Convention aucune opposition consistante, il croyait avoir affaire à des individus indignes et isolés, auxquels il ne cachait pas son mépris. Or, il a méconnu la force unificatrice et mobilisatrice de la réaction passionnelle à la Terreur de la part de ceux qui, à juste titre et instruits par leurs propres expériences politiques, appréhendaient d'en être les prochaines victimes. Au début d'une des plus dramatiques séances dans l'histoire du parlementarisme, Robespierre crut encore à la puissance de son verbe. Sa voix fut étouffée par la clameur *A bas le tyran*! La Convention criait sa haine, longtemps refoulée, mais, elle exorcisait aussi sa peur de capituler, une fois de plus, devant cette parole conquérante et dominatrice.

YEARBOOK OF EUROPEAN STUDIES 9 (1996): 169-202

LE TABLEAU D'UN CADAVRE
LES RÉCITS D'AGONIE DE ROBESPIERRE: DU CADAVRE HIDEUX AU DERNIER HÉROS

Antoine de Baecque

Lorsque, à 2 heures 30 du matin durant la nuit du 9 au 10 thermidor an II, dans la salle du conseil de la Maison commune de Paris, une balle traverse la machoire de Maximilien Robespierre, commence l'agonie de l'Incorruptible. Celle-ci dure plus de dix-sept heures, hantant divers lieux, jusqu'à la fosse commune du cimetière des Errancis, près du parc Monceau. Les circonstances de cette agonie ont été amplement commentées, de même que ses successives péripéties, et nous nous bornerons tout d'abord à les rappeler brièvement.[1] Les conjurés, à la tête du Conseil général de la Commune, sont aux abois: Robespierre, son frère cadet, Saint-Just, Lebas, Couthon, Hanriot, assistent, au cours de la nuit, à l'encerclement de la Maison commune où ils sont réfugiés, par les troupes parisiennes restées fidèles à la Convention. Lorsque la place est investie, au coeur de la nuit, les robespierristes sont perdus. Certains tentent de fuir, tel Hanriot ou Couthon, d'autres se suicident, tels Lebas, Robespierre jeune – qui se rate en sautant

[1] Gérard Walter, *La conjuration du neuf thermidor* (Paris, 1974), rappelle l'essentiel des faits et reste le livre de références en la matière. Pour l'interprétation immédiate de l'événement, on se reportera à l'essai de Françoise Brunel, *Thermidor. La chute de Robespierre* (Bruxelles, 1989).

par la fenêtre – et, peut-être, Maximilien Robespierre. La balle qui fracasse sa machoire vient-elle de son propre pistolet ou de celui du gendarme Merda? Ou y a-t-il même deux balles?[2] Les érudits sont déchirés sur ce point depuis deux siècles. Ce n'est bien sûr pas notre objet ici. Toujours est-il que les survivants, pour la plupart en piteux état, sont portés vers les Tuileries dans la nuit. A 3 heures 30 du matin, on annonce à la Convention, en état de délibération permanent, que le 'tyran' peut paraître devant elle. L'assemblée refuse, et Robespierre, dont l'état physique empire semble-t-il, est porté sous escorte dans la salle d'audience du Comité de salut public. Là, il est couché sur une table où les curieux sont susceptibles de venir le regarder. A 6 heures du matin, deux chirurgiens nettoient ses plaies et le pansent. A 11 heures, les conjurés sont transférés à la Conciergerie. Après une courte procédure judiciaire, et sur une simple reconnaissance d'identité, ils sont condamnés à mort. Mais le chemin vers la guillotine est à la fois rapide et ralenti, puisque les robespierristes patientent encore sept heures à la Conciergerie, où Robespierre est de nouveau allongé sur une table. Ses forces le quittent peu à peu. Ce n'est qu'à 6 heures du soir, le 10 thermidor an II, que trois charrettes, portant vingt-deux condamnés à mort, s'ébranlent vers la place de la Révolution où a été dressé l'échafaud. Le parcours est lent, car le public est extrêmement nombreux tout au long du trajet, et les haltes sont répétées. A 7 heures 30, enfin, le supplice des vingt-deux robespierristes s'achève, Robespierre lui-même étant exécuté l'avant-dernier.

Immédiatement, un récit de cette agonie s'est constitué, contradictoire, méticuleux ou déformé, précis et imprécis tout à la fois, dans les journaux, les brochures, les rapports des conventionnels et des commissions d'enquêtes, grâce aux procès-verbaux et aux témoignages des différents acteurs de l'événement. Au point que la mort de Robespierre a rapidement pu faire figure de forme politique, une *forma* au sens latin de 'configuration permettant de

[2] C'est la thèse que soutient Jean Thorel, *La fin de Robespierre* (s.l., 1975). La balle du pistolet du gendarme Merda aurait atteint Robespierre au moment où celui-ci tentait de se suicider avec son propre pistolet.

comprendre le monde'.[3] Le corps meurtri de Robespierre, matière de ces récits et de ces témoignages, allait permettre de révéler un complot, de construire un discours sur la Terreur, d'édifier tel un spectacle physique et moral. C'est ce tableau, composé par les mots divers de ces récits nombreux et contradictoires, que je désire placer au coeur de cette étude, le tableau d'un cadavre, celui de Robespierre, qui, des thermidoriens aux robespierristes du siècle suivant, a eu pour mission d'incarner une pensée politique. 'L'histoire de son tempérament est une grande partie de son histoire', a écrit Merlin de Thionville à propos de Robespierre,[4] décrivant ses humeurs successives telles une chronologie de sa vie et une périodisation de la Révolution elle-même. Il s'agit de montrer ici que le récit de son agonie, les récits de son cadavre, sont une 'grande partie de l'histoire' de la Terreur, du moins de ses interprétations.[5]

La mort de Robespierre, un tableau de mots

Dès la mort de Robespierre, des dizaines de relations de l'événement paraissent. Sous des formes diverses, des procès-verbaux officiels édités en brochure aux 'poèmes politiques' en alexandrins. Cette efflorescence éditoriale est animée par une même ambition: édifier par le récit d'une mort, tout en assouvissant la soif de curiosité un peu morbide des Parisiens concernant cette longue agonie jusqu'alors inédite dans l'histoire de la Révolution. Il existe dans ce procédé narratif un dispositif de regard étrangement répétitif, un dispositif commun qui propose un cadre de perception et d'interprétation de l'événement. Ainsi, *Le Cri de la vengeance*, l'un de ces courts poèmes composés pour tirer la leçon du 10 thermidor, présente rhétoriquement la mort de Robespierre et de ses amis en

[3] Sur le corps comme 'forme politique', on pourra se reporter à Antoine de Baecque, *Le Corps de l'histoire. Métaphores et politique (1770-1800)* (Paris, 1993).

[4] *Capet et Robespierre* (s.l.n.d.) B.N.: Lb41 3974. Certains attribuent ce portrait à Roederer. On se reportera également au livre de Louis Jacob, *Robespierre vu par ses contemporains* (Paris, 1938).

[5] Le dernier des ouvrages en date sur la Terreur (issu d'un colloque tenu à Stanford en décembre 1992) avance un bon nombre de ces interprétations complémentaires et contradictoires: *The Terror*, ed. K.M. Baker (Oxford, 1994).

deux 'tableaux'. S'adressant au 'lecteur citoyen', le poème lui chante: 'Il faut te présenter le tableau de leurs crimes'. Puis, dans la strophe suivante: 'Il faut te présenter le tableau de leur perte'.[6] L'équilibre et l'enchaînement des deux propositions appellent une composition de la 'scène de la république' en deux tableaux d'une égale importance, liés par une logique de causalité, les 'crimes de Robespierre', puis la 'perte de Robespierre', la Terreur et l'agonie. Sur le même modèle, exactement, *Le Tombeau des vivants*, autre brochure thermidorienne, reprend ce parallèle édifiant, associant la vision de ces deux 'spectacles politiques' avec une conduite affective censée gouverner le lecteur.[7] Ce chemin des sens mène de la compassion à l'égard des meurtrissures infligées au corps français à la satisfaction de voir le 'tyran' puni par la 'souffrance la plus atroce': 'C'est dans la peinture des maux que l'on faisait souffrir dans les prisons que l'indignation des bons citoyens doit trouver son aliment', précise tout d'abord ce récit d'édification avant de poursuivre sa logique: 'C'est dans la peinture des maux qu'a souffert le tyran que la satisfaction des bons citoyens doit trouver son aliment'.

Cette volonté d'édification n'est pas, en elle-même, surprenante, puisque le sujet s'y prête, recomposant une parabole classique: le tyran réduit, hanté par ses fautes, puni par là où il a fauté, c'est-à-dire par la souffrance imposée au corps de la communauté. Plus étonnant est ce désir sans cesse affirmé de visualiser la scène, de la peindre, d'en proposer un tableau, alors que, à ma connaissance – et jusqu'au milieu du siècle suivant – aucune image ne vient illustrer l'agonie même de Robespierre. On trouve certes quelques gravures immortalisant la scène inaugurale, à l'Hôtel de ville, lorsque Robespierre est blessé par le coup de feu du gendarme Merda. On rencontre également des images – rituelles et répétitives – du supplice lui-même, la tête du 'tyran' montrée au peuple, l'échafaud vu en plan large sur la place de la Révolution. Mais il ne semble exister que deux gravures, peu explicites, peu habiles, proposant une vue de l'agonie de Robespierre dans la salle d'audience du Comité de salut public puis à la Conciergerie. Par

[6] *Le Cri de la vengeance* (s.l.n.d.), BN.: Ye 19325.

[7] *Le tombeau des vivants* (s.l.n.d.), BN: Lb41 3973.

contre, les récits de ces scènes sont innombrables, mais ils se présentent tous comme des 'tableaux' explicites, comme des dispositifs de visualisation forgés par les mots. Ainsi, cette 'cage de Robespierre', sans doute la plus belle métaphore imaginée à partir de ce dispositif visuel, à travers les barreaux de laquelle les deux derniers mois de l'Incorruptible sont donnés à voir grâce aux changements successifs et dégradés de son état physique. Cette cage est située, comme il se doit, aux enfers: 'Pluton voulant procurer aux habitants des enfers la satisfaction de voir, quand ils le jugeront à propos, l'homme ou plutôt le monstre qui aurait détruit l'espèce humaine s'il eut été encore un an à la tête de la République française, l'a fait enfermer, tout comme il était sur son échafaud, dans une loge grillée où chacun peut le voir à son aise'.[8] Danton, accompagné de Desmoulins, vient contempler ce spectacle du 'dernier arrivé', le 'plus hideux d'entre eux'. La fonction de cette 'loge grillée' est très précisément visuelle, comme l'indique l'auteur de la brochure dans son avant-propos: 'Un graveur avait promis de faire une estampe représentant Robespierre enfermé dans une cage. Mais ce graveur a manqué de parole. Nous en sommes fachés. Au reste, il est aisé de se figurer que Robespierre est enfermé. Ce n'est pas l'image qui est le plus essentiel de connaître, mais l'ouvrage, et les mots peignent avec subtilité ce que l'estampe ne pourrait que décrire hâtivement'.

Cet 'ouvrage', que l'on peut définir comme un 'spectacle politique', comme une 'scène visuelle', comme un 'tableau reconstitué', est repris par de nombreux récits. Même Courtois, député de l'Aube, rapporteur de la commission chargée de l'examen des papiers trouvés chez Robespierre, ne peut s'empêcher de recomposer ce dispositif visuel édifiant au cours du discours qu'il prononce devant ses collègues le 16 nivose an III:

> Un grand spectacle, un grand exemple, a été donné à tous les tyrans de l'univers. Ah! Que ne peuvent-ils être tous ici présents, ces bourreaux de l'humanité, ces hommes tigres! Que ne puis-je leur montrer ce Robespierre agonisant, leur peindre ce cadavre couché sur la table

[8] *Robespierre aux enfers. Pour faire suite au dialogue entre Marat et Robespierre* (s.l.n.d.), BN.: Lb41 1157.

> de l'anti-salle du Comité où naguère il dictait ses lois, ayant une boîte de sapin pour oreiller, essuyant lentement avec des fragments de papier la sanie qui s'arrêtait à sa bouche ensanglantée, et tenant dans ses mains, par un de ces jeux du hasard qui n'échappe ni au peintre ni à l'observateur, le sac de son pistolet qui rappelait à ses yeux, par l'adresse du marchand qui l'avait vendu, et dont l'enseigne était 'Au grand monarque', le terme qu'avait choisi son ambition.[9]

Le jeu des regards, ici, est triple, quadruple même. Robespierre s'est d'abord vu lui-même défait, miné par la souffrance d'une terrible agonie. Ensuite, le 'peintre' chroniqueur 'voit' la scène, et la 'fait voir' à deux types d''observa teurs', le citoyen, instruit et édifié, puis les tyrans du monde, accusés et effrayés. A chaque fois, cependant, ces regards s'attachent à tous les détails de la scène, détails physiques, détails matériels, détails psychologiques, seuls susceptibles de recomposer l'ensemble du tableau en lui conférant son juste sens, sa juste interprétation.

En ce sens, ce *tableau de la Terreur* vu sur le cadavre de Robespierre s'inscrit pleinement dans les idées dramaturgiques du temps, renouvelées par Diderot et sa théorie de la 'scène composée', scène qui parvient à l'édification par la minutie des détails, grâce à une épaisseur conférée au spectacle par les mots et la mise en scène dramatique, ce que Diderot, dans la langue scientifique de l'époque, nomme une 'dynamique des affections'. Les mots, grâce à la description minutieuse, semblent plus à même de composer la scène que les images, risquant, elles, de figer les attitudes et les corps dans une expression moins propre à l'édification des 'observateurs'. A la dynamique de la scène composée s'oppose la statique de l'image gravée ou peinte. C'est un tableau de mots, donc, qui prend en charge l'agonie de Robespierre, semblable à ces séquences visuelles regroupées par Louis-Sébastien Mercier dans son *Tableau de Paris*. Le dispositif du 'tableau' inauguré par Mercier est explicite: 'Le rideau se tire en un instant; c'est à l'oeil d'être tout aussi prompt pour saisir ce qui se passe à travers ce nuage ouvert et refermé; puis à la plume d'être assez vive pour en apporter connais-

[9] E.B. Courtois, *Rapport fait au nom des Comités de Salut public et de Sûreté générale, sur les événements du 9 thermidor an II*, Convention nationale, le 8 thermidor an III. B.N.: Le38 1767.

sance au lecteur'.[10] Le récit, par ce coup d'oeil et la vivacité de la plume, propose une vision du rideau déchiré. Ce lieu commun de l'écriture du temps théorisé par Diderot et illustré au mieux par Mercier, on le retrouve, dès le 10 thermidor au matin, dans la bouche et sous la plume des thermidoriens. Thibaudeau s'écrit: 'Le masque tombe, le 'vertueux Robespierre' disparaît et le tyran le plus hideux s'offre à tous les regards. Il faut déchirer le voile, et alors les vérités trop longtemps captives sont proclamées'.[11] Portiez de l'Oise poursuit: 'La nuit avait couvert de son crèpe l'explosion d'une horrible conspiration. Le soleil a tout éclairé, a tout montré, et il n'avait pas encore terminé sa carrière que la tête des coupables était tombée sous la hache vengeresse'.[12] Et Tallien de reprendre le mot lancé à Saint-Just lors de la séance de la Convention, le 9 thermidor: 'Je demande que le rideau soit entièrement déchiré'. C'est ce dispositif de la 'scène composée' qui a perdu les robespierristes parce qu'eux-mêmes n'ont pas su l'utiliser avec assez de conviction contre leurs ennemis, c'est également ce dispositif visuel qui assure la diffusion des récits d'agonie de Robespierre, 'pour l'instruction des bons et la terreur des méchants' insiste les *Nouveaux et intéressants détails de l'horrible conspiration de Robespierre*[13] dès le matin du 11 thermidor an II.

Robespierre-cadavre, ou les récits d'une interminable agonie

Si la forme du 'tableau de mots', de la scène composée, prend en charge le récit de l'agonie de Robespierre, il faut insister sur le fait que ces tableaux et que ces scènes se conjuguent au pluriel. Le récit des dix-sept heures de la 'mort de Robespierre' s'organise donc davantage en un montage de séquences visuelles successives qu'en une narration linéaire. La plupart des sources qui nous permettent de reconstituer le drame, dans l'instant même, proposent cette

[10] On se reportera à l'édition établie sous la direction de Jean-Claude Bonnet, *Tableau de Paris* (Paris, 1994).

[11] A.C. Thibaudeau, *Paris, le 9 thermidor* (s.l.n.d.), BN: Lb41 1165.

[12] Portiez de l'Oise, *Le 9 thermidor* (s.l.n.d.), BN: Lb41 1166.

[13] *Nouveaux et intéressants détails de l'horrible conspiration de Robespierre* (Paris, s.d.), BN: Lb41 3971.

histoire par éclairages ponctuels, une histoire discontinue, rythmée par des tableaux successifs. Ce seront les biographies de Robespierre qui, à partir de 1795, tenteront de proposer un lien logique à cette agonie, qui se pencheront sur les 'entre-tableaux'. Auparavant, y compris le rapport de la commission d'enquête de la Convention, chaque récit choisit la forme du 'témoignage révélateur', du procès-verbal d'un moment donné, description s'arrêtant sur différentes stations de cette agonie suivant leur caractère édifiant. Les trois principales sources du récit suivent toutes cette forme narrative particulière des 'tableaux successifs': les comptes rendus des journaux, les témoignages publiés sur le moment, et les rapports présentés à la Convention.

A chaque reprise, ces différents tableaux proposent une description physique de Robespierre, comme si, face à la mort, à l'instant précis où le 'voile se déchire', le tableau se faisait vérité – 'En tout le reste, il peut y avoir du masque. Mais en ce dernier rôle, c'est le maître-jour, c'est le jour juge de tous les autres' écrit Merlin de Thionville en prélude à son témoignage sur l'Incorruptible –, comme si en ce moment le corps devait tout dire et le cadavre révéler une politique, un 'portrait en vrai'. Pourtant, d'une manière tout à fait explicite, ce cadavre a été retiré le plus rapidement possible de la vue, une fois la tête de Robespierre montrée au peuple par le bourreau qui a officié sur l'échafaud du 10 thermidor. Non seulement, contrairement aux légendes véhiculées de-ci de-là, aucun masque mortuaire de Robespierre n'a été saisi dans la cire, ni avant ni après l'exécution, mais, de plus, on trouve dans les archives des deux comités, le Comité de salut public et le Comité de sûreté générale, une ordonnance du 10 thermidor 'relative à la dépouille des conjurés'. Celle-ci recommande 'l'acquisition d'une grande quantité de chaux', dont, précise-t-on ensuite, 'une couche substantielle sera étendue sur les restes des tyrans pour les corrompre et empêcher de les diviniser un jour'.[14] Une série de mesure est donc prise dans l'immédiateté de l'événement. Il s'agit de hâter la disparition définitive des cadavres des robespierristes, de cor-

[14] Cité par Hector Fleischmann, *Le masque mortuaire de Robespierre* (Paris, 1911).

rompre l'Incorruptible: la décomposition des corps est accélérée, la fosse commune des Errancis étroitement surveillée, tout comme la rue du Rocher qui y mène, pour éviter tout vol de 'reliques', et l'empreinte mortuaire a été empêchée, contrairement à d'autres exécutions de guillotinés célèbres, au cours desquelles les bourreaux ont été moins regardants.

Cette disparition rapide du cadavre lui confère un caractère irreprésentable de plus: elle confirme la pauvreté des images montrant l'agonie de Robespierre. D'une certaine manière, cela nourrit davantage encore la précision, la minutie, et le nombre des tableaux de mots. Ceux-ci se sont donc emparés sans concurrence, ou presque, des scènes de l'agonie, mais pour mieux en proposer une lecture édifiante. Ce récit - que l'on peut qualifier de 'thermidorien' - tend à dégrader l'apparence physique de Robespierre sur le point d'être exécuté, une dégradation qui n'est pas une invitation à la compassion mais plutôt un jugement esthétique et moral: le tyran porte sur son corps de mourant la forme extérieure du monstre politique qu'il était devenu. A ce propos, les descriptions sont innombrables:

> Robespierre, extraordinairement pâle, baissait les yeux en montant sur l'échafaud, et penchait sur sa poitrine sa tête, que rendait horriblement difforme le linge sale et dégoutant de sang qui l'enveloppait. Cette difformité sous laquelle il se présentait aux yeux de ses concitoyens au dernier moment de sa vie, paraissait à l'homme même le moins religieux un châtiment du ciel. Un tyran, en effet, qui après s'être baigné dans le sang, en était tout souillé en descendant au tombeau, témoignait d'une manière frappante que la justice divine exerçait sur lui sa terrible vengeance, et voulait inspirer une grande horreur de ses assassinats. Sur l'échafaud, Robespierre eut une nouvelle souffrance à endurer. Le bourreau avant de l'étendre sur la planche où il allait recevoir la mort, lui arracha brusquement l'appareil mis sur ses blessures. La machoire inférieure se détacha alors de la supérieure, et, laissant jaillir des flots de sang, fit de sa tête un objet monstrueux. Et lorsqu'ensuite cette tête eut été abattue, et que l'exécuteur la tenant par les cheveux la montra au peuple, elle présenta l'image la plus hideuse que l'on puisse se peindre.[15]

[15] Galart de Montjoye, *Histoire de la conjuration de Maximilien Robespierre et de sa faction* (s.l.n.d.), BN: Lb41 14.

Les quelques gravures montrant cette dernière scène, soit cadrées de trop loin, soit tenues dans la décence par la convention du genre, sont incapables de rendre cette 'hideur', cette déshumanisation radicale, que les mots, eux, par la description pathétique, par l'évocation monstrueuse, par les ressources physiques et morales qu'ils recèlent, tentent de proposer en termes d'*édification par l'horreur*. Le 'spectacle d'horreur' imposé au corps mourant de Robespierre est une ultime leçon: face au peuple, au moment théâtralisé du supplice où se révèle la vérité des âmes dans la contenance trouvée lors des derniers instants de vie, le tyran est impuissant à incarner une quelconque dignité, ni même une humanité, devant les regards qui le jugent. Le sang qu'il a fait couler le couvre, les têtes qu'il a fait tomber accusent chez lui une 'horrible difformité', et l'apparence raffinée qu'il affectait est décomposée par l'agonie, sa chemise blanche maculée de sang, sa veste bleue déchirée, ses manches arrachées, ses chaussures perdues, ses bas 'rabattus sur les chevilles jusqu'aux maléoles', sa culotte 'déboutonnée'.[16] C'est ce jugement esthétique face à l'épreuve de la mort qu'exprime le *Journal de Perlet* dans son édition du 12 thermidor:

> Il n'est pas donné à un homme d'être plus hideux et plus lâche: il était morne et abattu [...] Tous ceux qui l'entouraient avaient, comme lui, perdu leur audace. Leur bassesse ajoutait à l'indignation contre eux. On se rappelait que du moins les conspirateurs qui les avaient précédés avaient su mourir. Ceux-ci n'avaient même pas la force de se parler, ni d'adresser la moindre parole au peuple. Ils avaient tout perdu, leur figure comme leur courage.

Cette confrontation entre un corps monstrueux, une apparence dénaturée, et le peuple-public, n'a, selon ces récits d'agonie, pas attendu l'heure du supplice. Elle a *déjà* eu lieu lors du 'tableau' précédent, lors du long trajet en charrette séparant la Conciergerie de la place de la Révolution. Plusieurs haltes l'ont ralenti, principalement devant la maison Duplay, rue Saint-Honoré, où logeait Robespierre. Un enfant, selon ces chroniques, trempant un linge dans une bassine de sang de boeuf, badigeonna la porte de l'im-

[16] *Faits recueillis aux derniers instants de Robespierre et de sa faction* (s.l.n.d.), BN: Lb41 1149.

meuble au passage de la charrette. Ce nouveau tableau est entièrement occupé par la peinture narrative d'un 'saisissant contraste'. D'un côté, le peuple massé en foule le long du trajet, unanimement décrit comme joyeux:

> Dès le lever du soleil, le peuple prit place sur le parcours de la charrette fatale. Une joie brillait déjà sur tous les fronts, et cet immense rassemblement à toutes les avenues du Palais national ne présentait plus que l'image d'un grand peuple réuni pour célébrer le triomphe de la liberté. A la terreur que s'était efforcée d'inspirer l'audace des brigands conjurés, a succédé l'allégresse que produit la destruction des tyrans. Cette journée a été l'une des plus belles d'un peuple libre.[17]

De l'autre côté, voici la 'morne figure' des robespierristes conduits au supplice: 'Des hommes plus morts que vifs sont allés à l'échafaud. Au total, ils étaient plongés dans la consternation la plus profonde; la lâcheté, l'effroi, la honte, la détresse physique étaient peints sur leurs figures cadavéreuses'.[18] Poussant plus loin ce contraste, la plupart des brochures thermidoriennes accusent l'opposition entre la vie du public, 'citoyenne' ou parfois 'indécente', et la mort prématurée peuplant ce jour-là les charrettes des condamnés:

> Jamais on n'avait vu, sur le passage des suppliciés, une telle affluence de peuple. Les rues étaient engorgées. Des spectateurs de tout âge, de tout sexe, remplissaient les fenêtres; on voyait des hommes montés jusque sur le faîte des maisons. L'allégresse universelle se manifestait avec une sorte de fureur. La charrette, surtout, qui portait les deux Robespierre, Couthon et Hanriot, attiraient les regards. C'est là que les yeux se portaient et se collaient. Les malheureux, mutilés, défigurés, tout couverts de sang, ressemblaient à des cadavres pourtant promis à une nouvelle mort.[19]

Ces descriptions proposent aux lecteurs une double interprétation de la mort de Robespierre. D'une part, ces récits 'collectivisent' la

[17] *Nouveaux et intéressants détails de l'horrible conspiration de Robespierre.*

[18] Courtois, *Rapport fait au nom de la Commission chargée de l'examen des papiers trouvés chez Robespierre*, Convention nationale, 16 nivôse an III, BN: Le38 1142.

[19] Roux, *Relation de l'événement du 9 thermidor* (s.l.n.d.), BN: Lb41 1148.

scène: le corps meurtri de Robespierre est ici l'incarnation d'une déroute collective, portée par ces trois charrettes où les corps dialoguent les uns avec les autres dans la souffrance, la mutilation, la défiguration. Si le 'corps robespierriste' est monstrueux, a littéralement perdu figure humaine, c'est aussi à cause de ce regroupement hétérogène, de cette hybridation: la tyrannie est incarnée par ce corps à plusieurs têtes dégénérées, cette nouvelle version de l'hydre obsédante dont Robespierre, à lui seul, peut cependant rassembler les meurtrissures physiques et les tares morales. Déjà, on observe dans ces récits la valeur emblématique et métonymique, tout à la fois, du corps de Robespierre: il regroupe les fautes comme la monstruosité des autres corps, et, dans le même temps, il est la partie visible d'un tout de même nature, le principal corps défiguré se poursuivant dans la défiguration générale de son propre groupe. De plus, second fil de l'interprétation, ces tableaux de mots ont l'ambition de prolonger la mort de Robespierre en accentuant son 'état de cadavre'. La tête brandie sur l'échafaud par le bourreau, monstrueuse, n'est plus que l'aboutissement d'un long processus morbide de *cadavérisation* de l'Incorruptible. Sur la charrette, déjà, un cadavre, un mort-vivant, se dirige - au nom des autres, ses amis, et à travers les autres prolongés - vers la guillotine. Ce n'est pas un être vivant que thermidor met à mort, mais un être déjà mort, un 'fantôme' comme le répètent les chroniques à l'unisson, un cadavre en sursis, un 'cadavre pourtant promis à une nouvelle mort'.[20]

En remontant ainsi de tableau en tableau, les récits de la longue attente dans la salle d'audience du Comité de salut public, puis à la Conciergerie, insistent de façon obsessionnelle, même lorsqu'il s'agit de procès-verbaux aux prétentions plus objectives, sur la dilatation temporelle de l'état de cadavre chez Robespierre. Davantage même, c'est à ce moment précis que le dispositif visuel se met en place dans la relation de la mort de Robespierre. Il s'agit d'édifier par un spectacle, comme lors du tableau de l'échafaud, où s'opposent déjà deux regards, celui du tyran défiguré face à celui

[20] *Faits recueillis aux derniers instants de Robespierre* (s.l.n.d.), BN: Lb41 1149.

du 'peuple-public', comme lors du passage de la dernière charrette. Les récits décrivent minutieusement ce 'public', ses réactions devant le spectacle de l'agonie, ses commentaires face à la scène ainsi composée, un public le plus souvent fictif dont les dialogues semblent orienter la bonne vision de ce tableau. Il n'y a qu'un seul objet de spectacle, le seul objet du regard de ce public: le cadavre de Robespierre, un cadavre dont je tente de remonter à la source de vie mais que les récits décrivent pourtant *toujours cadavre*. Cadavre corrompu dans la fosse commune du cimetière des Errancis, cadavre lorsqu'il monte sur l'échafaud, cadavre lorsqu'il quitte la Conciergerie, cadavre lorsqu'il est couché sur la table du Comité de salut public, Robespierre est donc d'autant plus cadavre que l'on remonte en amont vers son pouvoir politique. Ce paradoxe est richement illustré:

> Robespierre, le visage pâle, la tête ouverte, les traits hideusement défigurés, rendant à gros bouillons le sang par les yeux, les narines et la bouche, fut allongé sur une table de la salle d'audience du Comité de salut public. Il parut y souffrir avec patience la fièvre brûlante qui le dévorait, les douleurs aiguës qui torturaient son corps: il ne lui échappa aucune plainte. Il resta deux heures parmi ses collègues du Comité dans cette attitude. Si bien qu'on finit par le regarder comme un cadavre vivant.[21]

Ce paradoxe est repris par tous les chroniqueurs, y compris par les deux chirurgiens qui, *a priori*, devaient se garder de considérations politiques et morales pour se concentrer sur la description des symptômes cliniques de la blessure. Or, en lisant leur rapport ou les témoignages concernant leurs venues et leurs travaux, on retrouve ce même jugement porté sur Robespierre comme cadavre vivant:

> On prépare du linge et de la charpie. Lorsque tout est prêt, le chirurgien s'avance et fait porter le blessé sur le bord de la table. On le lève sur son séant. Il se porte lui-même sur ses mains. Le chirurgien lui lave la figure. On le retourne du côté du jour pour le panser facilement. Le chirurgien lui met une clé entre les dents, il cherche avec les doigts dans l'intérieur de la machoire, il trouve deux dents déracinées, et les prend avec une pince; il dit que la machoire inférieure est

[21] L. Du Perron, *Vie secrette, politique et curieuse de M.J. Robespierre* (Paris, an II).

> cassée. Il enfonce dans la bouche plusieurs tampons de linge pour pomper le sang dont elle est emplie; il passe à plusieurs reprises un lardoir par le trou de la balle et le fait sortir par la bouche; il lave encore la figure et met ensuite un morceau de charpie sur la plaie sur quoi il pose un bandeau qui passe autour du menton; il coiffe la partie supérieure de la tête avec un linge. Pendant tout le temps, Robespierre resta sur la table, et regarda tous ceux qui l'environnaient avec la fixité de la mort, et principalement les employés du Comité de salut public qu'il reconnaissait; il levait parfois les yeux au plafond, mais à quelques mouvements convulsifs près, on remarqua constamment en lui une grande impassibilité, même dans les instants du pansement de sa blessure qui dut lui occasionner des douleurs très aiguës. Son teint, habituellement jaune et bilieux, avait déjà pris la lividité de la mort.[22]

Dans cette impassibilité que chacun décrit, ce n'est donc pas une quelconque dignité que l'on voit, mais la mort, déjà là, ayant saisi le corps et imprimé sur lui les marques funèbres de son emprise. Cette description est très originale en regard de la plupart des autres récits des dernières heures des condamnés à mort durant la Terreur, récits si nombreux et si présents dans les esprits que l'on peut penser que la spécificité de l'agonie de Robespierre a frappé les lecteurs et les témoins. S'il ne s'agit pas d'un récit de mort habituel, c'est sûrement parce que la guillotine n'y joue plus son rôle, n'y fait plus figure d'instant décisif, inracontable, où le fil de la vie est tranché net, brusquement. La plupart de ces récits sont construits sur ce contraste: le grand homme, la jeune femme, le vieillard, meurt en un instant sous le couperet de la guillotine, volé à la vie, avant d'avoir pu accomplir son destin, avant d'avoir pu vivre, sans avoir droit à l'action ou au repos qui lui est dû. Le cadavre vivant de Robespierre, au contraire, tend à rendre le supplice interminable. L'idée est en effet très commune dans ces récits que la guillotine aurait été une mort trop douce pour Robespierre, ainsi que l'exprime ce 'poème historique' intitulé *La Journée du 9 thermidor*:

[22] *Faits recueillis aux derniers instants de Robespierre et de sa faction* (s.l.n.d.), BN: Lb41 3965. On regardera également *Rapport des médecins Vergez et Marrigues, médecins et chirurgiens militaires, sur l'état des blessures de Robespierre*, texte inclu dans l'édition du premier rapport de Courtois.

La mort n'a pas pour lui d'assez terribles maux
Puisque de tout un peuple il était le bourreau.[23]

Cette volonté de prolonger par le récit un état de cadavre trouve ici une signification précise: l'interminable agonie, en infligeant des souffrances cruelles et longues, est la seule peine qui puisse correspondre au crime robespierriste dénoncé par les thermidoriens. La construction fantasmatique de ce Robespierre-cadavre apparaît en définitive, même chez les médecins qui ont promu l'idée et l'appareil de la guillotine abrégeant toute souffrance, comme la seule manière de retrouver, par le récit, par le tableau édifiant, cette ancienne échelle des peines qui pouvait adapter au corps du condamné un supplice en rapport avec sa faute, cet équilibre d'Ancien Régime entre le crime commis et le châtiment public. L'instant de la guillotine est trop vif. Le corps de Robespierre, défiguré, l'efface par le récit d'horreur, ralentit la mort jusqu'à l'étirer infiniment, douloureusement, transformant l'instant de la mort en un passage à l'état de cadavre qui durerait dix-sept heures, durée possible de l'agonie d'un supplicié sur la roue de l'Ancien Régime. La durée de ce passage de vie à trépas, et sa prise en charge par les récits thermidoriens, est ainsi le pire des supplices infligés au corps de Robespierre, ce qu'écrit Audouin dans son compte-rendu du *Journal Universel*, le 11 thermidor, en inventant une terrible oxymore: 'Robespierre meurt longtemps'. Cela, de nombreux chroniqueurs l'habillent à la mode du temps dans leurs récits, en habits de romain, construisant un parallèle constant entre l'agonie d'un Robespierre mort-vivant et celle de Néron, empereur mort de terreur dans son propre caveau funèbre: 'Le tyran, frappé de terreur, resta impassible dans la salle qui précède le lieu des séances du Comité de salut public, comme Néron dans son caveau',[24] écrit par exemple l'auteur de *Robespierre peint par lui-même*.

Il ne s'agit pas, cependant, d'étirer cette agonie jusqu'à offrir à Robespierre un autre rôle, celui du martyr, ainsi que le craint un

[23] *La journée du 9 thermidor* (s.l.n.d.), BN: Ye 35257.

[24] *Robespierre peint par lui-même et condamné par ses propres principes* (s.l.n.d.), BN: Lb41 1168.

chroniqueur: 'En prolongeant la vie du tyran, on lui donnerait le temps de souffrir plus encore, de manifester au monde cette douleur, et de son agonie faire naître le martyre'.[25] Au contraire, la cérémonie mise en place autour de l'agonie de Robespierre vise à rendre ce cadavre parlant, mais dans une langue thermidorienne. C'est ce à quoi s'emploie Thuriot lorsque, aux portes de la Convention, on présente au petit matin du 10 thermidor le corps de Robespierre. 'On annonce que la Maison commune est réduite et qu'on amène Robespierre aîné sur un brancard, précise le procès-verbal de la Convention. Charlier prend le fauteuil du président et dit: 'Le lâche Robespierre est là. Vous ne voulez pas qu'il entre?' 'Non, non', s'écrie-t-on de toutes parts. Thuriot prend la parole:

> Apporter dans le sein de la Convention le corps d'un homme couvert de tous les crimes, ce serait enlever à cette belle journée tout l'éclat qui lui convient. Le cadavre d'un tyran ne peut que porter la peste. La place qui est marquée pour lui et ses complices, c'est la place de la Révolution. Il faut que les deux comités prennent les mesures nécessaires pour que le glaive de la loi les frappe sans délai.

Ainsi écarté du regard de ses pairs les députés, le 'cadavre empesté' de Robespierre traverse d'autres lieux symboliques mieux appropriés à l'édification qu'on lui impose. Les récits thermidoriens font même dialoguer ce corps défait et les lieux qu'il traverse lors de son agonie: le cadavre de Robespierre parle du Comité de salut public, organe que le 'tyran' aurait 'perverti', puis de la Conciergerie, emblème de son pouvoir de vie et de mort sur les Français. Sans doute est-ce Germaine de Staël qui, au prix d'une réécriture de l'histoire, a le mieux improvisé dans ses *Considérations sur la Révolution française* ce dialogue par contamination entre un corps et un lieu:

> On vit donc cet homme qui avait signé pendant plus d'une année un nombre inouï d'arrêts de mort, couché tout sanglant sur la table même où il apposait son nom à ses sentances funestes. Sa machoire était brisée d'un coup de pistolet; il ne pouvait pas même parler pour se défendre, lui qui avait tant parlé pour proscrire! Ne dirait-on pas que

[25] *Portraits execrables du traitre Robespierre et de ses complices, tenus par les furies, avec leurs crimes et forfaits que l'on découvre* (s.l.n.d.), BN: Lb41 3976.

> la justice divine ne dédaigne pas, en punissant les corps, de frapper l'imagination des hommes par toutes les circonstances qui peuvent le plus agir sur elle.[26]

Autant que la justice divine, toutefois, ce sont les récits qui frappent Robespierre: muet, réduit à n'être qu'un corps prématurément privé de vie, les mots peuvent construire sans contrainte cette 'scène composée' de l'agonie. Muet, Robespierre n'aura sans doute jamais autant parlé qu'à ce moment, par sa simple et terrible physionomie, pendant les sept heures où il fut couché, sanglant, sur une table du Comité de salut public, puis les sept autres heures où il fut recouché, sanglant, sur une autre table, à la Conciergerie. Car ces récits thermidoriens fonctionnent non seulement comme des 'scènes composées', mais s'apparentent aussi presque tous à des portraits. A la chute de Robespierre, la question du 'comment et pourquoi cet homme est-il parvenu à la tête de la république?' se trouve dans toutes les pensées. Et la première réponse à cette question consiste à dresser le portrait psychologique et physique, plutôt même psycho-pathologique du personnage. Rarement les descriptions du corps et du caractère d'un homme politique ont été aussi nombreuses qu'à ce moment, comme si tous ces récits attiraient leurs lecteurs en leur disant: 'Venez voir le corps, venez voir le caractère d'un tyran...'. Le portrait proposé sur le coup par Merlin de Thionville, député thermidorien parmi d'autres, est emblématique de ce souci du portrait:

> Les gens qui se plaisent à trouver des rapports entre les figures et les qualités morales, entre les figures humaines et celles des animaux, ont remarqué que, comme Danton avait la tête d'un dogue, Marat celle d'un aigle, Mirabeau celle d'un lion, Robespierre avait celle d'un chat. Mais cette figure changea de physionomie; ce fut d'abord la mine inquiète mais douce du chat domestique; ensuite la mine farouche du chat sauvage; puis la mine féroce du *chat-tigre*. Le tempérament de Robespierre fut d'abord mélancolique, il finit par être atrabilaire. A l'Assemblée constituante il avait le teint pâle et terne et ne parlait qu'en gémissant; à la Convention il devint jaune, puis livide comme un cadavre, mais un cadavre parlant, et qui ne parlait qu'en

[26] *Considérations sur la Révolution française* (Paris), 2, 133.

> écumant. L'histoire de son tempérament est une grande partie de son histoire.[27]

A partir de cette scène de l'agonie et de ce portrait de Robespierre en cadavre vivant, les récits thermidoriens achèvent la figure en proposant un ultime tableau de mots. En effet, s'il n'est pas prudent, en regard des humeurs compatissantes de l'opinion, de laisser souffrir trop longtemps Robespierre en repoussant indéfiniment son supplice, il est en revanche possible de prolonger davantage vers l'amont le temps de l'agonie, de réécrire sa vie, ses derniers mois, à la manière dont on a relaté son dernier jour. On assiste ainsi, dans le récit thermidorien, à un phénomène de dilatation quasi infinie de la mort de Robespierre: comme si ce Robespierre-cadavre avait gagné une épaisseur temporelle démesurée. Ce que ces récits réécrivent en effet comme la 'mort de Robespierre', ce sont ses derniers mois: thermidor remonte volontiers jusqu'au début de prairial an II, le moment de l'angoisse suprême chez Robespierre, lorsqu'il se décrit chaque jour menacé d'assassinat à la barre de la Convention, et que les lois de la grande Terreur viennent couronner cet accès obsidionnal. Robespierre prêtait lui-même ses mots à cette relecture morbide de sa physionomie puisque son long discours du 7 prairial an II est littéralement hanté par les descriptions de son assassinat, les figures obsédantes de sa propre mort, et les images de son destin de corps sacrifié au bien commun, de 'cadavre républicain'. Les récits de thermidor s'emparent de cette vision et la tournent contre Robespierre avec une virtuosité dans l'attaque morbide au corps que ne retrouvera par la suite qu'Hippolyte Taine dans le magnifique et inquiétant portrait qu'il dresse de l'Incorruptible:

> Jamais il n'est las de tuer à nouveau ses adversaires guillotinés. Sur ces cadavres encore tièdes, sa haine posthume suinte en diffamations aprêtées, en contre-vérités palpables. Ainsi rongé intérieurement par le venin cadavéreux qu'il distille, sa machine physique se détraque, comme celle de Marat, mais avec d'autres symptômes. Quand il parle à la tribune, il crispe les mains dans une sorte de contraction nerveuse, des secousses brusques courent dans ses épaules et dans son

[27] Cité dans Louis Jacob, *Robespierre, vu par ses contemporains* (Paris, 1938).

> cou qu'il agite convulsivement à droite et à gauche. Son teint est bilieux, livide; ses yeux clignotent sous ses lunettes. Il est en train de devenir cadavre lui-même, et l'ombre de la mort s'est déjà emparé de son masque.[28]

De même, les témoignages des thermidoriens sont nombreux à conforter cette hypothèse qui permet d'allonger la 'durée de vie' de Robespierre-cadavre de dix-sept heures d'agonie à plus de deux mois de pouvoir politique suprême. Barras, pour ne prendre que cet exemple, a laissé le souvenir d'une étrange visite chez Robespierre à la fin de prairial an II, une visite qui étaye l'hypothèse thermidorienne d'un corps devenu cadavre bien avant la mort elle-même:

> Lorsque je fus introduit devant lui, il ne répondit pas un mot, ne fit pas un geste, ni ne laissa démêler aucun signe d'aucun sentiment quelconque dans sa physionomie. Je n'ai rien vu d'aussi impassible dans le marbre glacé des statues ou sur le visage froid des cadavres lors des veillées funèbres.[29]

Dans son rapport à la Convention, Courtois reprend cette interprétation et dresse un portrait de l'Incorruptible en homme hanté moralement et physiquement par la mort:

> Ne voyant plus autour de lui que des morts ou des mourants, n'entendant que le cri des victimes, que la voix souterraine des tombeaux qui l'appelait, et croyant sentir déjà, comme le taureau qui va tomber à l'autel, le coup de hache qui l'attend, Robespierre ne respirait plus. Il demeurait chez lui, livide, terré comme une bête, ne s'agitait plus que pour repousser ce coup, errait, ainsi qu'une bacchante frappée du thyrse, au sein des complices de ses crimes. On veut m'assassiner s'écriait-il! J'épuiserai la coupe de Socrate, j'abandonnerai mes jours. La menace de Robespierre n'était désormais plus qu'un coup de grâce, ses mouvements étaient les frissons de l'agonie, il était pâle déjà de sa mort future.[30]

A cet étirement temporel s'adjoint une dilatation spatiale du corps-cadavre de Robespierre. C'est la France elle-même, son territoire et ses habitants, qui, durant quelques décades, deviennent un corps

[28] Taine, *Les Origines de la France contemporaine* (Paris, 1988), 2: 125.

[29] Barras, *Mémoires* (Paris, 1831), 1: 147-151.

[30] *Rapport fait au nom de la Commission chargée de l'examen des papiers trouvés chez Robespierre*, BN: Le38 1142.

mort. Plusieurs caricatures du temps l'ont d'ailleurs exprimé avec un humour très noir, puisqu'il s'agit ici d'une métaphore et non d'une représentation directe de la mort à l'œuvre. On en connaît trois: *Robespierre guillotinant le bourreau après avoir fait guillotiner tous les Français, Le Gouvernement de Robespierre, Le Peuple français ou le régime de Robespierre.* A chaque reprise, sur ces images,[31] la France est transformée en un immense cimetière, et les corps de tous les citoyens de la République ont rejoint le statut réservé dans l'imaginaire politique thermidorien au 'premier' d'entre eux, le tyran: celui de cadavre. Les corps s'amoncellent, les têtes s'entassent, et Robespierre règne en maître, cadavre dans la république des cadavres. C'est aussi ce qu'écrit Dussault en établissant un parallèle entre 1789 et 1794, entre deux 'tyrannies', le régime de Louis XVI et celui de Robespierre: 'En 1789, comme en l'an deuxième, le tyran voulait, disait-on, le bonheur, même la liberté du peuple et la tranquillité de l'Etat, et, en 1789 comme dans l'an deuxième, la France avait le repos du cadavre'.[32] Le corps de Robespierre, dans ces caricatures comme dans ce parallèle, est devenu une métonymie de la France entière: le cadavre du tyran désigne ce tout qu'est devenu le cadavre de la république. Le corps de Robespierre est l'emblème morbide d'un pays privé de vie.

Cette dilatation temporelle et spatiale du cadavre de Robespierre n'est pas qu'une image rhétorique. Car elle donne aussi tout son sens à l'interprétation politique de la Terreur en thermidor: devenu fantôme, Robespierre gouverne un cimetière. C'est là une manière de construire une adéquation entre l'état physique et mental du pays et l'état physique et mental d'un homme, une adéquation qui permet d'expliquer la Terreur comme une identification cauchemardesque, comme une hypnose morbide. Cette interprétation a l'avantage de refuser les responsabilités collectives des citoyens comme celles des députés de la Convention dans l'établissement et le gouvernement

[31] Sur l'analyse de ces images thermidoriennes, on se reportera au travail novateur d'Ewa Lajer-Burcharth, 'The Aesthetics of Male Crisis: The Terror in the Republican Imagery and in David's Works in Prison', *Feminity and Masculinity in Eighteenth-Century Art and Culture*, ed. G. Perry & M. Rossington (Manchester University Press, 1994), 219-243.

[32] *Les Nouvelles politiques*, 13 thermidor an II, cité par Jacob, *op. cit.*

du régime de Terreur. Est coupable, en premier et en seul lieu, le cadavre primitif qui s'est dilaté, dans le temps comme dans l'espace, jusqu'à recouvrir complètement la France de la Terreur. Il suffit de séparer le tout de cette partie morbide primitive pour que le corps reprenne vie soudainement, comme après l'ablation d'une 'tumeur morbifique'. L'agonie et la mort de Robespierre tiennent précisément ce rôle: fantôme, mort-vivant, le 'tyran' peut être chassé des esprits comme au retour d'un mauvais rêve; cadavre métonymique, il peut être retiré du corps politique et décomposé sous la chaux vive. Il aura fallu néanmoins, auparavant, que ce corps agonisant dise à tous sa vérité – le cadavre hideux reflétant la monstruosité morale du tyran –, et expie publiquement ses fautes dans les douleurs d'une longue mort. Cette édification morbide construite sur le cadavre de Robespierre est la clé de voûte du discours thermidorien.

La queue du cadavre: un récit d'épouvante

Mais peut-on aussi aisément chasser ce fantôme, éliminer cette tumeur morbide, enterrer ce cadavre? Assez rapidement, en effet, le corps du mort ressurgit, non pas seulement sous la forme des 'obsédants souvenirs' de la Terreur,[33] mais aussi, par les mots des récits, comme une matière organique inquiétante, à travers l'ironie d'une obscénité d'épouvante. Cette continuité physique contre-nature, cette reproduction morbide est introduite dans les récits quelques jours à peine après la mort de Robespierre, plus précisément dans un pamphlet intitulé *Testament de Maximilien Robespierre trouvé à la Maison commune*. Ce texte,[34] à partir d'une fiction assez commune à l'époque – les dernières volontés apocryphes du grand homme –, invente une histoire à dormir debout et

[33] Les trois travaux de références à propos de la 'question de la Terreur' dans la pensée politique thermidorienne sont ceux de Mona Ozouf, 'De thermidor à brumaire: le discours de la Révolution sur elle-même', *Revue historique*, (1970), 31-66; 'Thermidor ou le travail de l'oubli', in *L'Ecole de la France* (Paris, 1984), et encore: 'The Terror after the Terror. An immediate History', in Baker, *op. cit.*, 3-18. Voir aussi Bronislaw Baczko, *Comment sortir de la Terreur. Thermidor et la Révolution* (Paris, 1989).

[34] *Testament de Maximilien Robespierre* (s.l.n.d.), BN: Lb41 1159.

une métaphore organique à succès. Avant de chercher à se suicider, Robespierre se serait isolé dans une pièce retirée afin de 'coucher sur le papier ses volontés dernières'. C'est ce 'document' que la brochure donne à lire avec une ironique complicité: 'Je lègue mon âme à l'Etre suprême' commence sans surprise l'auteur anonyme de ce pamphlet, avant de décliner ensuite toutes les parties physiques possiblement légables. 'Je lègue à David mon visage avec les soins de faire passer mes traits à la postérité' introduit cette énumération corporelle, et le sexe la clôt: 'Enfin, pour donner à tous mes braves lieutenants un point de ralliement, je leur lègue, en guise d'étendart, *ma queue*'. Entre-temps, le pamphlétaire avait réservé un sort particulier au cadavre même de Robespierre, ravivant par les mots de l'ironie et de la polémique cette crainte qui avait conduit les thermidoriens à faire disparaître sans tarder le corps réel de l'Incorruptible:

> Si Jésus de Nazareth, qui n'était qu'un petit garçon auprès de moi, eut jadis le pouvoir d'envoyer le diable dans le corps de deux mille cochons, j'aurais bien celui de passer moi-même dans le corps de trente ou quarante meneurs jacobins; je leur lègue mon cadavre dont ils se nourriront pour trouver les paroles et les actions qui perpétueront ma volonté. Et le peuple français n'aura rien perdu à ma mort, car mon sang sera une semence féconde d'où naîtront les successeurs de mes projets.

Ce testament apocryphe ne lance pas seulement le jeu de mot grivois en vogue sur la 'queue' de Robespierre, mais également l'idée que, tout comme les récits avaient étiré le cadavre de Robespierre vers l'amont de son existence, on pouvait aussi l'étendre indéfiniment vers l'aval. Ceci possède une conséquence politique directe: la dénonciation des 'complices du tyran', Collot d'Herbois, Billaud-Varenne, Thuriot, Vadier, terroristes ralliés aux thermidoriens dans la précipitation du coup d'état qui renversa les robespierristes. Le jeu de mot comme la dénonciation politique sont puisés dans le cadavre même de Robespierre. C'est dire combien cette forme a pu, à ce moment, habiter les imaginations inquiètes. Ceci prolonge également – est-ce une des raisons profondes du succès de ces figures? – l'association de Robespierre avec la royauté, l'une des rumeurs les plus tenaces et les plus présentes alors:[35] si Robespierre fut roi, alors son corps, comme celui du souverain de France, possède le pouvoir de se perpétuer infiniment vers sa descendance. Un même corps se succède politiquement dans une identique lignée chez Robespierre comme chez les Bourbons. Et si, dans la tradition monarchique, cette transmission corporelle était symbole de vie, dans le cas de Robespierre, elle passe par le cadavre. Un fantasme de mort prend forme ici à travers cette perpétuation morbide, associant Robespierre à une royauté funèbre, à une religion dégénérée (l'allusion à la résurrection du Christ), et, plus prosaïquement, à un tableau obscène (l'ultime semence de l'agonisant: la 'queue' de Robespierre devient un groupe politique).

C'est ce dernier thème qu'explore avec délice et virtuosité toute une veine de la littérature thermidorienne, très en vogue, imposante – une trentaine de brochures écrites coup sur coup –, grivoise et subtilement politique. Ces libelles, au nom d'un combat pour le retour à la liberté de la presse, s'attaque aux 'continuateurs du tyran' pour reprendre l'expression consacrée.[36] Le 9 fructidor an II, Méhée de la Touche fait en effet paraître le premier pamphlet[37] d'une série nombreuse, *La Queue de Robespierre*. L'argument est habile et l'habillement tout autant: le combat pour la liberté de la presse passe par les genres les plus exposés à la censure, genres ici intimement mêlés, la politique et l'obscène. Méhée insiste sur l'argument politique dans le texte proprement dit: il vise Billaud-Varenne, Collot d'Herbois, Thuriot, Vadier, les robespierristes qui ont fait chuter Robespierre en se retournant contre lui, mais, selon l'auteur, les 'continuateurs' de sa politique. Les titres de ces pamphlets, quant à eux, sont un appel à l'imagination libertine: *La Queue de Robespierre, Suite à la Queue de Robespierre, Rendez-moi ma queue*... L'association entre les deux registres est réservée au domaine de la plaisanterie, du jeu de mots grivois: ce sont les

[35] Baczko, *op. cit.*, 15-56.

[36] *ibid.*, 57-254.

[37] *La Queue de Robespierre ou les dangers de la liberté de la presse* (Paris, 9 fructidor an II), BN: Lb41 1219.

continuateurs de Robespierre qui forment, collectivement désignés aux rires, sa 'queue'.

Corporellement, ce jeu de mots fait sens. Il remplace même, sur le coup, la métaphore convenue si présente au début de la Révolution pour désigner les dangereuses résurgences du complot aristocratique, l'hydre dont les têtes repoussent sans cesse tant que la dernière n'a pas été coupée. Désormais, ce sont les 'anneaux' de la queue qui forment d'infinies excroissances, pour user du registre métaphorique animalier, ou la semence de la 'queue agonisante' qui a produit de multiples rejetons, pour utiliser le vocabulaire de l'engendrement. Corporellement, ce jeu de mots fait d'autant plus sens qu'il est repris et explicité par de nombreux libelles. Dès lors, en effet, l'association de l'agonie de Robespierre avec une ultime jouissance est constante sous la plume des pamphlétaires. Si Robespierre trouvait son 'état de bonheur' dans une France transformée en cimetière, s'il se complaisait dans le sang des victimes de la Terreur au point de devenir avant l'heure du jugement un cadavre lui-même, alors son agonie, cet état de mort-vivant prolongé sur dix-sept heures, a coïncidé avec un ultime et pervers plaisir. De ce plaisir ultime est née la 'queue' de Robespierre: il y avait plaisir et fertilité monstrueuse dans cette douleur, dans cet état hideux. Ange Pitou, libelliste alors proche de Méhée de la Touche, illustre à merveille cette association du cadavre de Robespierre au plaisir des sens dans *La Queue, la tête et le front de Robespierre* en comparant le sexe du tyran avec l'instrument de la jouissance des femmes sous la Terreur, mais une jouissance dans et par la douleur:

La queue de Robespierre est un meuble à la mode
Auprès du sexe féminin.
Quand sa queue et son alumelle
Percent certain réduit charmant
J'entends une jeune pucelle
Crier: c'est un couteau tranchant!
Cette queue à la Robespierre
Dans le sang aime se grossir
Serrez-la fort toute entière
Vous sentez naître le plaisir.
De l'égorgeur la queue immonde

Veut faire périr le monde entier;
Mais cette queue est bigarrée
D'amour, de sang et de plaisir.[38]

Ce vaudeville, ainsi que le nomme Pitou, est assez clair dans ses trouvailles rimées: le pouvoir de Robespierre est associé à celui qu'un séducteur dégénéré pourrait exercer sur les femmes. Le 'grand prêtre' et ses 'dévotes' est d'ailleurs un des thèmes à la mode du moment:

> C'est surtout les femmes, ce qu'on appelait à Paris les dévôtes de Robespierre, que le tyran attendrissait jusqu'aux larmes. D'aussi loin qu'elles le voyaient, le cœur, les dents, les pieds, les mains, tout trépignait chez elles. Elles se le montraient du doigt, elles l'étouffaient de caresses, elles le pinçaient, elles le mordaient, elles lui mangeaient le blanc des yeux[39]

– rapporte ainsi un journaliste suisse à la fin du mois de fructidor an II. En ce sens, la mort est le cadre d'un dernier tableau érotique: le plaisir morbide trouvé dans le sang et les douleurs de l'agonie. Au cours de cet ultime plaisir, Robespierre donnerait donc naissance à ses 'continuateurs', ceux que l'on soupçonne et que l'on dénonce à partir de fructidor an II.

Face à ce retour lubrique du cadavre de Robespierre, les nouveaux chefs de la Convention tentent de répliquer par l'apaisement: laissons dormir en paix le corps des conjurés. Sur le moment, le récit de thermidor s'était chargé de marquer ces corps d'une empreinte infâme. A cette occasion, le cadavre de Robespierre a été séparé de la république. Il s'agit désormais d'oublier cet organisme morbide. Telle est la réplique aux 'excessifs' adressée par exemple par l'auteur de *La Réponse à la queue de Robespierre par un franc républicain*:

> Plus on remue un bourbier et plus l'infection se manifeste. Aujourd'hui, l'on parle de la queue, demain, il sera question des griffes. De grâce, laissez désormais en paix le cadavre de Robespierre. Il fut assez hideux et son agonie fut terrible. Il a assez souffert. Sous la

[38] *La Queue, la tête et le front de Robespierre* (s.l.n.d.), BN: Ye 3930.
[39] Cité par Walter, *op. cit.*, 428.

> chaux des Errancis, que son corps, sa tête et sa queue soient oubliés. Ce fut sa punition et le massacre a cessé.[40]

De nouveau, la métaphore corporelle raconte les tensions politiques. Mais ce registre organique penche plus volontiers du côté de l'excès et de l'attisement des humeurs. Les pamphlets obscènes se poursuivent donc, gagnant d'ailleurs dans ce combat une nuance lexicale – une série est en effet lancée autour des *Parties honteuses de Robespierre* et des *Parties honteuses du tyran aux Jacobins* –, exigeant toujours la punition des 'continuateurs' de Robespierre, des représentants en mission les plus féroces, ou demandant la fermeture du club des Jacobins. Si bien qu'assez rapidement, dans ce récit radical, la seule expiation possible de la Terreur est la terreur elle-même, le seul enterrement définitif du cadavre de Robespierre est le massacre du corps. Expier la Terreur consiste à retourner la Terreur contre les anciens terroristes: juger tous les complices et tous les continuateurs de l'Incorruptible, rôle que tenteront de tenir politiquement les quelques grands procès de l'an III. Enterrer définitivement le cadavre de Robespierre revient alors, au niveau des métaphores choisies, à radicaliser le supplice du tyran jusqu'au massacre du corps et à l'émasculation du cadavre. La cérémonie de la punition d'Ancien Régime, infligée au corps agonisant de Robespierre par les récits de thermidor, se transforme quelques semaines plus tard en un rite de massacre dans les brochures les plus violentes de fructidor an II.

C'est ce qu'expliquent très clairement les deux derniers titres de la série des 'Queues' de Robespierre: le *Plan de conduite pour tous les anneaux de la queue* et un *Coupons lui la queue* net et incisif. Là,[41] on découvre le cadavre de Robespierre sorti de la fosse commune des Errancis, un cadavre 'vivant du COL à la QUEUE', c'est-à-dire un épouvantable corps sans tête que l'énergie séminale a réussi seule à ranimer, monstre digne des fantasmagories morbides peuplant alors certaines gravures thermidoriennes puis animant le spectacle de lanternes magiques mis au point par Robertson à

[40] *Réponse à la Queue de Robespierre* (s.l.n.d.), BN: Lb41 1223.

[41] *Plan de conduite pour tous les anneaux de la queue* (s.l.n.d.), BN: Lb41 1221.

partir de 1798. Ce monstre associe l'Incorruptible à sa descendance politique - le 'COL', composé en majuscule, répond certes au mot 'QUEUE', mais est aussi une allusion transparente à Collot d'Herbois, principal 'continuateur' de Robespierre avec Billaud-Varenne -, tout en dressant un portrait d'épouvante: le cadavre vivant sans tête mais avec un organe reproducteur tout puissant, version politique du mort jouissant, du 'mort bandant' que l'on trouve au même moment dans le roman sadien. Usant du 'nous' des continuateurs de Robespierre, le pamphlétaire peut ainsi écrire:

> Sans doute le COL a eu grand tort de se brouiller avec la TETE [allusion au 9 thermidor et au retournement des alliances qui entraîna la chute de Robespierre]. Cette imprudence a failli nous coûter la vie à tous. Nous l'avons échappé belle! Heureusement que la QUEUE est demeurée intacte à l'instant du supplice. Et par cette vigueur du bas, nous avons annulé le branle du haut. Nous voilà tirés à peu près de ce mauvais pas. Que cette expérience nous rende fort: occupons-nous à chérir cette puissance de QUEUE.

Ce monstre ne peut donc être éradiqué que par le massacre, la dispersion du 'COL' et des anneaux de la 'QUEUE', l'émasculation rituelle. L'agonie reconstituée par le récit de thermidor dérive vers un rite de Saint-Barthélémy en fructidor. L'épouvante de cette métaphore du cadavre vivant du 'COL à la QUEUE' appelle le massacre. Dans cette logique, tous les anciens membres du Comité de salut public robespierristes doivent être punis.

La fin de la Révolution: une poétique robespierriste

Un autre récit s'est penché avec un intérêt grandissant sur le cadavre de Robespierre: les robespierristes eux-mêmes. Eux aussi y ont vu des formes étonnantes. Les récits thermidoriens étaient composés en tableaux successifs. C'est une autre langue de 'tableaux' que privilégie la tradition robespierriste: le théâtre. Il y eut certes, car le théâtre est un genre très fécond sous la Révolution, quelques pièces thermidoriennes composées sur le moment ou quelques mois plus tard. Godineau propose par exemple une *Mort de Robespierre* dès fructidor an II, drame en trois actes particulièrement virulent contre le 'tyran furieux'.[42] Antoine Sérieys fait de même en 1800, reprenant un titre identique.[43] Dans cette pièce, le troisième acte se conclut par l'arrivée dans la Convention du 'tyran tout défiguré tel qu'il parut le 10 thermidor', quasi cadavre avouant ses fautes à ses pairs dans une ultime confession avant la guillotine:

> Sénateurs! ma présence en ces lieux
> Ne peut que vous offrir un spectacle odieux.

Mais, avec le décalage chronologique nécessaire à la constitution d'une tradition littéraire et politique, les robespierristes s'emparent du genre théâtral un siècle plus tard. Entre 1882 et 1939, cette tradition ne propose pas moins de sept grands drames historiques sur l'Incorruptible, en actes et en tableaux. Ceci accompagne un culte de Robespierre qui emprunte également la voie des ouvrages d'érudition militante – l'*Histoire de Robespierre* en trois volumes par Ernest Hamel achevée en 1867 –, qui tient à restaurer, à conserver et à faire visiter la maison de l'Incorruptible à Arras, ou celle encore qui oeuvre dans la grande peinture d'histoire. C'est d'ailleurs un peintre académique et robespierriste, Lucien Mélingue, qui, le premier, s'empare de l'agonie de Robespierre pour lui 'restituer sa juste et mâle fierté'. Ce spectaculaire tableau d'histoire, aux grandes dimensions, *Le Matin du 10 thermidor an II*, représentant l'Incorruptible blessé et allongé sur la table du Comité de salut public, fait sensation au salon de 1877. Il est ensuite, dès 1878, assez largement reproduit et diffusé dans les cercles robespierristes grâce au procédé de la photogravure. Ces cercles s'organisent en réseaux militants et académiques de sociétés savantes, organisation emblématisée par la fondation en 1907 par Albert Mathiez de la Société des études robespierristes, une société qui édite bientôt sa revue, les *Annales révolutionnaires*. A cette association robespierriste adhèrent – et c'est une force à l'époque – bon nombre d''hommes de lettres', tels Hippolyte Buffenoir, Jean Bernard, Lucien Descaves, Hector Fleischmann... Ce sont eux qui insufflent au personnage de Robespierre, particulièrement à son destin tra-

[42] *La Mort de Robespierre* (s.l. an II), BN: Yth 23650.
[43] *La Mort de Robespierre* (s.l.n.d.), BN: Yth 20982.

gique et à sa mort, une dimension épique. Ce lyrisme bouleverse assez radicalement l'image de l'agonie, parvient à *poétiser* le tableau de cette mort. Le corps de Robespierre – comme dans tout culte rendu à un martyr – est souvent placé au coeur de cette communion et de ce récit renouvelé. Ce réseau robespierriste réactive ainsi, en lui conférant un sens militant, l'intérêt jusqu'alors morbide et anecdotique porté au masque mortuaire de Robespierre, masque conservé – ou plutôt inventé – par certains musées de cire, Curtius et Madame Tusseau, dès la fin du XVIIIe siècle.[44] Il existe plusieurs masques mortuaires de Robespierre, tous faux, reconstitués *a posteriori* d'après portraits, et leur conservation, leur exposition, parfois même leur invention de toute pièce, occupent une place importante dans le souvenir et le culte robespierristes. Le visage du mort y devient lieu de communion, de ressourcement, de serment, et ce n'est plus là, bien évidemment, la face hideuse, la tête dégénérée et déshumanisée que l'on décrit, mais, au contraire, la sérénité, le défi et la gloire tragiquement brisée: 'Devant ce masque empreint de la douloureuse et profonde mélancolie de la mort, et sur lequel semble pourtant flotter un suprême sourire, fait de dédaigneuse ironie pour les esclaves d'hier devenus les bourreaux triomphants, notre plume hésite et tremble. C'est que jamais figure plus terriblement sublime n'arrêta l'histoire', écrit Armand Dayot, l'un des érudits robespierristes du temps, face à l'un des masques exposé en 1911 au Musée Carnavalet.[45]

'Arrêter l'histoire', c'est finalement ce rôle que tient Robespierre dans cette réécriture, comme si, des deux côtés de son cadavre, l'histoire de la Révolution se séparait radicalement. Ernest Hamel écrit d'ailleurs:

> La république offrit ce jour-là [le 10 thermidor] le spectacle de son immense suicide. On eut dans la rue comme le prélude de l'immonde comédie thermidorienne connue sous le nom de bal des victimes. Une chose visible autour de l'échafaud de Robespierre, c'est que le règne des filles, des prostituées, de tous les mondes, agioteurs et grands

[44] Le travail le plus précis sur les masques mortuaires de Robespierre est l'oeuvre d'Hector Fleischmann, *Le masque mortuaire de Robespierre* (Paris, 1911).

[45] Cité par H. Buffenoir, *Portraits de Robespierre* (Paris, 1882).

> fripons, commençait. Le vrai peuple se tenait à l'écart, consterné. Ils moururent tous sans forfanterie et sans faiblesse, les robespierristes, bravement, en gens qui défiaient l'avenir et embrassaient la mort avec la sérénité d'une conscience pure et la conviction d'avoir rempli jusqu'au bout leur devoir. Fervent royaliste, le bourreau dut tressaillir d'aise, car il sentait bien qu'il venait d'immoler la Révolution et de décapiter la République dans le corps de son plus illustre représentant, Maximilien Robespierre.[46]

Mise à part la pièce de Victorien Sardou, *Thermidor*, écrite en 1906, de tradition plutôt girondine, tous les autres drames composés sur Robespierre sont robespierristes, aussi bien Le *Monologue de Robespierre allant à l'échafaud* d'Hippolyte Buffenoir en 1882, le *Robespierre* de Louis Combet en 1888, le *Robespierre* de Robert Griepenkerl, le *Danton et Robespierre* de Robert Hamerling, tout deux traduits de l'allemand par Auguste Dietrich en 1892 et 1893, *Le Dernier songe de Robespierre* d'Hector Fleischmann en 1909, *L'Incorruptible* de Rumsard en 1927, et, enfin, le *Robespierre* de Romain Rolland, le plus célèbre d'entre tous, écrit en novembre et décembre 1938. L'enjeu premier de ces pièces, outre leur dimension proprement militante, consiste à relever le défi posé par thermidor: comment transformer ce corps souffrant, blessé, défiguré, en un corps de héros? Les thermidoriens, sur le coup, avaient fait de Robespierre un cadavre monstrueux; les robespierristes, près d'un siècle plus tard, lui offrent un autre destin: son sacrifice en fait un corps vivant, souffrant, hurlant parfois, visionnaire souvent, mais non plus un cadavre. Le corps de Robespierre est devenu une promesse lyrique et a laissé sa carapace impassible et glacée. La vie lui est rendue grâce à la parole et à la vision, mais - puisque l'objectivité historique impose le silence à la machoire brisée – une parole qui se fait intérieure et la vision prophétique. Il s'agit même là du principal enjeu de ces pièces: comment faire 'parler' un homme rendu muet, surtout sur la scène d'un théâtre? La plupart de ces drames trouvent la même solution: Robespierre, assoupi durant son agonie, attendant la mort dans un sommeil serein et non plus tel un cadavre hideux, se transforme en *personnage de rêve*. Le

[46] Hamel, *Histoire de Robespierre* (Paris, 1867).

premier dramaturge à avancer cette idée poétique et théâtrale est Hyppolite Buffenoir qui, en soixante-six vers, propose un long monologue intérieur dit par Robespierre, comme dans un rêve, lorsqu'il agonise sur la table du Comité de salut public. Cela commence par:

> La mort vient. Je suis calme, et rien de m'épouvante,
> Le monde nous devra la liberté vivante...

Et cela finit, face à la guillotine, par:

> Allons! monte au zénith, soleil de thermidor!
> Devant cet échafaud, je te salue encor!

Le dernier de ces dramaturges robespierristes, Romain Rolland, profite quant à lui de l'art cinématographique pour peupler l'agonie de Robespierre de visions sublimes, projetées sur un écran placé au fond de la scène. La vie du héros, par tableaux animés, défile ainsi au moment de sa mort. Robespierre n'est plus du tout un cadavre opaque et froid muré dans le silence, mais projette par éclats ses idées, ses actions, ses prophéties grâce à l'image animée. Il est devenu source de vie. Il s'agit de redonner une puissance de vie à l'agonie. Non pas suivant une ultime procréation pervertie comme l'imaginaient les brochures obscènes de fructidor an II, mais grâce à une force épique. Du coup, dans ces pièces de théâtre, l'agonie se transforme assez naturellement en une ascension. L'agonie 'remplie de vie' est en effet un paradoxe qui ne peut être résolu que par l'apothéose. C'est le sens du final de la plus militante de ces pièces, le *Robespierre* de Louis Combet, où les deux derniers tableaux associent explicitement le corps de Robespierre à celui du Christ. L'avant-dernière scène, intitulée 'Le Golgotha', laisse entrevoir, à travers un 'nuage teint de rouge', une reconstitution de l'exécution: 'Le nuage s'entr'ouvre et l'on aperçoit une partie de la place de la Révolution, avec l'échafaud et la charrette des condamnés, parmi lesquels on distingue Robespierre, la tête haute et enveloppée de linges sanglants. Bruits de tonnerre, puis un nuage noir passe devant cette scène horrible, et tout devient obscur'. On ne verra rien du supplice lui-même. L'ultime tableau, 'Les Champs-Elysées', élève Robespierre au paradis olympien, un paradis syncrétique où se réunissent les déesses Justice, Vérité, Histoire, auprès des grands hommes, de Platon à Rousseau, de Vercingétorix à Jésus en passant par Confucius, pour accueillir l'Incorruptible, 'rayonnant, porté sur un nuage', tandis qu'en lettres de feu apparaissent au fond de la scène les mots-slogans suivant: 'République universelle', 'Etats-Unis d'Europe', 'Alliance des peuples'. Le cadavre hideux de thermidor vient ici d'être revisité par une apothéose christique doublée d'une panthéonisation civique.

C'est, en moins pompeux, le même procédé qu'utilise Romain Rolland. Dans le final de sa pièce, apparaît d'abord le 'Char de la Révolution', une image sans doute tirée du *Napoléon* d'Abel Gance, où tous les morts illustres de 1793 et de 1794 se retrouvent pour offrir à la France l'héritage révolutionnaire. Il s'agit de l'ultime vision de Robespierre avant le supplice, projetée sur le grand écran qui ferme le plateau. Ensuite, la mort elle-même accède à cette fulgurance refusée par les récits thermidoriens, supplice de Robespierre invisible sur la scène mais ponctué d'un 'énorme cri' poussé par les acteurs. Enfin, les robespierristes, comme ressuscités, groupés autour de leur héros, prennent le centre de la scène, rejoints par les principales figures du 'Char de la Révolution', tels Collot d'Herbois ou Babeuf. Tous luttent ensemble contre 'l'hydre du royalisme', font barrage de leur corps face à la montée des périls (nous sommes aussi en décembre 1938). Ainsi, mêlés par le combat, les robespierristes ne forment plus qu'un seul corps, celui du bloc révolutionnaire qui fait face à l'ennemi de la tradition. Ce corps uni, c'est la force vitale de Robespierre telle que l'exaltent ses plus ardents défenseurs, proches du parti communiste en 1938. Désormais, dans la charrette puis sur l'échafaud, enfin dans la postérité, Robespierre porte cette gloire par sa sérénité face à la souffrance, par ses visions et son immortalité. Il est devenu un pur fantasme de vie répondant trait pour trait au fantasme morbide de thermidor.

C'est cette vision que peint Hector Fleischmann, reprenant à son compte, en 1909, le tableau du trajet de Robespierre vers l'échafaud, et le transformant en un récit, le récit de l''âge héroïque' de la France:

> Il est beau pour lui d'avoir été égorgé à la veille de la déchéance. Robespierre mort, l'âge héroïque est clos. Il est juste que la charrette cahotante l'ait trainé vers la place de la Révolution puisqu'il n'est point fait pour ces temps-là! La France s'est donnée au Directoire. Qu'avait-il à demander encore à l'étonnement de la postérité, ce Robespierre debout, la machoire fracassée, livide, sanglant, et muet dans l'orage des vociférations? Certes, il avait péché; certes, il avait failli; mais dans sa part d'expiation, quel éclat, et sur son corps ensanglanté, quelle majestueuse horreur! Lui, le Catilina, le tigre, le dictateur, Robespierre, lui les dominait de toute la hauteur de son double supplice, avec cette majesté héroïque que portait son corps agonisant, et pourtant raide, droit, fier. Les hommes étaient dans la rue, les femmes restaient aux fenêtres. Il les voyait onduler, se hausser vers lui ces visages innombrables de la foule; il les voyait se pencher vers lui au passage de la charrette ces gorges ouvertes au soleil de thermidor. Il voyait la fureur de ces yeux d'hommes, insensibles à l'outrage, hurlant face à l'agonie pourpre. Il voyait aussi l'attrait de ces charmes féminins qu'il avait lui-même repoussés jusqu'alors. Et, les paupières mi-closes, il rêvait à sa destinée, au sacrifice de sa personne à la patrie, comme à ces corps de femmes offerts. En gravissant les marches déjà gluantes de la guillotine, l'homme de thermidor a pu se sentir une conscience et une jouissance assez hautes pour acquitter ses juges.

Cette reconstruction poétique de l'agonie de Robespierre autour d'un fantasme de vie, mêlant la gloire future, la vision héroïque, le sentiment érotique, et le récit épique, semble être, aujourd'hui encore, le seul discours robespierriste possible. D'une certaine manière, on peut avancer que si le projet de société robespierriste est largement abandonné, subsiste par contre cette force poétique, cette intensité esthétique liée au récit d'agonie.[47] Le dernier en date de ces récits, *Robespierre, derniers temps*, publié par Jean-Philippe Domecq en 1984, repris sous forme théâtrale au moment du bicentenaire de 1989, est très emblématique de cette forme poétique.[48] Les deux dernières pages de ce livre sont ainsi un poème écrit sur l'échafaud dont voici l'ultime strophe:

[47] Deux écrivains français contemporains travaillent à ce jour sur Robespierre, le dramaturge Gilles Aillaud et le romancier Pierre Michon.

[48] Jean-Philippe Domecq, *Robespierre, derniers temps* (Paris, 1984), repris sous forme dramaturgique par Pierre Béziers, *Un Robespierre de papier* (s.l. Editions de l'Aube, 1989).

On le pousse, contre la planche, trempé sous le menton
les sangles, on tarde à basculer la planche
un des bourreaux s'est glissé derrière lui et arrache d'un coup
le bandage
le sang jaillit
il hurle

Le dernier cri, le hurlement, n'est pas clos: le livre comme le poème se terminent sans ponctuation, sans point final. La vision de cette agonie est ouverte, et le cadavre – transformé en poème – se veut un corps hurlant jusqu'à nous. Ce fantasme de vie, c'est le cadavre de Robespierre qui l'offre, de 'hideur' thermidorienne devenu poème robespierriste.

YEARBOOK OF EUROPEAN STUDIES 9 (1996): 203-221

'LE DERNIER MOT DE LA RÉVOLUTION' ROBESPIERRE ET SES SYNONYMES

Ann Rigney

'Représenter': c'est rendre présent par un intermédiaire quelque chose qui est absent.[1] Actuellement très en vogue, le terme 'représenter' sert à désigner des phénomènes assez divers. Ainsi nous parlons entre autres de 'représentation historique' pour désigner le travail de l'historien: celui-ci aurait pour tâche de 'rendre présent' à un public de lecteurs un aspect du passé par l'intermédiaire d'un discours. Ainsi nous parlons entre autres de 'représentation politique' pour désigner le rôle de quelqu'un chargé de 'rendre présent' à une assemblée les intérêts ou opinions d'une collectivité. Il s'agit là bien sûr de deux domaines culturels spécifiques (l'histoire et la politique), de deux sortes de représentation en principe bien distinctes. Mais n'y-a-t-il point entre elles des ressemblances, voire de véritables points de croisement, qui mériteraient aussi la réflexion? Voilà la question que je veux aborder ici.[2]

[1] Cette étude est une version revue et corrigée d'un essai qui parut pour la première fois en anglais sous le titre, 'Icon and Symbol: The Historical Figure Called Maximilien Robespierre', in *Representing the French Revolution: Literature, Historiography, and Art*, ed. J. Heffernan (University Press of New England, 1992), 106-22. Il reprend et élabore des idées présentées in Ann Rigney, *The Rhetoric of Historical Representation: Three Narrative Histories of the French Revolution* (Cambridge University Press, 1990), chapitre 4.

[2] Pour une étude historique des différentes formes de la représentation en politique, voir Hanna Pitkin, *The Concept of Representation* (University of California Press, 1967). Raymond Williams, *Keywords: A Vocabulary of Culture*

Poser cette question c'est en fait poser déjà celle de la justification théorique de cette collection d'essais. Pourquoi transformer l'individu Robespierre en objet de recherche et de réflexion historique? Pourquoi Robespierre? Pourquoi un individu?

Parce qu'à travers notre connaissance de cet individu il nous serait possible de mieux comprendre ce qu'est la Révolution française sous ses diverses facettes? Parce qu'à travers notre connaissance de cet individu, il nous serait possible de mieux connaître ce qu'est un leader ou de réfléchir sur le rôle du choix individuel ou de l'énigmatique dans l'histoire? 'Parce que son nom [...] résume toutes les iniquités sociales dont nous voulons la disparition'. Voilà un petit échantillon de réponses possibles (la dernière est de Mathiez).[3] Il y en a d'autres. Mais on peut s'attendre à ce que toute réponse souligne le fait que la connaissance de l'individu Robespierre mène à d'autres connaissances.

Si le problème du statut épistémologique du singulier est endémique au territoire des historiens, il a gagné en virulence ces dernières années, dans le cadre d'un nouvel intérêt pour le *case study* et d'un soi-disant 'retour' à la biographie et à la narration. Ainsi après une longue période d'histoire quantitative où, pour emprunter les mots de Giovanni Levi, 'il était possible de relater un événement historique en faisant abstraction de toute destinée individuelle',[4] on est rentré dans une période de réflexion sur le rôle de l'étude des individus à l'intérieur de ce discours qu'on appelle historique et qui traditionellement vise le social. La biographie, continue Levi, constitue-t-elle un instrument de la recherche sociale ou, au contraire, un moyen de la fuir? Il s'agit donc de réfléchir, pour emprunter cette fois un terme de Robert Darnton, à la 'repré-

and Society (London: 1976) passe en revue les diverses significations du terme 'représentation' dans les domaines de la politique et de l'esthétique (222-25). Pour une réflexion théorique sur la représentation qui part d'une analogie entre le politique et l'artistique, voir F.R. Ankersmit, 'Politieke representatie. Betoog over de esthetische staat', *Bijdragen en mededelingen betreffende de geschiedenis der Nederlanden*, 102 no. 3 (1987): 358-79.

[3] Albert Mathiez, *Études sur Robespierre 1758-1794* (Paris: 1958), 35.

[4] Giovanni Levi, 'Les usages de la biographie', *Annales*, 44 (1989): 1325-36 (1325).

sentativité' de ces récits, si populaires aujourd'hui, où on parle de façon détaillée des incidents et des individus.[5]

Les concepts déployés au cours de ces discussions récentes relèvent bien sûr de la fin du vingtième siècle. Mais cela ne veut pas dire pour autant que les problèmes en jeu soient tout à fait nouveaux. Quelle place accorder aux individus dans un discours historique visant le social? Ou question-annexe: comment raconter le social? Voilà des questions qui ont aussi travaillé les esprits du dix-neuvième (surtout peut être ceux de la première moitiè du siècle). Trop longtemps rabaissés au rang de naïfs, ces historiens soi-disant narratifs se voyaient obligés d'examiner dans leurs travaux, de façon exploratrice sinon définitive, les divers rapports imaginables entre individus et collectivités. Et chez eux, cette question d'ordre à la fois épistémologique et méthodologique a pris, et de toute évidence, une dimension politique.

Après tout, les historiens avaient eux aussi hérité de la Révolution; en particulier, ils étaient héritiers du principe démocratique suivant lequel la 'nation' ou le 'peuple' constituait le seul sujet légitime de l'histoire et donc de la représentation historique. La 'véritable' histoire, c'est l'histoire du peuple, c'est-à-dire, 'l'histoire des citoyens, l'histoire des sujets, l'histoire du public, l'histoire de la masse'.[6]

Dans ce cadre démocratique où l'histoire véritable est celle du peuple, l'historien assume dans le domaine culturel le rôle de porte-parole ou de représentant national. L'historien, c'est celui qui prétend rendre présent au public par l'intermédiaire d'un récit intelligible le passé de la nation toute entière.[7] L'analogie avec la

[5] Robert Darnton, *The Great Cat Massacre and Other Episodes in French Cultural History* (New York, 1984), en particulier 261-62. Voir aussi Jacques Revel, 'L'histoire au ras le sol', in Giovanni Levi, *Le pouvoir au village: histoire d'un exorciste dans le Piémont du XIIe siècle*, trad. franc. (Paris, 1985), I-XXXIII; surtout la discussion du concept 'd'exceptionnel normal' (XXX-XXXI).

[6] Augustin Thierry (1820), cité par Rulon Nephi Smithson, *Augustin Thierry: Social and Political Consciousness in the Evolution of a Historical Method* (Genève, 1973), 82. Cette liste de synonymes reflète toute la polysémie qui peut se cacher sous le parapluie du terme 'peuple'.

[7] Selon Frank Ankersmit il existe une relation étroite entre la naissance de la démocratie moderne et le réalisme en tant que mouvement artistique; voir *The*

représentation parlementaire s'impose ici parce que c'est dans des termes chargés de politique, et donc par le biais d'une fiction, que la tâche de l'historien-style-nouveau fut définie (ainsi, comme le disait Michel de Certeau, 'l'historien pense le pouvoir qu'il n'a pas').[8]

Le critique Baudrillart interprétait en 1850 le rôle que se donnaient les historiens de l'époque dans des termes qui reflètent ce croisement symbolique entre histoire et politique:

> L'historien véritable n'est que l'interprète, le mandataire du peuple, avec mandat impératif: le peuple dicte, il écrit; le peuple le délègue, il le *représente*. Je le demande, est-ce autre chose que l'histoire mise en démocratie, installée dès 1847 en république. N'est-ce pas le suffrage universel proclamé dans l'ordre de l'intelligence au moment où une révolution nouvelle allait le décréter dans la société.[9]

Mettre l'histoire en démocratie. Le passage de la théorie à la pratique n'est pas sans entraves. D'une part, il y a le fait épineux que l'autorité de l'historien dépend finalement de la reconnaissance de ces lecteurs (s'il est vraiment question d'un 'mandat impératif' de la part de la nation, celui-ci ne peut être accordé qu'après coup, c'est-à-dire au moment de la lecture et non pas de la rédaction de l'histoire).[10] D'autre part, il y a le fait non moins épineux du point de vue pratique et idéologique qu'au moment de rédiger son histoire l'historien doit d'abord choisir, parmi tous les individus et groupes qui ont joué un rôle dans le passé, ceux qui à son avis *représentaient* la nation à l'époque en question et qui pourront être reconnus

Reality Effect in the Writing of History: The Dynamics of Historiographical Topology (Koninklijke Nederlandse Akademie van Wetenschappen, 1989), 36. Il est intéressant à cet égard de rappeler les mots de Balzac, 'La Sociéte française allait être l'historien, je ne devais être que le secrétaire', *La comédie humaine*, ed. P.-G. Castex (12 vols.; Paris, 1976-81), 1: 7; et ceux d'Alfred de Vigny, 'L'histoire est un roman dont le peuple est l'auteur', in *Cinq-mars* (1826): *Oeuvres complètes*, ed. Alphonse Bouvet (2 vols.; Paris, 1993), 2: 8.

[8] Michel de Certeau, *L'écriture de l'histoire* (Paris, 1975), 15.

[9] Henri Baudrillart, 'Les historiens de la Révolution française et la Révolution de février', *Revue des deux mondes*, 20e année, no.4 (nouvelle série, 8) (1850): 808-31 (817).

[10] Sur cette question, voir aussi Linda Orr, 'L'autorité "populaire" de l'historiographie romantique', *Romanic Review*, 73 (1982): 463-72.

en tant que tels par le public d'aujourd'hui. Si la Révolution marquait 'le triomphe de la personnification abstraite du collectif', pour emprunter les termes de Marcel Gauchet, elle signifiait aussi que ce collectif cessait d'être '*incorporable* pour n'être plus que *représentable*'.[11] A l'historien donc de figurer ce collectif - tâche de figuration d'autant plus critique que la poétique de l'époque prescrivait la narration très détaillée - 'vivante' - du passé.

C'est dans ce cadre qu'on va trouver, du côté des historiens aussi bien que des romanciers comme Balzac et Nodier, toute une réflexion sur les 'types' ou sur les 'hommes représentatifs'.[12] Je prends ici à titre d'exemple les réflexions de Louis Blanc, selon qui il n'était possible de jouer un grand rôle dans l'histoire qu'à condition d'être ce qu'il appelait 'un homme représentatif':

> La force que les individus puissants possèdent, ils ne la tirent d'eux-mêmes qu'en très petite partie: ils la puisent surtout dans le milieu qui les entoure. Leur vie n'est qu'une concentration de la vie collective au sein de laquelle ils sont plongés [...] c'est précisément à cause de cela que l'appréciation exacte de leur individualité importe. En les attaquant ou en les défendant, ce qu'on attaque ou ce qu'on défend c'est l'idée qui s'est incarnée en eux, c'est l'ensemble des aspirations qu'ils ont représentées [...] En bénissant ou en maudissant leur influence, on bénit ou on maudit l'influence générale par laquelle la leur fut dominée, ou, pour mieux dire, dont elle fut la manifestation énergique,

[11] Marcel Gauchet, 'Les *Lettres sur l'histoire de France* d'Augustin Thierry', dans *Les Lieux de mémoire*, ed. P. Nora (3 vols. in 5; Paris: 1984-92), 2 (*La nation*): 247- 316 (288).

[12] La signification du mot 'type' est multiple: [1] le modèle d'après lequel on produit quelque chose; [2] la figure qui symbolise une idée ou un événement; [3] la personne chez qui sont manifestes les qualités caractéristiques d'un tempérament ou d'un groupe socio-historique déterminé. Cette dernière notion de type, développée par Balzac dans l'Avant-propos à *La comédie humaine* (1842), n'est pas absente des ouvrages qu'on va examiner ici. Mais c'est la première et la deuxième notion de 'type' qui y prédominent, les grands hommes étant avant tout considérés 'typiques' (d'une idée ou d'un moment historique). Un tel emploi du terme 'type' rappelle la perspective idéaliste d'un Nodier plutôt que la perspective sociale de Balzac; selon Nodier, le nom d'un homme-type représente une conception ou une création unique; voir *Oeuvres* (12 vols.; Paris, 1832-37, repr. Genève, 1968), 5: 49. Voir aussi à cet égard, Ralph Waldo Emerson, *Representative Men: Seven Lectures* (Boston, 1850).

> le résumé vivant. On pourrait presque dire que, pendant la Révolution, *les principes se firent chair.*[13]

Cette définition de l'homme représentatif met en relief l'importance attachée à l'élaboration conceptuelle des rapports entre individus et collectivités. En même temps elle frappe par son caractère peu systématique, sinon par la *surabondance* de termes employés pour désigner le rapport entre l'individu et ce qu'il représente: sa vie serait à la fois 'la concentration', 'la manifestation énergique', 'le résumé vivant', voire 'l'incarnation' de la vie collective. Ni le rapport de représentaion, ni l'object représenté n'est clairement défini. C'est quoi au juste 'la vie collective'? – des usages? des opinions? des aspirations? Qui appartient à cette collectivité et qui en est exclu? Tout cela n'est pas clair. Mais ce qui ne fait aucun doute, c'est qu'un individu est censé pouvoir représenter le collectif aux yeux du public.

La définition générale de 'l'homme représentatif' proposée par Blanc avait en vue un individu spécifique: Robespierre. Et c'est aussi de Robespierre que je vais m'occuper ici. Plus exactement, je vais m'occuper de son image historiographique: comment les historiens représentent-ils cet homme potentiellement représentatif de la vie collective.

Je vais examiner en particulier l'image de Robespierre dans les quatre histoires de la Révolution française qui ont paru pour la première fois en 1847, et qu'on considère comme la pépinière idéologique de la Révolution de 1848: l'*Histoire des Girondins* (1847) de Lamartine, l'*Histoire des Montagnards* (1847) d'Esquiros, l'*Histoire de la Révolution française* (1847-53) de Michelet, l'*Histoire de la Révolution française* (1847-62) de Blanc.[14]

[13] Lettre au *Temps*, 22 février 1966; cité par François Furet, *La Gauche et la Révolution française au milieu du XIXe siècle* (Paris, 1986), 25-54. Quoique les termes employés soient différents, cette notion de 'l'homme représentatif' se rapproche de la description chez Georg Lukács du type héroique ou individu historique; selon Lukács, 'The great historical personality is the representative of an important and significant movement embracing large sections of the people': *The Historical Novel* (Harmondsworth, 1962), 38.

[14] Alphonse de Lamartine, *Histoire des Girondins* (2 vols.; Paris, 1984); Alphonse Esquiros, *Histoire des Montagnards* (2 vols.; Paris, 1847); Jules Michelet,

'Robespierre'. Nous reconnaissons tous ce nom et savons qu'il désigne un certain individu qui a réellement existe, né à Arras le 6 mai 1758 et guillotiné à Paris le 28 juillet 1794. Mais comme ceux de tous les 'grands hommes' de l'histoire, ce nom propre de 'Robespierre' ne sert pas seulement à désigner quelqu'un. Il est aussi surchargé de connotations – à tel point qu'il est impossible d'évoquer ce nom propre et de donner une description de l'homme qu'il désigne sans invoquer aussi sa réputation sinon la légende noire qui l'entoure.[15]

'Robespierre' désigne donc un individu en chair et en os, mais *signifie* aussi. Ce qui explique pourquoi les querelles à propos du caractère ou des actions de l'homme lui-même ressemblent parfois à de 'la boxe à vide' par rapport à des disputes d'un tout autre ordre. Comme le disait Blanc dans l'article déjà cité, 'quand les esprits *semblent* aujourd'hui ne se diviser que sur des noms propres, ce qui les divise réellement, c'est la nature des idées, des aspirations, des tendances, que ces noms représentent' (254).

La signification du nom 'Robespierre' peut se modifier bien sûr à la suite de nouvelles descriptions de sa vie et de sa personne. Si elle veut faire autorité en tant que représentation de la réalité historique et pas simplement du point de vue de l'historien, toute nouvelle image de Robespierre devra tenir compte, quitte à la remettre ensuite en question, de l'association courante entre 'Robespierre' et la dernière période sanglante de la Révolution. Elle devra tenir compte du fait culturel que Robespierre signifie, entre autres: la

Histoire de la Révolution française, ed. Gérard Walter (2 vols.; Paris, 1952); Louis Blanc, *Histoire de la Révolution française* (3 vols.; Bruxelles, 1847-62). Toutes les références à ces ouvrages se rapportent par la suite à ces éditions. Pour une discussion de l'importance de ces historiens dans la préparation idéologique de la révolution de 1848, voir surtout Maurice Agulhon, *1848 ou l'apprentissage de la république 1848-1852* (Paris, 1973), 6-9; Philippe Desan, 'Poetry and Politics: Lamartine's Revolutions', *Literature and Social Practice*, ed. P. Desan et al. (University of Chicago Press, 1989), 182-210; Henri Guillemin, *Lamartine en 1848* (Paris, 1948).

[15] Cette impossibilité d'effacer complètement l'histoire de la réception de Robespierre pour retourner à 'l'homme lui-même' est très bien mise en relief par Norman Hampson dans sa biographie *The Life and Opinions of Maximilien Robespierre* (London, 1974).

démocratie de 1793, la Terreur, Thermidor, le *dénouement* de la Révolution.[16]

Chaque signe, comme chaque feuille de papier, ayant deux faces, modifier l'image de Robespierre peut aussi être un moyen pour modifier la signification de la période ou des principes politiques auxquels son nom est associé. 'Il fut un temps où Robespierre et démocratie étaient synonymes, ce jour reviendra', écrivait Albert Mathiez encore en 1912, suggérant ainsi que toute nouvelle vision de Robespierre aménerait non seulement une nouvelle interprétation de l'individu, mais aussi du principe démocratique qui lui reste accolé.[17]

Réviser la perception générale de la période 1793-94, voilà une affaire urgente pour les historiens de 1847 étant donné leur opposition commune à la monarchie constitutionelle de Louis-Philippe et à l'histoire de Thiers qui aidait à la légitimer. Quoiqu'ils soient partis de principes et d'aspirations divergents et donc d'interprétations différentes de la Révolution, le démocrate-chrétien Lamartine, le socialiste-chrétien Esquiros, le républicain-nationaliste Michelet, et le socialiste Blanc voulaient tous 'aller au-delà' de la monarchie constitutionelle. Traduit en termes historiographiques, il s'agissait de rendre cohérente et pertinente, au lieu d'abérrante, la période d'après 1792. Et puisque cette période était dominée dans la tradition historique moins par les mouvements de masse que par les individus (en cela les historiens n'avaient pas à choisir), il s'agissait aussi, comme s'en plaignait un de leurs détracteurs, de 'réhabiliter les types exterminateurs de la démocratie de 93'[18] – y compris Robespierre. Si 'Robespierre' ne représente plus 'l'extermination' en général et celle de 93 en particulier, alors 'la Terreur' ne serait peut-être pas un aspect nécessaire de la 'démocratie' en général et celle de 93 en particulier. Ou, alternative exploitée par Michelet (et plus tard par Aulard), si 'Robespierre' ne représente *ni* 'l'extermination' *ni* 'la démocratie', alors le peuple et ses aspirations démo-

[16] Voir à ce sujet l'article d'Antoine de Baecque du recueil.

[17] Mathiez, *Études sur Robespierre*.

[18] Alfred Nettement, *Les historiens de la Révolution française; M. de Lamartine; études critiques sur les Girondins* (Paris, 1848), 587.

cratiques pourraient être représentés par un autre individu (en l'occurrence Danton).

L'importance de la réputation de celui qui porte le nom de 'Robespierre' se reflète entre autres dans le statut sémiotique que les historiens régulièrement lui accordent. Ainsi Esquiros, après avoir raconté le discours de Robespierre à l'occasion de la mort de Mirabeau, fait la réflexion que 'l'un était le premier, l'autre le dernier mot de la Révolution' (1: 296). Ainsi Lamartine signale au lecteur la présence de Robespierre lors de l'Ouverture des États Généraux: 'il était le dernier mot de la Révolution, mais personne ne pouvait le lire' (1: 56). Un homme, donc, mais aussi un mot. Ce genre de réflexion indique non seulement la conscience de la part des historiens du statut sémiotique des 'grands hommes', mais aussi leur désir de rendre lisible ces 'mots' humains en re-définissant leur sens pour le public.

Chez les historiens dont il est question ici, le récit de ce qui s'est passé lors de la Révolution est lardé de réflexions herméneutiques où le phénomène constaté est 'traduit' rétrospectivement en son équivalent idéologique. Robespierre, écrit Lamartine, doit être vu comme le 'type même de la vérité et de la vertu' (1: 795). Une confrontation entre Robespierre et Brissot doit être vue, écrit Esquiros, selon une perspective quasi-allégorique, comme 'la probité ombrageuse en face du cynisme masqué' (2: 32-33).

Si l'individu est présenté ici comme exemple d'une valeur morale, ailleurs c'est comme le porte-parole d'idées ou de tendances qui étaient 'dans l'air' à l'époque. Si la République s'est effondrée à la mort de Robespierre, écrit Esquiros, 'cela tient à ce qu'il contenait l'idée religieuse de la Révolution' (2: 54). L'animosité de Duport vis-à-vis de Robespierre, écrit Blanc, s'expliquait par le fait que celui-ci 'venait représenter une idée qui cherchait et voulait avoir son rang dans la Révolution: l'égalité politique de tous' (1: 674). Lamartine, après avoir loué les principes de la Convention tout en critiquant l'échec de sa politique, en tire la conclusion que 'Robespierre personnifiait ces tendances plus qu'aucun autre' (2: 287 – formule assez curieuse qui laisse entendre qu'il existe des 'degrés' de personnification).

Si l'individu peut être constitué en exemple moral ou en porte-parole, l'événement biographique peut être constitué en signe de changement collectif. L'arrestation de Robespierre et des siens devient chez Blanc l'arrestation de la République: 'des gendarmes paraissent et, dans la personne des prisonniers, emmènent la République' (3: 73 – curieuse aussi cette personnification par un groupe d'individus). Chez Michelet on va retrouver de même une personnification de la République, mais cette fois-ci à propos de la mort de Danton: 'Il avait été [...] l'énergie sublime, la vie de la Révolution, le coeur de la République, et elle mourait en lui'.[19]

On pourrait éventuellement rationaliser les personnifications de la République en se reférant au rôle politique joué par ces individus et donc à la fonction catalytique de leur mort. Il n'en reste pas moins que Michelet et Blanc invitent leurs lecteurs en premier lieu à voir la mort des individus en question de façon métaphorique ou allégorique comme celle de la République. L'individu est présenté avec ambiguité comme étant à la fois l'incarnation *et* le représentant de la République.

Or, puisqu'il s'agit ici de discours historiques, une telle mise en signe de l'individu ne fait autorité en principe que si elle s'accorde avec l'homme lui-même ou, plus exactement, avec l'image qu'on en retient. Et, en effet, ces exégèses de 'Robespierre' en tant que 'mot,''représentant', 'personnification', 'exemple', 'incarnation' etc. ne sont présentées au lecteur qu'accompagnées d'une image de l'homme lui-même, c'est-à-dire, de ses principes, de ses actions et associations, de son caractère ... voire de son corps.

C'est à celui-ci, littéralement l'homme en chair et os, que je vais me limiter dans ce qui suit. Il s'agit de l'aspect le plus intime, le plus individuel, le plus inaliénable de Robespierre, mais aussi de l'aspect qu'à première vue on croirait le moins pertinent dans un récit historique visant le social.

[19] 2: 808. Quoiqu'à Danton soit accordé un rôle symbolique très important chez Michelet (une importance liée surtout à son rôle en août-septembre 1792) il faut reconnaître qu'il joue un rôle moins important dans l'ensemble du récit que ne joue Robespierre dans le récit de Blanc.

Dans les quatre récits dont il est question ici, l'exégèse rétrospective va de pair avec la représentation détaillée du passé. Conformément à la poétique de l'époque où *voir* le passé équivalait à le *connaître*, le lecteur est invité, parfois même explicitement, à s'imaginer témoin oculaire de ce qui se passait pendant la Révolution.[20] L'importance accordée à la visualisation du passé se reflète entre autres dans la quantité des portraits comme dans leur ampleur – plus même dans le fait que les historiens évoquent souvent la présence physique d'un individu au moment de raconter une action décisive ou de citer un discours. Blanc, par exemple, introduit le premier portrait qu'il donne de Robespierre juste avant de citer en partie son discours à l'Assemblée sur la distinction à établir entre citoyens passifs et citoyens actifs (1: 667). De la même façon, Michelet accompagne l'appel à la patrie de Danton en septembre 1792 d'une longue évocation de la présence physique d'un homme qui, à en croire l'historien, parlait 'avec la voix même de la Révolution et de la France' (1: 1025).

Mais qu'a vu le public en regardant ces individus? Ou, ce qui revient finalement au même, que donnent à voir les historiens à leurs lecteurs?

Un certain consensus concernant l'identité physique des 'grands hommes' apparaît à travers ces différentes descriptions. Si Danton, par exemple, est surtout décrit par sa (grande) taille, sa voix (tonnante), and sa tête (de lion), les marques déposées de Robespierre sont plutôt sa (petite) taille, son teint (pâle), sa tenue (rigide), et le fait que ses vêtements demeurent dans le style Ancien-Régime (lieux communs qui correspondent plus ou moins à ceux relevés par Roger Vilfroy, dans sa thèse sur les portraits littéraires de Robespierre).[21] 'Le Tiers, dans sa masse obscure, portait déjà la Conven

[20] Voir à titre d'exemple l'essai de Carlyle 'On Biography' (1832), où il insiste sur le fait que la mémorabilité relève non seulement de la réalité d'un phénomène mais aussi du fait qu'on a pu se le visualiser; Thomas Carlyle, *Critical and Miscellaneous Essays* (7 vols.; London, 1895), 4: 62. Pour une discussion plus détaillée de cette poétique de l'histoire, voir aussi Rigney, *The Rhetoric of Historical representation*, surtout 1-4.

[21] Voir Roger Vilfroy, *Le personnage de Robespierre dans la littérature française du XIXe siècle* (diss. Paris, 1975). La valeur presque proverbiale de ses vêtements

tion', écrit Michelet à propos de l'Ouverture des États Généraux, 'mais qui aurait su la voir? qui distinguait dans cette foule d'avocats, la taille raide, la pâle figure de tel avocat d'Arras' (1: 90). Les députés de 1789 ne savaient pas encore à qui ils avaient affaire et n'ont même pas remarqué le fameux Robespierre; mais Michelet attend apparemment de ses lecteurs qu'ils puissent rétrospectivement reconnaître, et apposer un nom sur cette *pâle figure*.

Tout en travaillant à partir des mêmes lieux communs, les historiens arrivent à les investir d'une signification ou d'une valeur esthétique différentes. La même marque déposée est désignée par des termes différents suivant la sympathie ou l'intérêt de l'historien - ainsi la taille de Robespierre montre une certaine élasticité, étant maigre chez Michelet (1: 476), mince chez Blanc (1: 340), petite chez Lamartine (1: 56) et 'non sans un certain embonpoint' chez Hamel.[22] Les mêmes traits peuvent aussi figurer dans des contextes narratifs différents et dans des combinaisons nouvelles. Revenons à titre d'exemple à la pâleur proverbiale de Robespierre.

En présentant un discours de Robespierre à propos de renouvellement spirituel, Esquiros évoque la 'pâleur ardente' de l'orateur (2: 57). Le fameux teint pâle (qui tend à devenir verdâtre ou livide

se reflète dans les références qu'y fait en passant Balzac: 'le gilet à la Robespierre', '[un] gilet de velours à raies fleuretées, dont la façon rappelait ceux de Robespierre ou de Saint-Just', 'un gilet de rebours brun à la Robespierre'; Balzac, *La comedie humaine*, 4: 829; 8: 544, 655. Concernant les portraits existants de Robespierre, voir Hippolyte Buffenoir, *Les portraits de Robespierre; étude iconographique et historique* (Paris, 1910). Une polémique à propos de l'aspect physique de Robespierre semble avoir eu lieu dans les années suivant la publication des études d'Aulard, *Danton* (1881) et *L'éloquence parlementaire pendant la Révolution française* (1886). Voir, par exemple: Robert Petitgrand, 'Un portrait de Robespierre', *La Révolution française*, 10 (1886): 704-07; Albert Mathiez, 'Un portrait de Robespierre', *Annales révolutionnaires*, 1 (1908): 27-32; Joseph Letaconnoux, 'Un portrait inconnu de Robespierre', *Annales révolutionnaires*, 4 (1911): 206-13; Pierre Marcel, 'Contribution à l'iconographie de Robespierre', *Annales révolutionnaires*, 5 (1912): 37-40; Albert Mathiez, 'Sur les portraits de Danton et de sa famille', *Annales révolutionnaires*, 9 (1916): 533-37.

[22] Ernest Hamel, *Histoire de Robespierre* (3 vols.; Paris, 1865), 3: 295. Ainsi, la taille de Robespierre 'croît et décroît selon la sympathie de l'écrivain' (Vilfroy, *Le personnage de Robespierre*, 25-26). Voir aussi Albert Mathiez, *Girondins et Montagnards* (Paris, 1930) où il est question de 'la taille mince et bien prise' de Robespierre (26).

dans les images moins sympathisantes[23]) revient ici, mais transformé, voire neutralisé par l'ardeur qui inspire l'orateur à ce moment précis. Blanc aussi évoque la pâleur de Robespierre en racontant son discours sur les mesures pour supprimer l'agitation populaire de 1789:

> Le geste absolu de Robespierre, le feu couvert qui brillait dans ses yeux, le mouvement convulsif de ses lèvres minces, son visage d'une pâleur formidable [...] tout cela fit sur l'Assemblée une impression profonde sans doute, car tout à coup la scène changea d'aspect. (1: 313)

Le lecteur est invité à interpréter ici la pâleur de Robespierre comme la manifestation physique de la force de ses convictions avec, en filigrane, l'idée que c'est justement la force manifeste de sa conviction qui a décidé l'Assemblée à adopter ses idées.

A plusieurs reprises, au cours du récit de Blanc, la pâleur refait surface, combinée avec les autres caractéristiques de Robespierre, mais toujours en tant qu'indice de la profondeur de son engagement vis-à-vis du peuple et de la Révolution. Son apparence actuelle ne reflète pas sa vraie nature, écrit Blanc; s'il est devenu cet homme peu attrayant, à la tenue rigide et 'au pâle visage', c'est parce qu'il s'est sacrifié entièrement à la cause populaire (1: 666-67). Le fait qu'il porte en général le même gilet est interprété également comme un indice de son dévouement: ses vêtements reflètent sa pauvreté, fournissant une preuve visible - une évidence - du fait que cet individu croit tout ce qu'il dit et qu'il n'a pas l'ambition mondaine des égoïstes qui le combattent (*ibid.*). Son refus de suivre la mode du bonnet rouge sera interprété plus tard dans le récit comme un signe du fait qu'il préférait systématiquement la réalité aux apparences, et par conséquent la démocratie elle-même à ses symboles (2: 85). A travers les références multiples à son physique, qui sont souvent accompagnées d'exégèses rétrospectives, l'historien rend lisible l'apparence pâle de Robespierre en tant que manifestation corporelle de son éthos: la preuve publique, visible et transparente

[23] Selon Madame de Staël, par exemple, Robespierre avait 'le teint pâle' et 'des veines de couleur verte'; citée par Gérard Walter, *Robespierre* (Paris, 1946), 587.

(valeurs révolutionnaires importantes), du manque de décalage chez lui entre l'être et le paraître. A celui-là on peut faire confiance.

Chez Michelet se retrouve aussi la pâleur de Robespierre mais figurant dans d'autres contextes narratifs. Non seulement cette pâleur est mise en relief à force d'être évoquée (1: 622, 865); mais la 'pâleur' revient aussi sous forme de métaphore dans les descriptions d'autres aspects de sa personne et de sa biographie. Si le visage de Robespierre est pâle, pâles aussi sont ses yeux qui, 'inquiets de plus en plus, roulant une lueur d'acier pâle, exprimaient l'effort d'un myope qui veut voir' (2: 61). Pâle aussi est son 'talent incolore' (2: 1005), qui ne produit que des discours 'parfaitement incolores' (1: 483). Ainsi la pâleur physique de Robespierre s'accorde avec la monotonie générale de sa tenue et de son manque de couleur intellectuelle et rhétorique.[24]

La pâleur de Robespierre devient donc chez Michelet un signe de sa stérilité, la preuve publique du fait que, loin d'être 'un homme représentatif' capable de réagir aux changements collectifs, de les initier ou de les 'personnifer', ce mort-vivant représente plutôt le fer de lance des forces réactionnaires. Son manque de vitalité est rendu manifeste, public, au moment de la Fête de l'Être suprême quand l'Incorruptible se permet enfin de sourire:

> Ce sourire fait mal. La passion, qui visiblement a bu tout son sang et séché ses os, laisse subsister la vie nerveuse, comme d'un chat noyé jadis et ressuscité par le galvanisme, ou peut-être d'un reptile qui se raidit et se dresse, avec un regard indicible, effroyablement gracieux (2: 870).

La joie de Robespierre en cette occasion est présentée par Blanc au contraire comme une libération momentanée de ses soucis sur le sort du peuple. Comme Michelet, pourtant, Blanc couronne son interprétation de l'événement en invitant le lecteur à se représenter la figure de Robespierre: littéralement transfiguré, il fait face au

[24] 1: 870; 1: 868; 2: 56. Il est intéressant de noter la valeur politique accordée par Michelet à la créativité littéraire, valeur sur laquelle insisteront à leur tour, chacun d'un point de vue différent, Aulard et Mathiez; voir Aulard *L'éloquence parlementaire* et Mathiez, *Études sur Robespierre*, 39-61 ('Robespierre orateur').

public et, semblable à une icône, 'tenait levés sa figure blême et son front lisse qu'illuminait un rayon de tendresse'.[25]

Ces coups d'oeil sur la figure de Robespierre suffisent, j'espère, à indiquer l'importance accordée par les historiens au physique de leurs personnages et à des détails qui paraissent au premier abord tout à fait insignifiants. Pour eux, 'les principes se firent chair', pour rappeler la phrase de Blanc. En invoquant la présence physique de Robespierre au cours du récit, les historiens l'investissent d'une signification et d'une valeur esthétique: voir cet homme, c'est être plus ou moins attiré vers lui; c'est devoir plus ou moins admirer son éthos et pathos; et en même temps, c'est le voir *en tant que* représentant d'autre chose. Son apparence constitue l'expression naturelle de sa signification historique (telle que celle-ci a été établie par l'historien lui-même, bien entendu). Ce que représentait Robespierre est *évident*: il suffit de le regarder. Pour les lecteurs, à la différence de ceux qui participaient à l'Ouverture des États Généraux, par exemple, Robespierre est cette fois-ci non seulement présent mais aussi lisible.

Véritable carrefour sémiotique dans ces récits, le physique de Robespierre rend manifeste son caractère et ses principes (son dévouement chez Blanc, par exemple, son génie chrétien chez Esquiros), mais aussi sa capacité à jouer un rôle historique. Là est visible son dévouement au peuple, son énergie créative (ou comme chez Michelet son manque de créativité) ou le fait qu'il soit lui-même 'un homme de vision'. Le Robespierre de Blanc, nous l'avons déjà vu, fixe très souvent les yeux sur l'horizon; chez Michelet, il est plutôt myope, incapable de voir le présent et de prévoir l'avenir; finalement Esquiros, en passant par une exégèse

[25] 2: 742. Esquiros met l'accent de la même façon sur la pâleur impressionnante de Robespierre en cette occasion: 'Sa pâle figure, ses traits heurtés, se détachaient fermement sur le ciel bleu. Un vieux cordonnier, spectateur muet et perdu dans la foule, me racontait ainsi ses impressions: "Je ne suis ni plus sensible, ni plus religieux qu'un autre; mais, quand je vis cet homme lever la main, d'un air inspiré, vers le ciel, je sentis quelque chose remuer là (il me montrait son coeur) et des pleurs d'attendrissement coulèrent sur mes joues. Allons, voilà que j'en suis encore tout ému." Et il essuya quelques larmes que lui arrachait le souvenir de cette journée mémorable. Le peuple entier partageait ses sentiments' (2:451).

assez ingénieuse sur le fait que Robespierre disposait de deux paires de lunettes, propose que cela lui permettait de voir aussi bien de près que de loin (1: 197-98).

Les divers portraits de Robespierre peuvent finalement jouer un rôle important en rendant manifeste le rapport entre l'individu et le peuple qu'il prétend représenter (ou dont l'historien le proclame représentant). La pâleur de Robespierre chez Blanc, vue comme preuve de son intégrité et de son dévouement, sert à justifier le rôle privilégié que lui accorde cet historien en tant que représentant du peuple. La même pâleur chez Michelet, vue comme manifestation physique de sa stérilité et de sa rigidité intellectuelle, sert au contraire à souligner son aliénation vis-à-vis du peuple qu'il prétend représenter. Car c'est justement par sa 'féconde et chaleureuse vie' (1: 869) que Michelet définit le peuple, qualités qui de toute évidence font défaut à la pâle figure du député d'Arras, mais qui seraient présentes chez Danton, cet 'être puissamment générateur' (1: 1024) 'en qui était une vie si puissante, à qui vibrait toute vie'(1: 907).

Ce n'est pas le peuple lui-même bien sûr qui se prononce 'fécond et chaleureux' ou qui se dit vibrer à la vue de Danton (comme chez Michelet). Ce n'est pas non plus le peuple qui se prononce 'probe' et désireux de voir en Robespierre 'le type même de la vérité et de la vertu' (comme chez Lamartine). C'est l'historien qui à la fois parle au nom du 'peuple' et qui le définit. Mais de telles déclarations rétrospectives au nom du peuple se légitiment dans le cadre du récit par la narration des réactions du public révolutionnaire vis-à-vis de la figure censée le représenter. Ainsi les historiens racontent, à travers des scènes où le grand homme en question se trouve face au public, comment celui-ci reconnaissait ses propres représentants. Je prends ici l'exemple des cortèges funéraires.[26] Qui pleurait à la vue de la charrette qui emportait Robespierre à la guillotine?

Chez Lamartine, 'le peuple est rare et morne' et on voit surtout les parents des victimes de la Terreur qui exécraient l'Incorruptible (2: 918) – la preuve vivante de son échec à réaliser le 'règne calme

[26] Voir aussi la reaction du public décrite par Esquiros à l'occasion de la Fête de l'Être suprême (note précédente).

et régulier du peuple personnifié par ses représentants' (2: 469). Chez Esquiros, 'le peuple, qui était personnifié dans Robespierre, était [...] peu nombreux et morne' tandis que 'la classe moyenne affichait publiquement son triomphe par les insultes et les transports de joie' (2: 468). Blanc identifie les jubilants à des contre-révolutionnaires, et cite la lamentation d'une paysanne qui, ayant appris la mort de Robespierre, aurait crié: 'Oh, c'en est fait du bonheur du pauvre peuple; on a tué celui qui l'aimait tant' (3: 83). Michelet, pour sa part, se limite à constater la jubilation des contre-révolutionnaires à la chute de Robespierre. En racontant la mort de Danton, par contre, il avait décrit non seulement la joie des royalistes mais aussi la douleur des patriotes. Et comme Blanc dans le cas de Robespierre, il avait terminé son récit en citant un de leurs cris (cri d'ailleurs bien curieux dans la bouche d'un républicain): 'ils ont décapité la France' (2: 809). En faisant ainsi parler la voix populaire de 1794, les historiens semblent vouloir légitimer leur rôle de porte-parole de l'histoire nationale et, en particulier, leurs propres déclarations selon lesquelles la mort de ces individus équivalait en quelque sorte à celle de la République.

La Révolution française, selon François Furet, aurait inauguré un monde où 'les représentations du pouvoir sont le centre de l'action, où le circuit sémiotique est maître absolu de la politique'.[27] Cette brève analyse de la représentation des 'grand hommes', en l'occurrence, Robespierre, montre l'importance du 'circuit sémiotique' que mettent en oeuvre les histoires de la Révolution écrites plus d'un demi-siècle plus tard. Rendre le passé révolutionnaire présent et en même temps intelligible oblige les historiens à formuler, et cela de façon assez détaillée, les relations entre les individus au pouvoir et la collectivité qui est le sujet de l'histoire.

Comme nous avons pu le constater il en résulte une prolifération de signes et de rapports sémiotiques. La *variété* des rapports symboliques entre les individus et la collectivité, aussi bien que leurs *ambiguïtés*, reflètent le fait que les historiens sont obligés de concrétiser et d'élaborer dans le domaine historiographique le concept

[27] François Furet, *Penser la Révolution française* (Paris, 1978), 84.

de représentation démocratique dont ils sont les héritiers (concept à ses origines assez contradictoire, comme l'a démontré Keith Baker).[28] Ce qui frappe surtout c'est l'importance de la 'personnification', terme vague, flottant, polyvalent. Mon analyse est loin d'être exhaustive, même en ce qui concerne Robespierre, et devrait être complétée par une analyse de la représentation des acteurs collectifs.[29] Mais elle suggère qu'en l'absence d'un roi ces historiens essayaient d'attacher, du moins partiellement, un visage - un corps - à la vie collective qu'ils prétendaient représenter. Dans le domaine historiographique, il s'agirait apparemment à la fois d'*incorporation* et de *représentation* de la collectivité abstraite, pour reprendre les termes de Gauchet.

Cela dit, il faut encore poser la question de savoir à quel point s'arrête l'idéologie et à quel point commence la rhétorique. Il est évident, je crois, que les façons de rendre lisible Robespierre, prises ici en considération, reflètent des valeurs et des fidélités politiques divergentes. Mais est-ce qu'on doit toujours interpréter l'intérêt porté par les historiens aux individus, de même que les différentes formes de représentation qu'ils choisissent pour déchiffrer leur signification collective, comme des signes de préférence politique? Après tout, la projection historiographique d'un parti pris politique est nécessairement limitée: d'une part, par les données historiques; d'autre part, par la nécessité d'un distiller un récit cohérent.

'L'intérêt humain', écrit Lamartine, 'ne s'attache jamais aux abstractions mais toujours aux personnes. L'esprit humain cherche toujours à donner un visage aux idées [...] une individualité aux choses'.[30] En partant de cette hypothèse, on pourrait expliquer l'investissement sémantique et esthétique des individus comme étant non seulement le produit de partis pris politiques, mais *aussi* le fruit

[28] Keith Michael Baker, 'Representation', in *The Political Culture of the Old Regime*, ed. K. Baker (*The French Revolution and the Creation of Modern Political Culture*, 1; Oxford, 1987), 469-92.

[29] Voir à ce propos, Ann Rigney, *The Rhetoric of Historical Representation*, chapitre 3.

[30] Alphonse de Lamartine, *Cours familier de littérature* (28 vols.; Paris, 1856-69), 2: 53.

de problèmes d'ordre de la communication, de la rhétorique. Qu'on pense surtout à la difficulté de distiller un récit à propos de la vie collective sans qu'il soit fait référence aux individus qui en garantissent la narrativité et l'intérêt humain. Les images de Robespierre aboutissent ainsi à une réflexion sur le rôle de ce genre de contraintes en déterminant les limites de ce qui a été – de ce qui est – imaginable en histoire et en politique.

YEARBOOK OF EUROPEAN STUDIES 9 (1996): 225-236

Checklist of gradutation theses submitted in European Studies at Amsterdam

Akkerman, E.M.H. *Culture et télevision: entre la cohabitation et l'apartheid La politique culturelle et télévisuelle de la France.*

Alphen, P. v. *Les débuts de Dada Une étude des premières années du Dadaïsme européen (1916-1918).*

Altunbas, Murat. *Turkey in Europe: Turkey's EC membership application.*

Aukema, A. *De ontwikkeling van het regionaal beleid van de EG en de toepassing van dit beleid op de Spaanse regio's.*

Baan, M.L.v.d. *Industrial Developments in Southern Italy The Impact of 40 Years of Regional Policies.*

Bakker, J. *La continuazione della politica Europeista dei governi de Gasperi L'Italia e l'unificazione Europea fino alla fondazione del mercato commune Europeo.*

Bakr, Selma. *Denmark, an Anxious or Reluctant European? A Study of Denmark's attitude toward the European Union against the background of its political traditions and internal political structure.*

Banens, T. *Mussolini en de Joodse Kwestie 1922-1938.*

Bark, Marchien. *Le rappel à l'ordre L'influence du nationalisme français sur le mouvement cubiste en France.*

Bartel, Sharon. *Lelijkheid verkoopt toch niet? Design, de verschoppeling van de Europese Unie.*

Bekking,C.N. *The Bourbon Reforms in Spain and her American Empire.*

Bensaid, F. *Images of Racial Differences in Pseudo-Science The Status of the Negro, 1880-1930.*

Berch van Heemstede, D.A.O. van den. *La Citoyenneté de l'Union vers la 'Citoyenneté des Etats tiers'?! La libre circulation des person nes dans l'Union Européenne Une comparaison entre la position des citoyens européens et ressortissants des Etats tiers.*

Berg, Brigitte ter. *La politique européenne de la Roumanie, 1990-1994. Conviction démocratique ou opportunisme?*

Bergen, Wouter van. *La Libra y el Sistema Monetario Europeo La influencia de los desarrollos monetarios en la actitud británica con respecto al mecanismo de cambio.*

Beudeker, Nadine. *Het Nieuwe Associatie Besluit: Illusie of daadwerkelijk toekomstperspectief?*

Bhoendie, Chequita. *The principle of non-refoulement: an analysis.*

Bijl, M. *Interview with Dracula: A study of the vampire in myth and literature.*

Boekel, J. *Italy, a nation divided.*

Boelen, F. *Wijn en het wijnbeleid in de Europese Unie Is regularisatie van deze complexe sector wel mogelijk of gewenst?*

Boer, J.C. de. *Why did Labour Change its Mind? The Labour Party's policy concerning Common Market membership.*

Bokum, Noortje ten. *La Fiaba popolare di magia russa e italiana Un confronto su due temi: i rapporti di potere e le condizioni di lavoro Bos, N. How Culture Influences Economic Growth.*

Bos, P.H.J. *CE: Passport to the European Economic Area? Conformité Européenne or Confusion Europe?*

Both, C. *Lomé Erfenis uit het verleden Ontstaan en uitwerking van het verdrag van Lomé.*

Botje, M.Y. *The European airline industry: 'Going global or going down under?'*

Bottaro, Marco. *Het economische hervormingsbeleid in de Tsjechische republiek sinds 1989.*

Breukelen, Laura van. *The Labour Market of France and the United Kingdom The policies and vocational training during the eighties compared.*

Brinkman, D. *Alternatieve handelskanalen en de kleine koffieboeren.*

Brittijn, Inge. *La construction néerlandaise dans la perspective européenne.*

Broek, L. *Guichet fermé Les effets de la Convention de Schengen sur le droit de l'immigration aux Pays-Bas.*

Brouwer, S. *Germany's Fiscal Policy Following German Unification.*

Brugman, F. *El felicisimo viaje de Calvete de Estrella Los Países Bajos en 1550.*

Bünnemeijer, Eva. *Südtirol Italienisches Land oder österreichisches Land?*

Bunschoten, Corinne. *Le séparatisme en Europe occidentale L'Alsace et la Catalogne.*

Campagne, Yashmin. *Adoptie: recht van het kind?*

Charbey, V.C.J. *La France entre l'Afrique et l'Europe. L'interaction de décolonisation fraçaise avec la politique européenne des années cinquante.*

Claessens, Marloes. *Italië in Europa Politieke en economische aspecten van de monetaire integratie.*

Coenen, Madelon. *De stand van zaken in de Franse auto-industrie Ontwikkelingen en vooruitzichten.*

Cohen, Daniëla. *Attitudes and Motivation of British Expatriates in the Netherlands in Relation to their Dutch Speech.*

Cruijs, Liesbeth. *The Convenient Excuse? The Anglo-American 'Special Relationship' and British Policy towards European integration 1950-1960.*

Daalen, Astrid van. *le rapprochement franco-allemand entre 1945 et 1963 Continuité ou discontinuité dans la politique extérieure réciproque.*

Daggenvoorde, Marijke. *La francophonie: une politique intergouvernementale Une étude des Sommets des chefs d'Etat et de Gouvernement des pays ayant en commun l'usage du français, 1986-1991.*

Deurloo, Maike. *The Messina Conference An analysis of Italy's attitude towards the European unification process.*

Dirkzwager, M. *Een Nederlander en de Spaanse Burgeroorlog. Jef Last (1898-1972).*

Dooren, Thera van. *Das Theater des Absurden in Frankreich und in Westdeutschland 1945-1965 Ein Vergleich zwischen den Pariser Autoren des Theaters des Absurden, Eugène Ionesco, Samuel Beckett und Arthur Adamov, und dem einzigen deutschen Vertreter dieses Theaters, Wolfgang Hildesheimer.*

Driessen, J. *Spanje, de EEG en Maastricht Spanje's keuze om bij Europa te horen.*

Drunen, Jacqueline van. *Les paiements internationaux dans le Marché Intérieur. Les développements actuels des systèmes de paiement des Etats membres.*

Drunen, H.F. van. *'Sînt doua tari complet diferite, chiar diametral opuse, la propriu si la figurat' Relatile româno-olandeze în domeniul politic si diplomatic între 1945 si 1989.*

Drupsteen, Inge. *Anti-Terrorist Policies versus Human Rights The cases of Spain and the United Kingdom.*

Ekhart, Ingemar. *Sweden: Community-membership or EEA-agreement? An economic-political comparison.*

Emster, Monique van den. *Het externe handelsbeleid van de EG Voorloper van internationale handelsliberalisatie?*

Erdman, Marlies. *Occidentalisme: een wetenschap? Een speurtocht naar deze nieuwe discipline.*

Evers, Charlotte. *The Channel Tunnel British Opposition and Consent 1802-1987.*

Faase, S.V. *La politique audiovisuelle européenne: La dimension de l'identité nationale.*

Fausto, L.A. *De Ballonnen en Artikel 148 Daadkracht en Democratie in de Europese Unie.*

Fels, Bas. *Hemingway y el mundo castellano Un análasis del impacto de España en la obra literaria de Ernest Hemingway.*

Fernandez Rodriguez, M.L. *Milieu-effectrapportage De implementatie van de Europese M.e.r.-richtlijn in het Nederlandse en Spaanse recht.*

Fransen, Jurgen. *La défense des intérêts francais sous la politique communautaire de développement Dans quelle mesure la politique communautaire de développement correspond-elle aux int érêts français?*

Fraterman, S. *L'écologisme dans la politique Une comparaison entre deux partis écologiques: les Verts en France et Groen Links aux Pays-Bas.*

Frumau, M.J.E. *The European vision of D.U. Stikker, Dutch Minister for Foreign Affairs (1948-1952).*

Gaazenbeek, Arietta. *Media park Cataluña, un buen proyecto para la industria europea de la television?*

Gemert, Bowine van. *L'Europe des quinze ou quinze pays européens face à la drogue.*

Godin, Murielle. *Les migrants en Europe: Vers une politique communede l'immigration.*

Goes, T.N. *'900' Cahiers d'Italie et d'Europe.*

Gort, Frank. *Die Tschechische Republik auf dem Wege zur Europäischen Union anhand ihrer Geschichte und heutigen Situation.*

Goudeket, E. *Jorge Semprun: un intellectuel apatride.*

Griendt, P. v.d. *For you can do that 'ere: Fascism in Britain.*

Groen, Nicole. *Zola et Hardy La condition des femmes au XIXe siècle.*

Groot, Monique. *De Anonieme Getuige Een toereikend bewijsmiddel ter bestrijding van de georganiseerde criminaliteit?.*

Haan, Maaike den. *Community Concern for European Wildlife Flora and fauna in a tigh spot.*

Haaren, Cora van. *España-Puente entre Europa y América Latina?*

Hamming, I. *From Economic Decline to Economic Growth. An Assessment of the Importance of Trade with the West in the Transition Process of Poland, Hungary and Czechoslovakia.*

Harst, Barbara van der. *Van eurocheque naar chipcard De ontwikkeling van Europese betaalmiddelen.*

Heeden, Marion van der. *Le rôle de la politique de concurrence de la Commission dans la libéralisation du transport aérien communautaire.*

Heeremans, A.J.M. *Veiligheid in de burgerluchtvaart in een geliberaliseerde omgeving Fasten your Seatbelts, it's going to be a bumpy flight.*

Hees, Lotte van. *Les systèmes pénitentiaires en France et aux Pays-Bas Une étude historique et comparative depuis 1811 à nos jours.*

Heij, Karin. *Indië in nood. Geen uur te verliezen.*

Heijden, Annemarie van der. *Integrated Pollution Prevention and Control: Naar een Europese integrale milieuvergunning?*

Heinicke, M. *Subsidiarität und Umweltschutz in der Europäischen Union.*

Hendriksma, Anke Margriet. *The Flexibility of Steel The Reconversion Process of the Spanish Steel Industry.*

Henneberque, Sandra. *Environment versus Internal Market Towards a maximally feasible packaging policy for Europe.*

Hensen, Yvette. *De EMU. Een verdienste van Werner en Delors?*

Hofman, E.C.G. *Nationale belangen in een internationaal conflict Een onderzoek naar de invloed van nationale belangen op het functioneren van het systeem van Europese Politieke Samenwerking tijdens de Golfcrisis, augustus 1990-april 1991.*

Holl, Albert. *The renaissance of ultra-right Jörg Haider as a role model fot other ultra-right politicians.*

Hoof, Trix van. *Responsible Care.*

Hout, Mireille van. *La incidencia del capital extranjero en España 1808-1914.*

Iding, K. *Deregulation in the European air transport market The effects of deregulation on the market structure.*

IJlst, Adinda. *The Rise and Fall of the Ito The Havana Charter that was never be.*

Jong, K. de. *Le marché du travail de la Communauté européenne: Egalité des chances?*

Jong, A.M. de. *The Economic and Monetary Union A new partition in Europe.*

Jongeling, Annemieke. *Hague Visby or Hamburg.*

Joustra, K. *La conservazione del patrimonio architettonico italiano La tutela dei beni immobili nell'ordinamento giuridico a vari livelli di conservazione.*

Kamerbeek, J.E. *De integratie van de achtergestelde economie van de Mezzogiorno in de Interne Markt De Noord-Zuid problematiek in Italië.*

Kat, I.L. *La démocratie contre le fascisme L'engagement des intellectuels français dans la guerre civile espagnole.*

Kilsdonk, Marieke van. *Principes of economische merites? De Nederlandse houding tijdens de onderhandelingen over de Europese gemeenschappen 1955-1957.*

Kloos, Stephanie. *De communautaire structuurfondsen.*

Klop, Romy. *The EC-Andean Pact Relationship: Lomé's antipole.*

Kluft, Marjon. *EC Environmental Policy. The Story of the CO2/Energy Tax.*

Knijnenburg, Quirine. F*rom National Asylum Policy to Schengen The position of the Dutch Parliament regarding the Schengen Asylum Regulations.*

Koggel, Heidi. *Tourism as an Agent of Change: Progress or Decline in Spain.*

Koldewijn, Marcel. *España 1982-1994.*

Koster, C.A.P. *Verpakken en Wegwezen? Een onderzoek naar de verenigbaarheid van de Duitse 'Verordnung über die Vermeidung von Verpackungsabfällen', met het gewijzigd voorstel voor een Europese richtlijn betreffende verpakking en verpakkingsafval en de Artikelen 30-36 E.G.-verdrag.*

Krietemeijer, C. *La Russie et la Règne de l'Antichrist selon Ziaida Gippious.*

Krijt, L.A. *Het handelsbeleid van Colombia Veranderingen in het wereldhandelsbestel voor en na de 'Apertura'.*

Kuiper, Saskia. *Filles, foulards et droits fondamentaux. Les affaires des foulards en France et aux Pays-Bas.*

Kuiper, Judith. *La libéralisation du marché des télécommunications. Quelles sont les possibilités de PTT Telecom Nederland NV?*

Kuiper, E. *'The Anti-Appeasers' opposition within the British Conservative party to the policy of appeasement in the 1930s, and in particular Winston Churchill in his role as anti-apeasser.*

Kwist, Emilie. *Crisis in the European Monetary System A Study of the Sustainability of the Exchange Rate Mechanism of the EMS Without Capital Controls.*

Lannoy, K. de. *Japanse directe investeringen in de EG In hoeverre heeft de voltooiing van de interne markt de Japanse directe investeringen in de EG beïnvloed?*

Laros, C. *Marketing in the Common Market Towards a 'European' Marketing Mix?.*

Lebbink, F. *La révision de la Constitution à propos du droit d'asile: Une nécessité ou un instrument politique?*

Lipjes, Nicole. *Ernest Bevin and his foreign policy, 1945-1947.*

Litjens, E. *Une adhésion nouvelle? Intellectuels français et Construction européenne.*

Lobry, Deborah. *Information Technology in an International Perspective. Competition relations in Information Technology: Does Europe have an arrears in IT?*

Lugtigheid, Karin. *La Emigración Española a Latinoamérica de 1880 a 1930: Causas y Motivos.*

Luykenaar, G. *Simone de Beauvoir et le couple Théories beauvoiriennes sur la femme dans la société, le couple, le mariage et l'alternative du mariage.*

Malingré, Vincent. *De Duitse erkenning van Slovenië en Kroatië. Het begin van een nieuw Duits buitenlands beleid?*

Mallant, G. *GATS La libéralisation des services est-elle favorable aux pays en développement?*

Meij, L.M. v.d. *Burgerschap van de Unie Een loze kreet of een nuttige zaak?*

Meijer, Hester. *Artikel 138 lid 3: de EG en de parlemantaire democratie.*

Meijer, Esther. *La première génération d'immigrants italiens en France.*

Mendelts, J.P. *Het préalable anglais de pogingen van de Franse president Charles de Gaulle in de eerste helft van de jaren '60 om te komen tot een Europese politieke unie en de weerstand hiertegen van de Nederlandse regering.*

Menger, Maaike. *Liberalisering van de Europese markt voor overheidsopdrachten.*

Mertens, Masha. *La chevalier de Corberon Un diplomate français à la cour de Catherine II.*

Midden, Marjolijn van. *Salvador de Madariaga His ideas on European Integration.*

Monkau, N.D. *Tying of Aid in the European Union The impact of the internal market on European tying practices.*

Morbeck, Y.A. *Reagan and Thatcher Soul-mates.*

Mous, Lisette P. La *liberté de l'enseignement primaire: ebjeu des tiraillements entre l'église et l'état L'évolution aux Pays-Bas et en France depuis 1800.*

Nederveen, M. *Nederland verkoopt, Frankrijk vecht. Een vergelijking tussen het Nederlandse en Franse industriebeleid in de huidige Europese context.*

Neggers, Marcel. *Het Spaanse toetredingsproces tot de Europese Gemeenschap en de Noord-Atlantische Verdragsorganisatie.*

Nijman, Margret. *La Répartition des Compétences dans les Relations Internationales sur l'Environnement.*

Nijs, Saskia. *Mussolini e Coudenhove-Kalergi alla ricerca di un equilibrio europea? Il rapporto fra il fascismo italiano e l'idea paneuropea di Coudenhove-Kalergi dal 1922 fino al 1936.*

Nimat, Silvia. *Multinationals and their Advertising Communication.*

Oever, E. van den. *European Unification during the Second World War: A comparison of regimes and resistance movements in Germany and Italy regarding their plans for European unification.*

Overdevest, Petra. *Holland against Apartheid. The Dutch Influence on the European Communities' Anti-Apartheid Policy towards South Africa.*

Pauw, Astrid. *De ontwikkelingssamenwerking van Frankrijk. De gevolgen van de gebeurtenissen in Oost-Europa voor het ontwikkelingsbeleid van Frankrijk.*

Peelen, Esther. *Het leven en de rol van drie vrouwen in de Griekse Opstand van 1821: Mando Mavrojenous, Laskarina Bouboulina en Evathia Kaïri.*

Peerenboom, Monique. *De ontwikkeling van het regionaal beleid van de EG en de toepassing van dit beleid op de Spaanse regio's.*

Pepping, Maureen. *La France et l'Afrique noire. Les rapports historiques et économiques.*

Plenge, J.M.H. *So Swart als Inkt. Bijdragen van de diverse stabilisatie-methoden opereren op de internationale koffiemarkt belicht.*

Pohlmann, K.R.J. *Over kroon en constitutie De strijd tussen absolutisten en constitutionalisten in Spanje (1814-1833) en Frankrijk (1814-1830).*

Pothoven, F.M. *Les droits des bénéficiaires en cas de violation du trust ou de la fiducie: une étude de droit comparé.*

Quispel, M. *L'Autorité parentale.*

Ras, Annemieke. *'Onstuitbare Flexibiliteit'. De opmars van flexibele arbeid.*

Redegeld, Sandra. *The provincialism of the Angry Young Men: Kingsley Amis and Alan Sillitoe.*

Resing, Ester. *Bernard Pares: a man with a mission.*

Retuerto, Carmen. *La transición de la dictadura a la democracia Una comparación del caso español y chileno.*

Rhayour Alami, Nabil. *La crise institutionnelle et l'article 16 de la Constitution française.*

Riemersma, L. *The Grail and the Fertility of the Land.*

Rietdijk, D.B. *Roy Jenkins Labour's Mr Europe.*

Rijkse, Monique. *Une comparaison dans le domaine d'asile en France et aux Pays-Bas après l'entrée en vigueur de la Convention d'Application de l'accord de Schengen.*

Rijswijck, J. *Egmont: een gemiste kans voor België? Een onderzoek naar de oorzaken die leidden tot het mislukken van het Egmontpact.*

Rooy, Christina van. *'Las operas españolas' de Giuseppe Verdi.*

Rouwhorst, Oscar. *European Central Bank Independance.*

Ruijter, J. de. *So many men, so many opinions.*

Rus, M. *Research and Development in Spain: an Evaluation of recent Developments compared to the EC.*

Sahraoui, Myriam. *La notion des Pays Thiers Sûrs dans le cadre de la politique d'asile de la communauté européenne.*

Schneider, Isabel. *BSE in Europe Legal, Economic and Political Aspects.*

Schoonbrood, Chantalle A.E.J. *To trust or not to trust Etude du trust anglo-américain, une institution majeure du common law, et des développements dans le domaine du trust dans le civil law et notamment en France et aux Pays-Bas.*

Schuwer, Bastiën. *Intellectuels français et le communisme, 1944-1966.*

Segeren, Canoë. *Etica e Pubblicità Un'analisi delle normative sull'etica pubblicitaria, vigenti in Olanda e in Italia.*

Serruys, Marieke. *Reproduktieve rechten Begripsvorming van Teheran tot Caïro.*

Sittrop, H.F. *The Art of Defence.*

Sleet, W. van der. De *Spaanse Inquisitie 1478-1834 Een onderzoek naar de beeldvorming over de Spaanse Inquisitie in de historiografie van de twintigste eeuw.*

Sluijs, Manon van der. *Broadcasting in the United Kingdom and the Netherlands: A historical comparison of the broadcasting system in the United Kingdom and the Netherlands with an emphasis on the growing commercialism and the consequences for the public service system.*

Sluijs, Esther M.C. *L'importance de l'image hollandaise pour l'exportation de fromage.*

Smans, J.T.M. *Quel est le pouvoir qu'accorde le Traité de Maastricht à la France aux yeux des Français?*

Smeenk, B. *Dutch Foreign Policy and the Arab-Israeli Conflict From Caution to a Balanced Stance.*

Smit, Hortense. *L'attitude au sein du parti socialiste français en 1983 à l'égard du système monétaire européen.*

Smit, Wouter. *De Europese gedachte van Aristide Briand een geslaagde ontwikkeling?*

Smit, Ingrid. *La France et la politique de sécurité européenne.*

Sörensen, Jeroen. *De toepassing van directe respons televisie in de intereuropese export.*

Spelt, Danielle. *The Common European Security Policy Rhetoric or Reality?*

Spiegeler, Brigitte A.J. *L'article 4 paragraphe 5 de la convention sur la loi applicable aux obligations contractuelles: étude comparée de l'interpretation de cet article en France et aux Pays-Bas.*

Spoormaker, Dorien. *Het Europees verdrag tot bescherming van de rechten van de mens en de fundamentele vrijheden. De betekenis van dit verdrag voor Nederland.*

Stam, Marleen. *La Reforma del mercado laboral español: un avance o un retroceso?*

Steenoven, Rianne. *Vers une défense commune en 1996? Une analyse de l'intégration européenne en matière de défense.*

Steur, S. *Database protection in the E.U. A Matter of Copyright Law, Neighbouring Law or Both?*

Stoffels, Yolande. *La voie à l'Europe de l'Ouest.*

Teitsma, S. *El nacionalismo en Cataluña y el País Vasco después de 1975.*

Thomas, Karen. *England's Difficulty is Ireland's Opportunity.*

Tielens, Kirsten. *A Treaty too far? An Analysis of and Comparison Between the British and Dutch Reactions to the 'Maastricht' Treaty on Euopean Union.*

Timmer, Dorrit. *Coöperación al desarrollo y centroamerica La política de los Países Bajos y de la Unión Europea.*

Timmer, Janneke. *Has the Type of Welfare State Determined Public Policies for Employment? Sweden and Germany as case studies.*

Toepoel, Marion. *la Convention européenne des Droits de l'Homme en France L'application effective par la Cour de Cassation et le Conseil d'Etat.*

Tonnac, S. de. *Patrick Modiano en Leon de Winter Une comparaison thématique.*

Toorn, Pia van. *Subsidiarity and EC-Fraud Control The European Principle of Subsidiarity applied to the Policy Field of EC-Fraud.*

Tours, H.C. *Beestachtig Beschouwingen over dierenbescherming binnen het Europees Recht.*

Treffers, Brigitte. *La cultura bajo una dictadura Las políticas de arte de Franco y de Hitler.*

Tromp, Karin. *Tony Benn on Europe.*

Vanlaer, G.C. *Incomes and the income distribution in the Soviet Union: Three decades of changes.*

Veekamp, Veronique. *De Wereldtentoonstelling Een analyse naar de ontwikkeling van dit fenomeen in de afgelopen 150 jaar.*

Veen, Myrjam J.A.C. in 't. *(R)evolución en la edución española y holandesa Una descripción, comparación y contemplación.*

Veensma, Ellen. *La mobilité d'étudiants en Europe 'd'Erasmus à Socrates'.*

Veerkamp, V.D. *La relance européenne: Le rôle de la conférence de Messine dans le processus de l'intégration européenne (1954-1957).*

Vegter, M.K. *De ratio achter snelweg-aanleg. De econmische afweging voor de aanleg van snelwegen in België, Duitsland en Nederland vergeleken.*

Velzen, Marjolein van. *Engeland, de Commonwealth en de EEG.*

Verdurmen, N.G. *L'Europe face aux réfugiés et demandeurs d'asile La procédure d'entrée européenne, française et hollandaise pour réfugiés et demandeurs d'asile et leur possible éloignement vis-à-vis les dispositions de la convention de Genève.*

Verhagen, L.H.T.M. *Italië op weg naar de EMU? De monetaire situatie in Italië tegen de achtergrond van de Europese integratie.*

Vermeeren,M. *Spaanse werkloosheid nader bekeken.*

Versteegen, M. *The European Uninon Policy on Sectoral State-Aid Granting and Economic Motives A Comparison.*

Vlak, René. *Actions speak louder than Words American Anti-Colonialism and its Impact on the British Empire: The Case of India.*

Vlam, Carina. *La montée du fondamentalisme en Algérie dans la perspective des problèmes économiques et des relations franco-algériennes.*

Voslamber, Marjolein. *Europa en het Midden-Oosten, veranderende perspectieven. De Europese politiek ten opzichte van het Arabisch-Israëlische conflict sinds de oprichting van de Europese Politieke Samenwerking (EPS).*

Wagener, Liesbeth. *El futuro de los compromisos ambientales: El Tratado de Libre Comercio de América del Norte como modelo para los Tratados de Lomé?*

Walraven, J.C. *Het buitenlands beleid van de Europese Gemeenschap ten opzichte van de ontwikkelingen in de Sovjetunie 1985-1993 Wens of werkelijkheid?*

Wassenaar, W. *'Moffenhuren' und 'Moffenkinder' Überlegungen.*

Weening, Karin. *The Privatization of State-Owned Enterprises: A comparison between British Telecom and the Dutch PTT Telecom.*

Weeteling, M. *L'antisémitisme en France dans l'entre-deux-guerres. Les immigrés juifs.*

Welsch, N. *British Propganda during the Second World War The Construction of Britishness in Films.*
Wenneker, Leontien. *'Safe Areas' Afschrikking of verdediging?*
Werff, Belinda van der. *Europese Normalisatie Van 'Euro-idealisme' naar sleutel tot eenwording?*
Wetering, Myrthe van de. *De economische problematiek van Italië Wat zijn hiervan de oorzaken en welke gevolgen heeft ze voor de toetreding tot de derde fase van de Economische Monetaire Unie?*
Wijk, Ellen van. *Hong Kong 1997: Borrowed Place - Borrowed Time.*
Willems, Marieke. *La France et l'incorporation de l'industrie cinématographique dans le GATT.*
Witteman, Vanessa. *Les Pays de l'Europe de l'Est. Le long chemin vers l'Union européene.*
Woude H. van der. *Le titire V et sa mise en application. Une analyse du processus de décision pour l'administration de Mostar par l'Uninon européenne.*
Zeilmaker, Margreet. *Europol en de Europese regelgeving. De Europese politie op het goede spoor?*
Zelsman, Marjolein. *L'aide d'Etat français et le droit communautaire.*
Ziengs, J. *Aanpassing of verwijdering? De relatie tussen de PCI en de Sovjetunie in de jaren 1956 en 1957.*
Zunnebeld, R. *De Nederlandse reiziger in Italië tussen 1861 en 1915.*

VOLUME XXVII, N°1 MARS 1996

Études internationales

Revue trimestrielle publiée par
l'Institut québécois des hautes études internationales

Directeur : Gérard HERVOUET

Frank Harvey, Rationalité, non-rationalité et théorie prospective: un programme de recherche sur la gestion des crises internationales • **Philippe Hébert et Paul Létourneau,** Du haut de l'Olympe: perspectives américaines sur l'arme nucléaire allemande • **Henk Overbeek,** L'Europe en quête d'une politique de migration: les contraintes de la mondialisation et de la restructuration des marchés du travail • **Orlando Peña,** Les affaires internationales du Chili des «Temps nouveaux» • **Nadine Richez-Battesti,** Union économique et monétaire et État-Providence: la subsidiarité en question • **François-Pierre Le Scouarnec,** La gestion de l'incertitude dans une organisation internationale: le cas de l'OACI

CHRONIQUE DES RELATIONS EXTÉRIEURES
DU CANADA ET DU QUÉBEC

DIRECTION ET RÉDACTION: Institut québécois des hautes études internationales, Pavillon de Koninck, Université Laval, Québec, Qué., Canada G1K 7P4, tél: (418) 656-2462, télécopieur: (418) 656-3634, adresse électronique: rei@hei.ulaval.ca

SERVICE DES ABONNEMENTS: Les demandes d'abonnement, le paiement et toute correspondance relative à ce service doivent être adressés à l'Institut québécois des hautes études internationales, Pavillon de Koninck, Université Laval, Québec, Qué., G1K 7P4, Canada.

ABONNEMENT ANNUEL:

Quatre numéros par an
Régulier: $45.00 (Can.) TTC
Étudiant: $35.00 (Can.) TTC
Institution au Canada: $55.00 (Can.) TTC

ÉTRANGER
Régulier: $50.00 (Can.)
Institution : $60.00 (Can.)
le numéro: $20.00 (Can.)

INSTITUT QUÉBÉCOIS
DES HAUTES ÉTUDES INTERNATIONALES

Études internationales sur Internet
à l'adresse suivante:
http://www.ulaval.ca/iqhei/revue.html

VOLUME XXVII, N° 2 JUIN 1996

Études internationales

Directeur : Gérard HERVOUET

NUMÉRO SPÉCIAL

UNE NOUVELLE POLITIQUE ÉTRANGÈRE CANADIENNE : INTERNATIONALISME LIBÉRAL OU NÉORÉALISME ?

SOUS LA DIRECTION DE ANDRÉ P. DONNEUR ET ONNIG BEYLERIAN

ÉTUDE BIBLIOGRAPHIQUE

Chronique des relations extérieures
du Canada et du Québec

DIRECTION ET RÉDACTION : Institut québécois des hautes études internationales, Pavillon de Koninck, Université Laval, Québec, Qué., Canada G1K 7P4, tél: (418) 656-2462, télécopieur : (418) 656-3634, adresse électronique : rei@hei.ulaval.ca

SERVICE DES ABONNEMENTS : Les demandes d'abonnement, le paiement et toute correspondance relative à ce service doivent être adressés à l'Institut québécois des hautes études internationales, Pavillon de Koninck, Université Laval, Québec, Qué., G1K 7P4, Canada.

ABONNEMENT ANNUEL :

Quatre numéros par an
Régulier : $45.00 (Can.) TTC
Étudiant : $35.00 (Can.) TTC
Institution au Canada : $55.00 (Can.) TTC

ÉTRANGER
Régulier : $50.00 (Can.)
Institution : $60.00 (Can.)
le numéro: $20.00 (Can.)

Études internationales sur Internet
(Sommaires des derniers numéros et Chroniques) à l'adresse suivante : http://www.ulaval.ca/iqhei/revue.html

INSTITUT QUÉBÉCOIS
DES HAUTES ÉTUDES INTERNATIONALES

VOLUME XXVII, N° 3 SEPTEMBRE 1996

Études internationales

Directeur : Gérard HERVOUET

DIRECTION ET RÉDACTION : Institut québécois des hautes études internationales, Pavillon de Koninck, Université Laval, Québec, Qué., Canada G1K 7P4, tél: (418) 656-2462, télécopieur : (418) 656-3634, adresse électronique : rei@hei.ulaval.ca

SERVICE DES ABONNEMENTS : Les demandes d'abonnement, le paiement et toute correspondance relative à ce service doivent être adressés à l'Institut québécois des hautes études internationales, Pavillon de Koninck, Université Laval, Québec, Qué., G1K 7P4, Canada.

ABONNEMENT ANNUEL :

Quatre numéros par an
Régulier : $45.00 (Can.) TTC
Étudiant : $35.00 (Can.) TTC
Institution au Canada : $55.00 (Can.) TTC

ÉTRANGER
Régulier : $50.00 (Can.)
Institution : $60.00 (Can.)
le numéro: $20.00 (Can.)

Études internationales sur Internet
(Sommaires des derniers numéros et Chroniques) à l'adresse suivante : http://www.ulaval.ca/iqhei/revue.html

INSTITUT QUÉBÉCOIS DES HAUTES ÉTUDES INTERNATIONALES

EUROVISIONEN

Vorstellungen von Europa in Literatur und Philosophie

Hrsg. von Peter Delvaux und Jan Papiór

Amsterdam/Atlanta, GA 1996. 311 pp.
(Duitse Kroniek 46)

ISBN: 90-420-0070-8 Bound Hfl. 160,-/US-$ 107.-
ISBN: 90-420-0067-8 Paper Hfl. 45,-/US-$ 30.-

Das Thema Europa bewegt nicht nur die Politik. Wie sah man Europa und was wollte man damit? Wie zeigt es sich jetzt und was für Probleme wirft es auf? Was wird von ihm angstvoll erwartet und sehnlich erhofft? Wie wollen wir es haben und wie sollen wir es gestalten? Was halten wir von seiner Integration und wie stellen wir uns diese vor? Derlei Fragen zu erörtern, fand Ende September 1995 in Poznań/Posen ein Symposium unter dem Titel statt, der jetzt auch der Haupttitel des hier angezeigten Jahrbuchs der *Duitse Kroniek* ist. Aus Deutschland und der Schweiz, den Niederlanden und Portugal waren Teilnehmer angereist zu interkultureller und interdisziplinärer Diskussion. Fast alle der dort gehaltenen Vorträge sind in diesen Sammelband eingegangen, sowie noch einige andere Beiträge.
Niederländisch-polnische Beziehungen gibt es auch ansonsten. Sie laufen nicht nur geographisch über Deutschland, das vereinigte nunmehr; schmerzliche Erinnerungen gehören dazu, unterschiedlich, aber erkennbar. Der Niederländer sieht in Polen die Aktualität einer nur allzu vertrauten, aber bei ihm selber abgeebbten Reizbarkeit, bei deutschen Autoren aber Hemmungen, welche in seltsamem Kontrast zur Virtuosität der Gedankenführung stehen. Polen fühlt sich seit langem von Europa verlassen und ihm dennoch nach wie vor zugehörig und erhofft sich dort nunmehr einen angemessenen Spielraum für die Verwirklichung neuer Möglichkeiten, während andere ja schon zu resignieren drohen. Denn auch der Europagedanke ist kompromittiert worden, und das wirkt sich in der Versuchung aus, ihn zu verabschieden und der Frage auszuweichen, was denn zu geschehen habe. Das wird referiert und kommentiert. Die Sinnfrage taucht auf, und philosophische Anstrengungen werden nachgezeichnet in Auseinandersetzung mit Ortega, ter Braak, Guardini, Heidegger, Jaspers, Canetti, Habermas. Bildende Kunst und Musik fehlen nicht ganz.
So sei der Leser — der europamüde wie der hoffnungsfrohe — aufgefordert zur Teilnahme an solcher Besinnung.

THE SOCIAL PHILOSOPHY OF ERNEST GELLNER

Ed. by John A. Hall and Ian Jarvie

Amsterdam/Atlanta, GA 1996. 739 pp.
(Poznań Studies in the Philosophy of the Sciences and the Humanities 48)
ISBN: 90-420-0082-1 Bound Hfl. 350,-/US-$ 215.-
ISBN: 90-420-0106-2 Paper Hfl. 100,-/US-$ 62.-

Contents: John A. HALL and Ian JARVIE: Preface. John A. HALL and Ian JARVIE: The Life and Times of Ernest Gellner. PART 1 INTELLECTUAL BACKGROUND. Jiří MUSIL: The Prague Roots of Ernest Gellner's Thinking. Chris HANN: Gellner on Malinowski: Words and Things in Central Europe. Tamara DRAGADZE: Ernest Gellner in the Soviet East. PART 2 NATIONS AND NATIONALISM. Brendan O'LEARY: On the Nature of Nationalism: An Appraisal of Ernest Gellner's Writings on Nationalism. Kenneth MINOGUE: Ernest Gellner and the Dangers of Theorising Nationalism. Anthony D. SMITH: History and Modernity: Reflection on the Theory of Nationalism. Michael MANN: The Emergence of Modern European Nationalism. Nicholas STARGARDT: Gellner's Nationalism: The Spirit of Modernisation? PART 3 PATTERNS OF DEVELOPMENT. Peter BURKE: Reflections on the History of Encyclopaedias. Alan MACFARLANE: Ernest Gellner and the Escape to Modernity. Ronald DORE: Sovereign Individuals. Shmuel EISENSTADT: Japan: Non-Axial Modernity. Marc FERRO: l'Indépendance Telescopée: De la Décolonisation a l'Impérialisme Multinational. PART 4 ISLAM. Abdellah HAMMOUDI: Segmentarity, Social Stratification, Political Power and Sainthood: Reflections on Gellner's Theses. Henry MUNSON, Jr.: Rethinking Gellner's Segmentary Analysis of Morocco's Ait ʿAtta. Jean BAECHLER: Sur le charisme. Charles LINDHOLM: Despotism and Democracy: State and Society in the Pre-modern Middle East. Henry MUNSON, Jr.: Muslim and Jew in Morocco: Reflections on the Distinction between Belief and Behavior. Talal ASAD: The Idea of an Anthropology of Islam. PART 5 SCIENCE AND DISENCHANTMENT. Perry ANDERSON: Science, Politics, Enchantment. Ralph SCHROEDER: From the Big Divide to the Rubber Cage: Gellner's Conception of Science and Technology. John DAVIS: Irrationality in Social Life. PART 6 RELATIVISM AND UNIVERSALS. John SKORUPSKI: The Post-Modern Hume: Ernest Gellner's 'Enlightenment Fundamentalism'. John WETTERSTEN: Ernest Gellner: A Wittgensteinian Rationalist. Ian JARVIE: Gellner's Positivism. Raymond BOUDON: Relativising Relativism: When Sociology Refutes the Sociology of Science. Rod AYA: The Devil in Social Anthropology; or, the Empiricist Exorcist; or, the Case Against Cultural Relativism. PART 7 PHILOSOPHY OF HISTORY. William MCNEILL: A Swan Song for British Liberalism? Andrus PARK: Gellner and the Long Trends of History. Eero LOONE: Marx, Gellner, Power. Rosaire LANGLOIS: Coercion, Cognition and Production: Gellner's Challenge to Historical Materialism and Postmodernism. Ernest GELLNER: Reply to Critics. Ian JARVIE: Complete Bibliography of Gellner's Work. Name index. Subject index.

USA/Canada: Editions Rodopi B.V., 2015 South Park Place, Atlanta, GA 30339, Tel. (770) 933-0027, *Call toll-free* (U.S. only) 1-800-225- 3998, Fax (770) 933-9644, *E-mail:* F.van.der.Zee@rodopi.nl

All Other Countries: Editions Rodopi B.V., Keizersgracht 302-304, 1016 EX Amsterdam, The Netherlands. Tel. + + 31 (0)20-622-75-07, Fax + + 31 (0)20-638-09-48, *E-mail:* F.van.der.Zee@rodopi.nl